PPP与项目融资系列

Project Finance for
Business Development

项目融资实务指南

政府、金融机构、投资者全视角路线图

[美] 约翰·特里安蒂斯（John E.Triantis） 著

罗桂连 周君 许敏慧 等译

机械工业出版社
CHINA MACHINE PRESS

图书在版编目（CIP）数据

项目融资实务指南：政府、金融机构、投资者全视角路线图 /（美）约翰·特里安蒂斯
（John E. Triantis）著；罗桂连等译 . —北京：机械工业出版社，2020.1（2023.5 重印）
（PPP 与项目融资系列）

书名原文：Project Finance for Business Development

ISBN 978-7-111-63695-3

I. 项… II. ① 约… ② 罗… III. 项目融资 – 指南 IV. F830.45-62

中国版本图书馆 CIP 数据核字（2019）第 262764 号

北京市版权局著作权合同登记 图字：01-2019-3106 号。

John E. Triantis. Project Finance for Business Development.

ISBN 978-1-1-19-48608-4

Copyright © 2018 by John E. Triantis.

项目融资实务指南
政府、金融机构、投资者全视角路线图

出版发行：机械工业出版社（北京市西城区百万庄大街 22 号　邮政编码：100037）

责任编辑：王一尘　　　　　　　　　　　　　　责任校对：殷　虹

印　　刷：固安县铭成印刷有限公司　　　　　　版　　次：2023 年 5 月第 1 版第 4 次印刷

开　　本：170mm×242mm　1/16　　　　　　　印　　张：17.5

书　　号：ISBN 978-7-111-63695-3　　　　　　定　　价：79.00 元

客服电话：（010）88361066　68326294

译　者　序

我 2019 年牵头翻译的这本《项目融资实务指南》，得到项目融资领域各方面专业人士的高度认可，近期出版社准备重印。该书全面系统介绍了国际成熟市场项目融资的核心概念、工作流程、成功要素、失败原因、团队能力、各方职责、前期工作、合同体系、风险分配、项目评估、融资工具、财务模型及发展方向等重要问题。这本书对于诸多关键的实务性问题均给出了清单式的实用指南，有助于国内项目融资领域的专业人士形成系统性的专业共识，凝聚合力全面提升国内项目融资工作的专业化水平。

一、我坚持译书的初心

2000 年我从复旦大学经济学院硕士毕业，学的是金融学专业国际金融方向。各种机缘巧合，我有幸经上海市建设委员会走完公务员录用流程后，转到上海市城市建设投资开发总公司工作。从此，我与基础设施和城镇化投融资工作结缘并长期坚守积累。在上海城投工作的三年多时间中，曾参与两期世界银行贷款谈判，成为上海浦东自来水股权转让工作的主要团队成员，组织老港垃圾卫生填埋场国际招标，参加洋山深水港筹备工作，维护跟中信泰富、上海实业、嘉里集团等领先投资者的业务合作关系，协助公司领导谋划原凌桥股份和原水股份的重大资产重组工作，还有很多特别值得回忆的有挑战性工作。我有幸参与各方面的政策讨论和重大项目的落地实施，与诸多国际领先的交易对手、高水平的国内外专业人士进行交易结构设计和合同协议谈判，切实感受到基础设施项目投融资是一个特别有深度、有挑战性、有社会价值的专业工作，从此心无旁骛，立志在基础设施投融资领域有所作为。这就是我的初心、使命和担当，工作单位换了几家，这个专业方向一直得以坚守。

经历了超过20年多个不同性质的工作单位的不同角色的专业积累，我一直守住了初心，回避了诱惑。快到知天命的年龄，我总结过去展望未来，立志再用20年以上的时间，争取推动以下四件事情：一是吸收人类文明的共同成果，构建一套完整的有理论深度、有底层逻辑支撑、有实践价值的关于基础设施投融资的知识体系；二是构建专业人士能发挥作用实现社会价值的商业模式，事要做好、钱要到位，让专家们有条件且乐于以搞通、搞深、搞实专业问题为职业追求方向，切实提升这个领域的专业化水平；三是探索构建适合专业人士实施其商业模式的业务平台，形成由综合性平台提供公共信息和各类保障支持、小型专业团队乃至专家个人灵活、充分发挥作用的组织模式；四是推动形成有利于基础设施投融资工作开展的政策环境和外部条件，参与各方面的政策讨论和业务协作，推动法规政策补短板并不断完善，凝聚各方面达成最广泛的共识。

在构建与完善知识体系方面，国内目前的相关法规、政策与实务还很不完善，诸如近年有关部委推动的PPP运动，严重脱离实际情况并缺乏底层逻辑，造成的后果和教训十分全面深刻。目前亟需引进国际上的成熟做法，结合国内的实际情况进行消化、吸收和再创新，争取进行系统性的理论体系搭建。因此，近年我致力于翻译国际上的经典著作，不时针对具体问题撰写一些政策建议和专业性文章，也会与国内相关方面的权威专家合著一些专业书籍。比如，2018年我翻译的《基础设施投资指南：投资策略、可持续发展、项目融资与PPP》（原书第2版），给读者提供全面理解基础设施投融资的必备基础理论、基本准则和实务案例，成为投融资领域各方面专业人士的案头必备参考书。之前翻译的多本关于REITs的译作，给读者介绍有美国、香港、新加坡等成熟市场的REITs产品的法规政策、产品特征和市场表现。我跟林华教授等专家合著的ABS、REITs领域的专业书籍，成为国内金融人士必读的专业畅销书。2018～2019年，我在中咨公司工作期间，作为国家发展改革委投资司的专业支撑力量，组织策划并全程参与基础设施REITs的政策调研，并参与基础设施公募REITs试点的政策准备工作。

二、项目融资的内涵

项目融资是与公司融资、资产融资并列的三大主流融资方式，公司融资主要基于特定主体的承担债务和偿还债务的综合能力来筹集资金，资产融资依托成熟资产的经营性现金流来盘活存量资产。项目融资的基本理念并不新鲜，项目融资的要素在美索不达米亚社会即已成型，古希腊时代运用到支持远洋贸易并为战争融资。不过，长期以来一直在进化和提升，现在已经成为一门高技能的学科，甚至成为一门高端艺术。

1. 基本概念

项目融资，指使用有限追索或无追索方式为特定项目筹集资金的结构性融资方法与技术。贷款等各类债务性资金的偿还主要基于项目本身的现金流，并以项目资产作为抵押物。成功的项目融资，根本上取决于为不同项目量身定制合适的合同结构的能力，涉及诸多利益相关方的最优风险分配以吸引合适投资者参与、灵活运用合适的融资渠道和工具实现全生命周期的低成本融资、与优势合作伙伴合作实现项目全生命周期运营效率的改善、通过有效的公共治理实现良好的竞争 / 规制等核心问题，通过成套的合同体系确定特定项目投资的风险分配、治理机制和收益分享。

项目融资的核心要点是：好项目、好主体、好机制，加灵活运用各类政策和金融工具。所谓好项目，指项目本身具有良好的社会价值和经济价值，技术上有实现其价值的可行性。所谓好主体，指项目发起人具备足够的资源和实力推动项目的顺利实施。所谓好机制，指好的项目交易结构与合同体系，形成激励相容的机制，高效整合各相关方的资源和能力，足以实现项目实施目的。在实务中，可以选择的融资渠道和金融工具繁多，需要根据项目建设期、资产培育期和成熟期的不同风险收益特征，灵活运用各类融资渠道和金融工具，构建项目全生命周期综合金融成本低、资金保障实、融资风险少的最优的包含初始融资、再融资及资产证券化的多阶段融资结构。

2. 核心特征

需要强调，不论是传统项目融资还是 PPP 模式下的项目融资，并不存在所谓项目融资的标准化结构。具体项目的融资结构取决于法律与规制制度、行业与部门竞争结构、金融市场的深度与广度、特定项目的收入回报、商业模式等因素，特别是基于各合作方的资源与能力的风险和责任分配，可以说每个项目的交易结构都是量身定制。项目融资区别于公司融资和资产融资的核心特征如下：

（1）构建特殊目的载体（SPV）。项目融资通常应用于法律上独立的特定投资项目。为此，需要成立法律上独立的项目公司，通常被称为特殊目的公司或载体。新设立的项目公司通常采用有限责任公司的法律形式。项目公司承担项目相关的所有权利和义务，并承担该项目的全部商业责任。项目公司承担的风险包括没有通过合同转移给其他参与方的各种风险，比如各发起人提供的支持或总承包商负责的项目建设。项目发起人通常会联合其他财务投资者共同提供公司的股本金。在 PPP 的模式下，通常政府下属的公共机构也会成为项目公司的股东，以便有能力施加影响和监控 PPP 项目的外来投资者。

（2）基于项目现金流的借款。在项目融资框架下，项目公司不仅从各发起人那里获得资本金，还向第三方借债，通常采用银行贷款的方式，有时（尽管较少）发行债券。这类债务融资主要基于项目的预期现金流。因此，项目现金流成为项目资金筹集的基础。这意味着，从融资银行的角度看，项目融资的核心标准是该项目能够产生足够的现金流，不仅能覆盖投资和运营成本，还能支撑融资机构的预计利息和本金支付。与此相反，资本金提供方对还本付息不感兴趣，更加感兴趣的是投入的资本金能否产生适当的回报，不论是价值增值（资本利得）或当期收入（分红）。在此背景下，项目融资的一个主要优势是：可以灵活地设计利息和本金偿付的金额和期限，以反映不同时段的预期现金流。为此，需要构建项目的现金流模型，以明确项目的可行性和可融资性。

（3）风险分配结构的最优化。项目融资的核心理念是基于各方的能力和资源，将项目全生命周期各个阶段涉及的所有风险，合适地分配给各参与方。最高目标是确保每项风险最终都由最有管理能力的参与方以最有成本效率的方式来管理。在实务中，通过交易的结构化来实现风险分配，因此交易结构是项目融资的核心要素。项目融资工作追求构建效率最高的交易结构，实现项目总成本的最优化，并确保某项风险真正发生时不会导致项目整体的系统性失败。考虑到项目公司标准化的有限责任机制及对应的较高水平的融资风险，这一点尤为重要。为了实现各参与方之间的最优风险分配，首先要使用严格的和全面的风险管理系统来识别、分析和量化所有风险。风险分配是项目交易结构设计阶段的工作任务，应当考虑设计、建设、融资和运营阶段的责任和风险分配。这些内容要在全面的合约安排中详细敲定，为有弹性的项目交易结构奠定法律基础，充分反映各参与方的多元化利益。项目融资进行全面风险结构化还有一个优势是，融资期限与条款比传统贷款更加灵活，与传统的公司贷款相比，项目融资可以有更长的贷款期限。

（4）项目发起人的有限责任。在项目融资的合同结构中，对项目发起人的追索权只限于特别有限的程度。如果有，则要事先在合同中明确约定。原则上，项目公司的可补偿资产仅限于发起人和财务投资者（如有）认缴的资本，以及（如可行）属于项目公司本身的资产。项目发起人承担的责任限于其认缴资本（即无追索权融资，实务中罕见），或超出股本的有限金额（即有限追索权融资，实务中广泛运用）。通常，有两种常用方式为项目发起人的责任设限：①有时限的责任，例如，仅仅在建设和试运营阶段，试运营后的其他时段没有责任；②以额外付款或出资的方式限定最高金额的责任上限。这两种有限责任的方式可以单独运用或组合运用。在项目融资模式下，不会有对项目发起人的全额追索责任。

（5）项目发起人实现表外融资。法律上独立的项目公司，是特定项目外部融资的债务人。除占项目公司多数股权的实际控制性股东之外，提供股本金的其他发起人没有必要将其在该项目的权益并表，即表外融资。这种辛迪加结构有双重好处：首先，各发起人可以避免因项目公司的巨额潜在融资，导致自身资产负债表的各项比率及股本回报率的潜在恶化。第二，可以通过结构化的方式，积聚超出单个发起人的项目投资管理能力。通常，作为投资规模巨大的重大项目，项目公司的股东均为多方出资，并不存在单一的实际控制人。另外，得益于较高的债务比例可以实现较高的股权收益率，称为"财务杠杆效应"。有时，如果项目公司可以获得比发起人更好的融资条件，资金成本可能更低。

上述核心特征清单凸显了一个事实：项目融资是涉及众多参与方的复杂的交易结构。

3. 优势和好处

实务中使用项目融资的原因，在于它能够给项目各利益相关方带来诸多好处。具体包括以下方面：

（1）为无法通过其它方式落实融资的项目，提供成本合适的资金；

（2）实现股东出资的最少化，从而提高发起人或开发商利用项目公司筹集资金的能力；

（3）通过将风险分配给最有能力承担的主体或向保险合同投保，分散政治风险并缓释其他类型的风险，避免风险传染；

（4）使用比表内融资更高的杠杆率，增加项目发起人或开发商的投资收益率；

（5）项目融资特别适合于为那些建设期很长，且在正式投入运营之前没有收入的大型资本密集型项目提供融资；

（6）实施项目融资交易，可以积聚诸多高水平交易对手的能力优势和资源支持，诸如出口信贷机构、多边金融机构和全球性保险机构；

（7）项目的各贷款方和增信机构，支持并要求实施详细的项目评估、风险评价和尽职调查，促使项目前期论证和分析工作的系统化和专业化；

（8）因为各贷款方更加严格的要求及对项目现金流的控制，促使项目公司提高管理和运营水平；

（9）提高各贷款方合作推进项目公司重组和重整的积极性，而不太可能抑制此类行动；

（10）显著扩大公共基础设施投资，帮助政府实现物有所值，即项目全生命周期更好的项目价值和效率；

（11）提高东道国政府的税收收入，通常会为项目发起人和开发商提供税收优惠政策；

（12）减轻东道国政府项目主管部门的成本负担，促进向东道国转移先进技术、人员培训和专有技术。

4. 存在的局限性

项目融资的局限性和不足通常包括：项目前期工作、风险评估与缓释、尽职调查流程等，工作耗时很长，成本很高，融资结构化也存在诸多挑战。项目融资的其他不足还包括：

（1）持久的合同谈判及复杂、耗时和高成本的项目文件与合同协议准备工作；

（2）特定项目包含数量众多的参与方，可能存在多元化的利益和目标，很难达成共识；

（3）跟其它融资方式相比，资金成本与费用较高，为缓释项目风险将付出高额保险成本，还有套保合约的高额成本；

（4）项目前期工作的复杂性和各项相关成本，以及项目各参与方缺乏项目融资相关经验，导致小型项目不适合采用项目融资模式；

（5）不存在标准化的流程，特定项目使用的项目融资技巧不能简单复制到其它项目，要求每个项目都需要付出很高的成本来量身定制流程和评估方法。

5. 前提条件

项目融资特别适合基础设施项目，对于不能通过其他方式获得融资的发展中国家的基础设施项目特别有用。但是，为取得实效，必须满足以下前提条件：

（1）东道国有稳定的政治、规制和投资环境；

（2）处于正常状态下的良好运行的可以获得融资的国内外金融市场；

（3）良性的行业结构、特许权保护、规制制度和公平的竞争；

（4）可确认和可量化的风险，实现有效分配风险的合同体系；

（5）可行的和可持续的项目经济性，即充足和可预测的现金流；

（6）通过政治支持和协议确保项目的长期可行性。

三、项目融资的运用前景

国内各方面对项目融资模式高度重视，但在实务中尚未成为主流模式。国内的重大基础设施项目投资主体，主要是央企和地方政府下属的国有企业，他们直接或间接依托国家信用和地方政府信用支持，成为国内主体信用最强的投融资主体，这确实有利于发挥集中力量办大事的政治优势和体制优势。虽然这类项目确实债务违约风险相对较低，但是部分项目的社会效益很低不值得投资建设，由此产生了诸多负面效应：一是银行类金融机构主要看主体信用提供贷款资金，忽视对项目实施必要性和可行性的严格把关审核，有些不该上的项目也能得到巨额贷款支持，容易造成未能形成有效投资的资源错配，往往还会形成金融机构的不良资产隐患；二是金融资源过多、低成本配置到央企国企投资的重大基础设施类工程项目，一定程度上造成急需资金支持的民营企业和中小型科技型企业面临融资难、融资贵的困境，形成经济发展过于依赖于重大项目投资的泥潭，产业结构的转型升级和风险相对较高的新兴产业发展缺乏必要的金融支持；三是央企国企的资产快速膨胀，但资本金补充和项目投资收益均无法匹配跟上，普遍存在借钱还息、借新还旧和债务高企的风险隐患，造成部分央企国企经营困难、财务上难以持续。因此，引进规范的项目融资模式，倒逼央企国企强化项目论证、分析和评估，切实实现表外融资和有限责任，降低其财务杠杆率，是解决目前国有企业高杆杠的可行策略之一。近年 PPP 项目的融资落地比例不高，其中的一个主要原因是大部分项目的交易结构和合同体系存在缺陷，不能为项目提供可预期的现金流，由此未能且没有条件高比例、大范围推广项目融资模式。

当前，一带一路倡议进入全面落地实施阶段，国内企业特别是央企已经成为国际基础设施等重大工程项目的重要投资主体，我国已经成为国际上排名前列的直接投资输出国，在产能转移和国际合作方面取得靓丽成绩。美中不足的是，国内企业投资海外项目，更多的是相对封闭式的模式，由出口信用担保公司提供担保，进出口银行、国开行及政府背景的投资基金提供资金支持，央企施工企业组织施工。项目的融资仍然主要利用国内企业的主体信用。如此，可能存在以下不足：一是普遍未能实现表外融资，进一步抬高央企国企的财务杠杆率，限制其扩大项目投资规模的能力，投资模式不具备可持续性；二是未能使用国际上通用的、成熟的、公认的项目融资模式工具和规则，项目的前期分析论证、交易结构、风险分配、合同体系、争议解决、风险保障等方面工作比较粗糙，投资风险较大，还容易受到国际上各方面别有用心的质疑甚至围攻；三是由于语言体系和游戏规则存在巨大差异，国内机构很难进入发达国家的成熟市场，主要投资风险相对较高的新兴发展中国家市场，甚至在国别风险和政治风险均很大的前现代国家冒险，投资风险较大，出现风险事件时缺乏补偿机制，往往损失比较严重。

因此，在国内与国外重大基础设施项目投融资领域，更加广泛地推广应用项目融资模式，具有重要的战略性意义，主要体现在以下方面：一是有利于推进重大工程项目领域的供给侧结构性改革，提高项目前期论证的严谨性、可行性和可信度，把有限的资源投入到更高效率的投资项目，通过有效投资形成核心资产，并实质性降低项目发起人的投资风险和财务杠杆率；二是有利于金融行业的供给侧结构性改革，形成基于项目风险高低进行差别定价的风险管理文化，提升金融机构的主动风险管理能力，拓展金融业服务实体经济发展的广度和深度；三是有利于提高国内企业在国际重大工程投资领域的总体竞争力，主动融入并熟悉国际规则体系，才有条件利用和改善国际规则体系，才有可能得到公平的国际竞争环境和待遇，才有机会运用国际规则有效保障自身权益，才有潜力发挥比较优势实现更大的作为。

当然，在国内推广项目融资模式，还面临很多挑战。需要在以下方面着力：一是进行法规和制度建设，特别是全面梳理并实施相关财税制度的配套性改革，通过税收中性政策实现对项目融资模式的兼容，实施国际上通行的成熟优惠政策，促进形成支持项目融资发展的有利政策环境；二是推进金融行业改革，进一步加大降杠杆政策的力度，倒逼国有企业和金融机构熟悉项目融资模式，运用项目融资的规则和工具，形成与重大项目全生命周期不同阶段的风险收益特征相匹配的合适的金融工具体系；三是通过推广项目融资及资产融资，培育一批有专业优势的市场化主体，通过轻资产运作模式，整合各方面的资源操盘重大项目的投资、建设和运营，并提高政府的规制和监管能力确保风险可控；四通过有效的市场化资源配置和严格的问责机制，凸显重大项目策划谋划论证、前期准备工作、各类分析评估、交易结构和合同体系的重要性，形成工程咨询、项目评估、法律服务、投融资服务、工程管理、项目运营等方面的专业咨询机构有效发挥专业能力的法律、政策和社会环境，提升项目运作的专业化、规范化和国际化水平。

2020 年 4 月 30 日，中国证监会和国家发展改革委联合印发通知，开展基础设施公募 REITs 试点工作。目前试点工作已经取得初步成效。2021 年 6 月 21 日，国内首批基础设施 REITs 试点 9 个项目上市，我国公募 REITs 市场正式建立。截至 2021 年底，共 11 个项目发行上市，涵盖产业园区、高速公路、污水处理、仓储物流、垃圾焚烧发电等重点领域，共发售基金 364 亿元，其中用于新增投资的净回收资金约 160 亿元，对盘活存量资产、形成投资良性循环、发动各类市场主体，产生了良好示范效应。投资主体运用 REITs，持续盘活进入成熟期的存量资产，可以重构重资产的不动产项目全生命周期的融资方式、融资渠道和融资工具，形成建设期、资产培育期和成熟期的多元化融资方式的顺利切换。这样，能显著提升重资产的不动产项目的融资可获得性，显著降低项目全生命周期的综合融资成本。REITs 的扩大试点和全面推广，将为重资产项目的项目融资提供更好的支撑，更加有利投资主体走向轻资产经营模式，支持具备综合能力优势的强主体并购较弱的同行，是助力行业领先企业"强者更强"的重要推手，有利于提高相关不动产重资产行业的全生命周期总体运营效率。

本书的翻译，是长期专注项目融资领域的部分资深专家的集体行动。周君、许敏慧、成永强、翟义刚、廖黎明、张武龙等 6 位专家分别翻译了 1-2 章内容，我负责其他部分的翻译和最后的统稿和校对。感谢机械工业出版社编辑的专业、细致和耐心的工作。各位的全力支持和辛勤付出，是本书快速、顺利、高质量出版的基础。全书的翻译质量问题，由我本人承担责任，恭请各位读者不吝指正。

罗桂连

2022 年 6 月修订

译者简介 Project Finance for Business Development

罗桂连，现任财达证券股份有限公司债券融资部董事总经理，高级经济师，注册会计师。清华大学管理学博士，伦敦政治经济学院（LSE）访问学者。兼任上海国有资本运营研究院投融资中心首席专家，中国中铁城市开发研究院专家合作委员会委员兼投融资研究中心主任，中国REITs50人论坛成员，国际金融地产联盟（IFFRE）资产证券化与REITs专业委员会委员，中国保险资产管理协会资产证券化专业委员会顾问，中铁资本、红山基金、洛阳国晟、洛阳城投等公司外部董事。2000年以来一直在城镇化和基础设施投融资领域从事实务、研究和政策制订工作，曾经在上海城投集团、原中国保监会资金部、陕西金融控股集团和中咨公司等单位工作。组织实施浦东自来水股权转让、老港垃圾填埋场国际招商、洛阳国晟集团重组整合等一批标杆性项目。致力于构建中国特色的城镇化投融资知识体系，已经编译出版《基础设施投资指南》《项目融资实务指南》《中国REITs操作手册》等实务著作十余本，在《中国金融》《中国财政》《中国投资》的重要期刊发表30余篇专业文章。

周君，中央财经大学教授，博士生导师，2010-2014年担任系主任，英国剑桥大学、美国史蒂文斯理工学院访问学者，兼职投资咨询工程师和中国技术创业协会技术创新工作委员会。大学毕业后在铁路系统从事工程技术、招投标、概预算与投资控制工作近十年（其中：1999～2003年参与中国第一条高速铁路建设（国家九五重点工程））。主要研究领域：ESG投资/可持续投资（绿色金融）、基础设施投资、项目决策与管理、工程财务。主持完成国家自然科学基金、教育部人文社科基金、铁道部、建设部及企业委托课题6项；发表学术论文20余篇；编译出版著作5部。主要讲授的课程包括：《项目投资理论与方法》《ESG投资》《项目管理》《工程经济学》等。同时，长期致力于基建项目投融资实践，为地方政府、银行和投资机构、建设企业提供咨询服务。

许敏慧：现为浙大网新建投集团董事总经理，清华大学 PPP 中心投融资专委会委员，杭州萧山区人民政府综合投融资顾问，浙江省金融研究院 PPP 研究中心副主任，杭州沪建城市建设开发有限公司董事，高级工程师。国家财政部 PPP 专家库专家，中国国际工程咨询有限公司专家库专家（国家级智库），中国技术经济学会投融资分会首届理事，中国高校 PPP 论坛首届理事成员，民革杭州市第十二次代表会议党代表、民革浙江省青年专委会委员、民革杭州市经济专委会委员、环保专委会委员。先后供职于政府部门、特大型中央企业、重特大项目公司主要领导岗位。全过程主导完成全国首批 EOD 试点（湘湖片区生态环境导向的开发项目）、全国首批 PPP 资产证券化项目（庆春路过江隧道）、西湖大学 PPP 项目、杭州 G20 一类应急项目、国家战新基金萧山区子基金等一批改革创新及重特大项目。

成永强，高级工程师，国家注册（投资）咨询工程师，中国技术经济学会基础设施投融资分会会员，具有基金、私募股权从业资格。先后就学于西南交通大学、同济大学，并获得同济大学桥梁与隧道工程专业硕士学位。2008 年参加工作以来，先后就职于同济大学建筑设计研究总院、上海市政工程设计研究总院，现就职于中交旗下上海振华重工（集团）股份有限公司投资事业部，主要从事基础设施投融资、市场开发、项目运营管理等工作。

翟义刚，经济学博士，曾参与四项省部级课题研究，2 项获河北省社会科学二、三等奖。各类期刊发表论文 20 多篇，多篇获评原中国保监会、中国保险学会优秀论文。现为中国银保监会河北监管局农村银行处处长，曾在办公室、财产保险监管处、稽查处、消费者权益保护处、人身保险监管处等多个处室工作。获第十八届"河北青年五四奖章"，记二等功，是全省金融监管系统第一位省"五四青年奖"获得者。获河北金融系统十大杰出青年、原中国保监会系统青年岗位能手、政务信息工作先进个人等称号。河北省第十一届、第十二届青联委员。

廖黎明，中铁武汉电气化局集团投资部副部长，天津大学工程硕士，正高级工程师；中国中铁一级采购专家；武汉大学和天津大学工程硕士企业导师；中国技术经济学会投融资分会专家。主持编制了原铁道部（现铁路总公司）《铁路工程补充预算定额（第二册）》和（第三册）（电力牵引供电部分）。主持的 2 项 QC 获铁道部、全国总工会、共青团中央、科技部等四部委联合授予的优秀成果奖。先后在国家级和省部级期刊发表论文 20 余篇。获得实用型专利和发明专利各一项。

张武龙，A 股上市公司天域生态环境股份有限公司（603717）副总裁；香港理工大学工商管理硕士，香港理工大学工商管理博士；国家发改委 PPP 专家库金融专家、财政部 PPP 专家库财务专家；先后在数家国际专业投资公司、上市公司任职；在基础设施建设领域项目投资、融资与公司金融方向有十余年经验。

　　基础设施项目融资领域的历史记录提供了充分的证据，表明过去存在技能
和能力不足、项目开发准备工作不充分和失败的项目管理。重资产基础设施项
目的特殊性和复杂性，以及众多参与方的存在，可以部分解释诸多项目的失败。
然而，许多项目的失败源于项目融资方法的碎片化。换句话说，有时项目融资
被视为金融工程问题，有时则被视为诸多项目合同的组合，还有时被视为项目
管理问题。这些看法中的每一种都侧重于新业务开发这一涉及面广泛的学科的
特定问题的子集。该学科整合了旨在实现竞争优势的战略规划、资产组合管理、
融资计划和业务规划等方面的要素。

　　从战略规划、新业务开发和项目融资的经验中，我们认识到，需要从比目
前的普遍认识更加广阔的视角来看待项目融资。为什么？因为各业务开发团队
认为项目融资是项目融资机构（Project Finance Organization，PFO）的责任，而
项目融资机构对战略规划或业务开发职能知之甚少且缺乏互动。与项目各参与
方的讨论及相关标杆研究的结果，证实了我们的判断。因此，我们专注于整合
知识、流程、技能和能力，提供已显著改善的项目融资解决方案，且致力于获
得竞争优势。

　　除了当前范式下对基础设施项目融资支离破碎的方法和项目成功率的不佳
记录，我承担本书写作任务的其他原因如下。

- 应将项目融资视为战略规划和新业务开发的延伸。
- 澄清那些认为项目融资只是法律和金融工程问题的错误观点。
- 分享项目经验和关于项目融资实践的基准研究的结果，这项研究在不同
  类型的项目参与方之间实施。

- 增进项目团队对如何通过项目融资获得竞争优势的理解。
- 解决各参与方在项目融资技能和能力方面的不足。

我观察到各项目融资参与方的一些典型误解和错误，举例说明如下。

- 项目融资的主要成功因素和主导者是销售和工程团队。
- 我们靠跟顾客拉关系带来新项目，我们不需要项目融资。
- 战略规划与项目融资无关，为什么把事情搞得那么复杂？
- 在项目融资中对开发商无追索，只向保险机构索赔。
- 对于基础设施项目，私募融资的成本低于贷款。
- 世界银行将在 2 ～ 3 天内完成其决策并决定参与项目（如一个总投资约为 23 亿美元的项目）。
- 发起人不需要项目融资机构，因为会计和财务团队可以处理项目融资事务，如果不行，再将融资事务外包。
- 所有基础设施项目都具备可融资性，如果你不能给项目筹集资金，我们就聘请投资银行家。
- 项目融资只不过是好的合同和低成本贷款。
- 在大多数情况下，靠投标建议书的技术优势就能赢得投标。

项目融资方法的支离破碎，让我们提出这样一个问题：是否可能存在另一种更好的方法，用更全面的方式处理基础设施项目融资？我们的研究表明，此前还没有对项目融资进行普遍指导的合适方法。因此，我们认为需要一种更有效的务实、平衡、广泛和综合的视角。我们用一种新的业务开发方法来处理这个主题，将战略和业务规划的关键要素与金融工程、合同协议体系、流程和项目管理整合起来。然而，我们并不认为本书是关于基础设施项目融资的专著，它应该是对项目融资重要因素的共识性和整体性的介绍，以使项目融资更加有效。

除项目融资方法的碎片化以外，各参与方的利益不一致，以及欠发达的东道国和信用不良的客户等因素，也会导致筹集资金的工作变得更加复杂和难以管理。为了简化介绍并容易抓住项目融资的本质，我们从发起人或开发商的视角来处理项目，使他们能够履行项目义务。在某些情况下，当有必要时我们会纳入其他考虑因素和更多参与方的观点。

从新业务开发、战略规划、资产组合管理和战略预测等要素入手，结合传统的项目融资要素来分析基础设施项目融资问题，这是一种独特的方法。该方法的独特性以及让读者受益的原因如下：

- 介绍有效地组织各种类型的项目融资所需要的技能、能力、流程、分析和评估。
- 应用竞争力分析、预测、战略规划、业务规划及业务开发等方面的知识，解决项目融资的相关问题，并形成竞争优势。
- 解决组织、项目评估、流程、项目管理、资金来源和工具等方面的问题，同时从那些分散主要成功因素注意力的非本质问题中抽离出来。
- 将碎片化的方法理顺，变成各方认可的、整合性的流程图来讨论项目融资工作，以传统方式完成高度专业化和具体的工作。
- 有助于识别项目失败的原因，项目成功的关键因素，项目发起人能否通过高水平、高绩效的项目融资机构来获得竞争优势。
- 提供深思熟虑的、平衡妥当的、基于成本－收益的用于项目开发、风险评估和分配、项目结构化和项目融资的分析方法。

我们希望读者能够掌握如何将这种新的业务开发方法应用到所有项目中，用于筛选和评估投资机会，以及更有效地开发项目。也就是说，将项目从预可行性研究更快地推进到融资落地，解决项目相关方的问题并协调各方利益关系，提出能中标的融资方案，为所有相关方创造可盈利的项目。这些都是赢得和保持竞争优势的关键因素。

致　谢 Project Finance for
Business Development

　　将服务于新业务开发的项目融资做正式全面介绍的想法，源于我作为一名商业咨询经济学家的经历。追求合理的流程、建设性的分析、客观的评估、业务创新和持续的效率提升，是我职业生涯中不可分割的组成部分。我跟融资顾问和同事从项目合作和业务交流中学到了很多知识，但是我很难确定我从谁那里或从哪些特定项目经历中受益最多。

　　在最聪明、最有能力的首席财务官玛丽·鲍曼的支持和指导下，我在项目融资方面走出了第一步。她对我的能力给予了充分的信任，让我为美国电话电报公司的潜艇系统组建和管理一个专业的项目融资机构。我很感激她引导我进入项目融资领域。通过与融资顾问、咨询机构和金融专家的专业讨论，以及与官方和私营融资机构的经理自由地分享有价值的知识，我的能力得以提高。我还从参与潜艇项目的融资机构那里学习积累了经验，以及受益于和不同的项目融资参与方的访谈，并从一份涉及面广的标杆研究中获得洞见。

　　在撰写本书的过程中，我有幸得到杰弗瑞·莫里森、约翰·科斯塔斯、罗伯特·里费尔、朱莉·希尔的建设性意见，并从他们丰富的经验和知识中获益。我感谢他们对本书初稿提出的有益意见和建议。我还感谢 SAS 和 Wiley 编辑团队的帮助和指导。书中所有的错误和遗漏，都是我自己的责任。

　　在研究和撰写手稿的过程中，我的妻子给予了我极大的鼓励和支持，使我能够集中精力完成这项任务。除了玛丽·鲍曼，我还要感谢我的朋友和前顾问伊丽莎白·博根博士，她的指导和帮助成就了我的职业生涯。我再次感谢并感恩已故的詹姆斯·索蒂洛斯的支持。没有他的支持，这一切都不可能。

约翰·特里安蒂斯是一名退休的商业咨询经济学家、商业战略家和项目融资总监，他拥有引入有效流程的实务经验和开发可实现价值创造项目的良好记录。他是一位经验丰富的新业务开发项目负责人，是在重资产项目投资、国际基础设施融资和组织结构重组项目等方面值得信赖的顾问。他热衷于将合理的流程、分析、评估与战略规划、商业开发原则整合起来，帮助客户将决策的不确定性和项目风险最小化，从而使项目价值最大化。他使用独特的方法和技术创建世界级的组织，将最佳实践应用于成功的项目开发和融资，并创建了良好的项目价值实现方式。

他在战略决策、投资评估、项目风险管理、项目融资、生产能力提高等方面的效果分析上经验丰富。他开发了实用的方法、评估工具和早期预警系统，使用成本 – 收益分析方法来缩短决策时间，有效地解决风险缓释问题，使项目成功的概率最大化。他为客户提供战略规划和新业务开发、投资机会评估、项目融资、业务案例和业务规划等方面的知识与实践指导。他为实现高效决策创造了一整套专有分析系统，使客户可以在重大投资决策之前的构思阶段成功地对项目进行量化分析。

为了帮助读者站在客户立场上解决需求和填补缺口，他撰写了许多具有指导性观点的论文和书籍，如出版了专著《创造成功的收购和合资项目：过程和团队策略》和《战略决策指南：良好的分析和预测的力量》，以及在国内外专业期刊上发表文章。他不仅是本书的作者，而且目前还在为另一本书《在策划阶段成功评估项目》撰写初稿。特里安蒂斯拥有新罕布什尔大学的宏观经济学和国际经济学的博士学位，以及统计与计量经济学的硕士学位。他在费尔利·迪金森大学获得经济学和数学学士学位。他还曾在"越南战争"期间服役于美国陆军。

目　录　Project Finance for
　　　　　Business Development

第 8 章 项目融资预测：确保合理的决策 /112

第 9 章 项目融资合同与协议：对项目融资至关重要 /136

第 10 章 项目风险管理：对项目成功至关重要 /146

─────────────

⊖　请参见 www.hzbook.com。

导言：为什么将项目融资应用于商业开发

长期以来，项目融资方法主要应用于基础设施项目，但是它所使用的流程和技术，也可以用于其他行业中的独立主体、合资公司和投资项目的各种类型的表外融资。在传统意义上，项目融资一直属于金融工程的范畴，或从合同融资角度来分析，应用于发展中国家或发达国家那些缺乏足够的公共及私人资源来提供足够资金的基础设施项目。具备这些特征的项目实施难度很高，一旦通过这类项目获得经验，就很容易转换应用到其他行业及发达国家的有关项目中。

商业全球化已经显著提高了项目发起人或开发商、建筑承包商、技术和设备供应商、各类资金提供商之间的竞争程度。最终在项目开发和融资领域形成合作性竞争，并对高效的项目融资解决方案和结构优化的合作关系和合资公司的需求进一步提高。在这种环境下，要赢得重资产项目招标，各发起人需要有综合性的竞争优势。为创建有利可图的投资项目，发起人应寻求规范的、创新的商业项目实施模式来实现项目融资。

基础设施项目是由公共和私营部门单独或共同实施的重资产投资项目，需要巨额资金和人力投入，旨在建设一个国家经济发展和社会运行所需要的实物资产与设施。基础设施项目包括电厂、管网、铁路、公路和桥梁，港口、车站、机场，通信网络、供水和污水处理厂等。基础设施还包括社会与医疗设施，如保障房、老年护理设施、监狱、医院、学校和体育馆等。

由于基础设施项目存在金额巨大且有其特殊性的融资需求与挑战，通常分为以下四种类型。

1）绿地项目：与已经处于运营状态的既有项目公司相比，绿地项目需要更多的资金投入来建设新设施。

2）褐地项目：指新增投资用于改善与翻修项目设施和设备，以扩大其产能或延长其经济寿命。

3）矿产项目：指提取和销售自然资源直至枯竭，如煤炭与矿产开采，天然气和石油提取等。

4）流量项目：指通过销售产品或使用其服务，项目资产可以产生收入，包括管道、收费公路和桥梁、港口和机场等。

针对不同类型的项目，项目融资有多个定义，这些定义都有效，但是每一个定义侧重于某些特定方面。不过，我们更倾向于以下的广义定义。

项目融资指综合考虑新商业开发项目的要素、金融工程技术及成体系的合同协议来开发竞争性项目，做出正确的决策，基于有限追索或无追索方式为产业或基础设施项目筹集资金的方法与技术。此时贷款方的贷款偿还基于项目现金流，并以项目资产作为抵押物。

为了全面理解项目融资，该定义还需要扩展，包括项目公司，即特殊目的公司（special purpose company, SPC）或特殊目的载体（special vehicle company, SPV）的构建，项目投资所涉及的项目特征和项目相关的各类风险。也就是说，具体包括以下定义。

1）构建公司：SPC 的常见形式是公司、合资企业、合伙企业、有限合伙和有限责任公司。

2）项目特征：基础设施项目涉及巨额资金支出，包含大量谈判与合同，还有很长的运营期。

3）项目融资的内容：需要构建一个法律上独立的特殊目的实体，即一个壳公司来建设项目资产并获取项目收入。基于有限追索或无追索方式进行融资，即依托 SPC 所拥有的现金流和资产来偿还贷款。

4）项目相关的风险：融资直接提供给 SPC 而不是给项目发起人，通过合同、保险和信用增进措施来缓释相关风险。项目融资所涉及的常见风险主要包括政治风险、需求风险、价格风险、供应能力风险、汇率风险、利率风险和通胀风险。

5）项目开发的复杂性：涉及的具体工作任务有项目筛选与可行性研究、项目开发、财务模型开发和经济评价，还需要项目风险管理、尽职调查、融资计划、融资结构化、设计项目公司的商业计划、项目执行等。

项目融资的核心目标之一是最小化或消除不确定性。在资产融资模式下，资产价值决定融资金额，而项目融资的基础是项目现金流的充足性。由于基础设施项目涉及不同类型的资产和目标、资金要求和风险，不同项目从项目融资模式获得不同的收益。然而，基于共同的项目融资方法，基础设施项目有一些共同的特征。加蒂（Gatti, 2012）列出的项目融资共同要素包括资产的经济寿命长与技术风险低、提供必要公共服务与需求弹性低、基于法规的垄断或类垄断与很高的进入壁垒，并且有稳定且可预测的经营性现金流。

第1.6节列出项目融资的组成部分并在随后各章详细讨论，不同项目的基础性和共同性要素包括东道国政府某家下属机构的参与、发起人或开发商的股权出资、商业银行贷款、机构投资者的股权和债权出资。通常，还有发起人和其他项目参与方提供的次级债、抵押证券和收入质押，以及由发起人及单边、多边机构提供的信用增级。而且，还需要满足项目融资的前提条件，如稳定的政治和法规环境、合理成熟的行业结构、可靠的项目开发和规划、深入的风险评价与能有效分配风险的风险缓释工具，以及确保项目可行性的合同安排。

第1.1节介绍项目融资的起源及其发展，第1.2节简要讨论其优缺点，第1.3节解释项目融资与公司融资、结构化融资之间的差异。为了让读者了解项目融资的重要性、规模及其所影响的行业，第1.4节介绍项目融资的部分特征。

因为项目融资是商业项目开发的组成部分，第1.5节使用一套新的商业项目开发方法（为项目融资交易提供评估、构建和融资），用以提高公司竞争力的基本原理。本书的结构和各章的内容在第1.6节介绍，第1.7节向读者解释如何最大化本书的价值。

1.1　项目融资的起源

项目融资的基本理念并不新鲜，但是长期以来它一直在进化和提升，现在已经成为一门专业的学科，甚至成为一门艺术。根据米勒（Miller, 1991）的介绍，项目融资的要素在美索不达米亚社会即已成型，在古希腊时代扩展运用到远洋贸易并为战争融资。远洋贸易贷款支持船主和商人购买货物到海外销售，所达成的共识是：当商船返回时偿还贷款全部本金与额外收益（考虑到相关风险，收益率往往高达25%），还本付息资金来源于向海外销售的货物及商船返航时带回国的货物的销售收入。如果商船在海上消失或返航时没有从海外带回货物，在第一种情况下，贷款得不到偿还；在第二种情况下，贷款人只能依托向海外销售货物的收入得到部分偿还。

雅典人按照以下方式使用项目融资为战争融资：他们借鉴波斯人的模式（要求各参与成员国每年缴纳份子钱）建立起城邦国家的联盟，和波斯人打仗。这种模式帮助雅典人将联盟变成一个帝国，联盟成员共同分享收益。斯巴达人使用另外一种战争融资模式：他们从波斯国王那里借钱组建舰队攻打雅典人，"获取向小亚细亚的各雅典城邦国家收取贡品的权利"（Pritchard，2015）。罗马人使用法律合同改善雅典人的商业模式，开发了海洋贷款，商人可以利用这种工具与贷款人分担风险。

一个更近代的项目融资案例是英国王室在 1299 年对德文郡银矿的融资，用 1 年特许期内的采矿收益权来偿还佛罗伦萨商人银行提供的贷款（Kensinger and Martin，1988）。从地理大发现时代开始，英国、法国、荷兰、西班牙和葡萄牙的贷款人，为主要处于印度、非洲、南美和中东地区的各殖民地的灌溉、运河、道路和铁路建设项目提供资金。贷款人的还款来源是这些项目的收入或税收收入。这类项目的典型案例有 19 世纪末期的苏伊士运河，以及英国人在印度建设的铁路网络。

19 世纪末期，美国有数量众多的石油和天然气勘探和生产企业从银行获得贷款，并使用这些项目的产品销售收入来偿还贷款。在 20 世纪早期，美国政府使用项目基金承接由摩根大通银行牵头的 8 家银行提供的银团贷款，为巴拿马运河建设项目提供资金。20 世纪 70 年代末的北海油气项目，借鉴了项目融资的做法，英国石油公司通过先期购买协议为项目建设筹集了 10 亿英镑资金。

1.2 项目融资的优缺点

使用项目融资的原因，在于它能够给项目各利益相关方带来诸多优点。项目融资的优点因项目类型和参与方的不同而异，具体包括以下方面。

1）为无法通过其他方式落实融资的项目，提供成本合适的资金。

2）将股东出资最小化，从而提高发起人或开发商利用项目公司借款的能力。

3）通过将风险分配给最有能力承担的主体，或通过保险合同分散政治风险，并缓释其他类型的风险，避免风险传染问题。

4）使用比表内融资更高的杠杆率，转化为项目发起人或开发商更高的投资收益率。

5）特别适合为那些建设期很长，且在正式投入运营之前没有收入的重资产资本密集型项目提供融资。

6）实施项目融资交易，可以积聚诸多高水平交易对手的优势和支持，如出口信贷机构（export credit agency, ECA）、多边金融机构和全球性保险机构。

7）项目的各贷款方和信贷支持机构支持并要求实施详细的项目评估、风险评价和尽职调查。

8）因为各贷款方更加严格的要求及对项目现金流的控制，要求项目公司提高管理和运营水平。

9）提高各贷款方合作推进项目公司重组和重整的积极性，而不太可能阻止这类行动。

10）显著扩大公共基础设施投资，帮助政府实现更高的项目价值和效率。

11）提高东道国政府的税收收入，并为项目发起人和开发商提供税收优惠政策。

12）减轻东道国政府项目主管部门的成本负担，加快向东道国引进先进技术、人员培训和专有技术。

另一方面，项目融资的局限性和缺点通常包括项目前期工作、风险评估与缓释、尽职调查流程等工作耗时很长，成本很高，结构化融资也存在诸多挑战。项目融资的其他缺点如下。

1）持久的合同谈判，复杂、耗时和高成本的项目文件与合同协议准备工作。

2）特定项目包含数量众多的参与方，可能存在不同的利益和目标，很难达成共识。

3）跟其他融资方式相比，资金成本与费用较高，需要为缓释项目风险付出高额保险成本并签订套保合约。

4）项目前期工作的复杂性和各项相关成本，以及项目各利益相关方缺乏项目融资相关经验，导致小型项目不适合采用项目融资模式。

5）特定项目使用的项目融资技巧不能简单复制到其他项目。这意味着不存在标准化流程，这要求我们需要对每个项目都付出很高的成本来量身定制流程和评价方法。

1.3 公司融资、结构化融资与项目融资

公司融资，又称为直接融资，作为新项目实施主体的公司，通过自身信用贷款而不是基于项目进行融资。为此，该公司向贷款方证明其资产负债表内的资产足以作为贷款违约时的抵押品。在公司融资模式下，贷款方可以通过变现借款方的资产来回收贷款。与公司融资不一样，项目融资偿还债务的资金来源是项目公司收入，而不是发起人或开发商的表内资产。

结构化融资使用一套适用于大型借款主体的复杂金融工具，小规模贷款无法满足这类借款主体的需求。构建结构化融资的目的是通过法律合同来转移风险，特别是当借款方涉及多个项目时。结构化融资的关键是整合利用抵押、贷款、债券及信用违约互换等金融工具，并在这些资产之间划分偿付顺序层级。享有优先偿付权的各层级资产，比资产池中各类平均资产的安全性更高。当需要很多不同层级来满足项目需要时，就会使用结构化融资。20 世纪 80 年代中期以来，结构化融资越来越受欢迎，常用的结构化融资工具有担保债券凭证（collateral bond obligation, CBO）、担保债务凭证（collateral debt obligation, CDO）、信用违约互换和混合型证券。

开发性金融、资产抵押贷款、基于现金流的贷款、弱约束性贷款等，是项目融资的变异体。给私营项目或公私合作项目（public-private partnership, PPP）提供的开发性贷款，用于土地征收和住宅、购物广场、酒店、学校、医院和体育场馆的建设。开发性贷款还用于为港口、机场、道路、桥梁等经济开发项目提供融资。另一方面，资产抵押融资包括循环信贷额度或由借款人资产提供担保的贷款，用于其他项目、兼并、收购和资本性支出。

基于现金流的贷款和弱约束性贷款通常依托被并购公司可靠且稳定的现金流，以及如政府部门与受管制的公用事业这类实体性机构。为了表达清楚，我们对项目融资的讨论聚焦于绿地型基础设施项目，尽管其原则也适用于褐地、采矿和流量等三类项目。虽然我们的讨论聚焦于国际基础设施项目，但是其主要内容也适用于国内、私营和商业性的新商业开发项目，其中的部分要素需要调整以满足特定项目的特征。

1.4 项目融资市场

根据麦肯锡全球研究院的数据（2016 年 6 月），在全球基础设施市场中投资

于交通、电力、水务和通信项目的资金规模约为 2.5 万亿美元。不过，为支撑目前全球总需求的预期经济增长率，要求每年平均投资额为 3.3 万亿美元，其中 60% 用于满足新兴市场的需求。2006～2011 年基础设施市场的规模是 1.21 万亿美元，2016～2030 年间的累计投资需求预计是 49.1 万亿美元。

从历史数据看，表 1-1 提供了 2011～2013 年间按金额和比例列示的全球金融市场数据，表明在这几年有所下降，但在之后年度反转。

表 1-1　全球各地区的项目融资规模

（单位：10 亿美元）

国家和地区	2011 年		2012 年		2013 年	
	数量	占比（%）	数量	占比（%）	数量	占比（%）
北美	23.589	11.0	22.103	11.2	37.711	18.5
非洲与中东	16.870	7.9	20.718	10.5	29.355	14.4
欧洲	67.443	31.4	46.298	23.4	52.715	25.8
亚太	91.317	42.6	88.199	44.7	62.762	30.7
其他	15.288	7.1	20.209	10.2	21.618	10.6
合计	214.507	100.0	197.527	100.0	204.141	100.0

资料来源：*OECD Journal*, Financial Market Trends, Vol.2014/1.

在 2011 年，按区域划分的项目融资金额显示出年度波动性，但是在 2006～2013 年间，这些比例没有显示出任何趋势。按行业划分的全球项目融资金额如表 1-2 所示。基础设施项目的常见平均期限如表 1-3 所示。这有助于观察如何搭配债务到期日及满足长期特许经营协议的需要。

表 1-2　全球各行业的项目融资规模的情况

行业	金额（10 亿美元）	占比（%）
电力	70.077	34.3
交通	40.715	19.9
油气	39.864	19.5
石化	10.719	5.3
文化休闲、不动产、商业地产	7.772	3.9
工业	16.768	8.2
供水与污水处理	6.512	3.2
采矿	5.496	2.7
通信	4.332	2.1
固体废弃物与循环利用	1.887	0.9
农业与林业	0.000	0.0
全球项目融资合计	204.140	100.0

资料来源：*OECD Journal*, Financial Market Trends, Vol. 2014/1.

表 1-3　基础设施项目融资有关的期限情况

项目融资相关的期限类型	期限（年）
平均建设期	2.0
销售合同期限	19.5
特许经营期	28.3
债务期限：银行贷款	9.4
债务期限：债券	13.6

资源来源：Esty, (2004)。

　　银行贷款是基础设施项目融资的主要来源，1994 ～ 2003 年各类融资来源的占比见表 1-4。2002 ～ 2012 年各区域债券发行占比见表 1-5。

表 1-4　1994 ～ 2003 年各类融资来源占比情况

融资来源类别	占比（%）
银行贷款	47.0
债券	9.0
多边开发机构	14.0
股权	30.0
占比	100.0

资源来源：Finnerty, (2013)。

表 1-5　2002 ～ 2012 年各区域债券发行占比情况

区域	占比（%）
欧洲、中东和非洲	57.0
美洲	13.0
亚太	30.0
占比	100.0

资源来源：Finnerty, (2013)。

1.5　为何商业开发采用项目融资模式

　　可以用很多方式启动对项目融资问题的讨论，不同方式受特定项目参与方的利益和视角的影响。我们之前说过有很多条路径，每条路径着重于不同的利益问题和细节。每种方式都有其优点和好处，也都是更广泛意义上的有效项目融资的必要分支。在当前的范式下，思考项目融资问题的不同方式与视角如下。

　　1）基础设施或产业项目视角。

　　2）项目发起人或开发商视角。

　　3）客户视角或东道国政府下属机构视角。

　　4）贷款方、多边机构与机构投资者视角。

　　5）特殊目的公司（项目公司）视角。

　　6）私人融资计划（PFI）与公私合作模式（PPP）视角。

　　7）客户关系管理、销售与营销视角。

　　8）金融工程视角。

9）合同融资或法律工程视角。

10）流程与项目管理视角。

仅仅依赖项目融资机构（PFO）和律师团队，不可能对项目进行合适的评估和结构化。新的商业开发采用项目融资模式的主要原因是有助于其开发能赢利的项目，并为项目发起人获取竞争优势。因为用于促进新商业开发的项目融资，是一项具有整体意义的工作，这种更宽泛的方法要求关注诸多问题，它涉及项目开发、结构化和成功实施项目融资交易。图 1-1 展示为何在某些背景下应当采用项目融资，简述如何及何时会引起项目融资团队的注意，所涉及的机构，以及如何按流程采用项目融资模式。

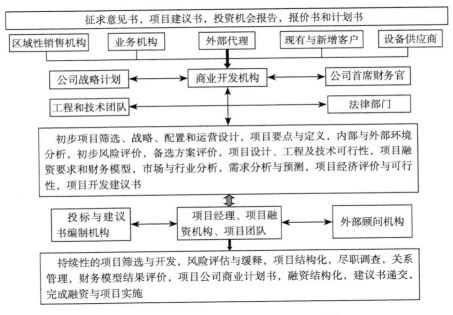

图 1-1　新商业开发项目采用项目融资模式

与项目建议书、投资机会报告、报价书及合作计划等相关的大多数诉求，不会直接递交给项目融资机构，而是首先通过以下主体对接商业项目开发机构。

1）发起人公司的区域性销售机构。

2）发起人公司的不同业务部门。

3）诸如政府部门、商业经纪人和投资银行等外部机构。

4）现有或潜在新客户询问与提交征求意见书（request for proposal, RFP）、报价和合作计划。

图 1-1 说明项目分析与评价中的相当一部分工作由给新的商业开发模式提供支持的专业机构办理。一旦商业开发机构启动项目，他们会基于公司战略计划、投资组合管理和首席财务官提供的信息，组织项目筛选和各类评价工作。当项目经过筛选流程后，会传递给项目经理、项目融资机构和项目团队。此时，会实施更加深入的评估工作，正式进入项目融资开发阶段，这会涉及很多内部机构和外部顾问。

尽管涉及每种项目融资工作流程的所有关键要素，我们的方法还是聚焦于新的、整体的商业开发项目，商业计划书和项目融资的特点，其具体特征如下。

1）由始终如一的公司和项目战略、目标和流程所驱动，有能力成功执行并采取一种全面的方法来创造价值。

2）对除项目参数和财务指标之外的各种驱动因素进行全面和深入的评价，判断项目成功的概率。

3）聚焦于重要的项目开发问题和关键成功要素，确保项目可行并成功融资，目的是为项目发起人及其客户实现预计创造的价值。

4）重点在于项目组织、融资机构的技巧和能力、流程，以及关键性的和目标导向的评估行为。

5）基于成本 – 收益分析方法、风险分配、谈判和合同，平衡所有项目相关方的利益。

6）是一种基于成本 – 收益分析方法、整体的且范围广泛的方式，目的是帮助项目发起人通过项目融资尽力获得竞争优势。

1.6　本书的结构安排

普遍认为发展中国家的基础设施项目融资是一项复杂且困难的任务，因为存在信用障碍及诸多其他原因。本书从新商业项目开发的项目融资角度出发，目的是向读者介绍与创建不同类型的成功项目有关的项目融资的全部内容。第2 章以综述的方式介绍项目融资的实质性内容，最先介绍并让读者知悉那些挑战与困难。同时介绍项目的分类方法与项目融资流程、特殊目的公司所有权和融资要点，还介绍并消除了对项目融资的误解和迷惑。

为了更好地了解与项目融资有关的不足和困难，以及项目失败的真正原因，第 3 章按行业和区域评价项目融资交易的历史，重点在于确认其主要失败因素，旨在总结一些有价值的教训。项目失败的原因之一是流程缺陷和不同步，第4章从不同项目参与方的视角介绍项目融资流程；由于不同参与方的优先性目标存在差异，如果这些差异未能解决，最终会导致项目失败。

在讨论各项目参与方及其角色与责任之前，第5章介绍项目融资机构。项目融资机构是核心主体，是项目团队的组成部分。该章将同时介绍项目融资的组织结构、组成部分和业务定义，以及项目融资机构协会所要求的技能和经验。同时，基于作者的经验、项目参与方的讨论和对基准机构的分析，第5章还介绍了成功的项目融资机构的特征及其贡献。随后，第6章的目标是辨析项目融资最关键要素的核心部分，也就是说，辨析项目开发流程的每个阶段所发生的伴随前期准备工作的规划与行为。这些工作指向成本估计和收入预测，可以推动项目实现良好的评估与项目结构化融资。

第7章关注各项目参与方及其角色与责任，它们的目标与要求，以及它们如何为项目开发和执行增加价值。我们将指出利益冲突的潜在可能性，开放性思维的重要性，以及无障碍沟通、协调、合作和协同（communication, coordination, cooperation, and collaboration, 4Cs）的必要性。很明显，这需要高质量的竞争分析、扎实的行业和市场研究和持续性的利益平衡。由于准确的项目成本和收入预测对项目可融资性和项目可行性至关重要，第8章介绍影响项目融资预测技术准确性的决定性因素。该章还会介绍模拟预测的原始资料、假设的设定、分析与评价、预测的合理性检查和预测失败的原因。

为了让读者理解为何项目融资有时又称为合同融资，第9章解释项目合同协议的目的、性质和效果。该章的讨论重点围绕常见项目融资合同的性质、前提条件和项目合同的成本，以及合同开发和谈判的流程。另外，引述了项目融资合同有关的主要挑战和成功因素。另一方面，很大一部分工作和决策涉及第10章的主要内容，主要是确认、评价、分配和缓释各类项目风险。第10章同时介绍不同类型的风险，如何使用风险矩阵及其他方法，以及有效风险管理的成本与收益，这些内容对项目的可融资性特别重要。需要指出，风险管理的重要内容是建设可以确保项目经济可行性的合同协议体系。

第11章介绍为确保项目的可行性，除可行性分析之外必要的项目评价。我们将讨论尽职调查的流程、评价、方法和用于测试、核实的工具，并验证分析及其结果。这实际上是上一章讨论的延伸，重点是尽职调查的关键任务和报告的准备工作。尽管这些工作是由贷款方进行，项目团队也应尽早地，持续地参与确认和验证那些重要因素。这是因为针对那些问题的尽职调查，项目团队有条件更好地了解其情况，而外部专家所处的位置难以观察得到。这有助于发起人团队获得竞争优势。第 11 章和第 12 章讨论的流程和行为是项目融资机构参与的重要领域，有助于确保项目融资实现赢利并为竞争优势奠定基础。

第 12 章介绍基础设施项目的不同融资来源、融资工具和信用增进措施。并详细介绍了多边机构、出口信贷机构、美国政府资助机构及其提供的支持性措施，以及私营融资渠道和工具。该章介绍了基础设施项目融资可以使用的诸多选项。需要指出，这些融资渠道和工具中的很多可以用于基础设施之外的其他类型的项目。随后，第 13 章介绍项目与融资结构的关键要素，并详细介绍各种要素、决定因素、投资者要求和需要做出的决定和选择，从股权结构到融资结构及相关问题。此外，该章还重点介绍项目融资的决定性因素，并解释在融资计划中涉及的不同参与方工作成果的整合。

第 14 章介绍在项目财务模型中，如何处理各类输入因素、输出变量及其作用，以及所执行的评价过程。这是因为其核心功能是决定项目公司的融资需求，筹集必要资金和偿还债务的能力，以及估计投资者的股权投资的收益率。随后，第 15 章介绍项目融资行业的发展方向。为此，我们分析项目融资的趋势作为驱动行业发展大方向的要素之一，考察其对不同项目参与方的影响。另外，我们分析这些趋势将如何影响项目公司运营，以及关注那些决定项目团队能力的因素以利用这些趋势，并做出必要的调整以加速获取竞争优势。

第 16 章分析如何通过项目融资获得竞争优势及如何建立可持续的竞争优势。该章介绍了作者的观点及针对不同项目参与方的基准研究的成果。参与方包括发起人和开发商、客户、商业银行和投资银行、出口信贷机构及多边机构。作者对律师事务所、项目融资顾问、承包商和设备供应商进行了调查，它们的观点可作为针对项目融资竞争优势的真实有效检查方式。该章最后得出的结论是，通过项目融资可以获得竞争优势，并确认了最初的假设，即除了少数案例，这种竞争优势不会长期存在。另外，由于在项目融资中使用了大量定义和缩写，附录介绍了项目融资领域的常用缩写和定义，并解释了其含义。

1.7　如何最有价值地使用本书

基于组织本书材料的经验，我建议读者尽可能多地吸收本书内容、借鉴所学到的教训并最大化其价值，具体方式如下。

1）在开始阅读各章节时，应当始终牢记两点：①项目融资是一种新方法，很多材料是从更广泛的视角进行组织的，需要逐步吸收；②看起来像是重复的内容意在解释清楚问题和指导读者如何基于正确的理念、目标和重点获取竞争优势。

2）要读懂每一章并通过笔记整理有关资料的分析方法，这可以提升目前的项目融资水平，并帮助公司的项目团队获取竞争优势。

3）继续阅读并揣摩与商业开发和项目融资相关的不同分析、评价、测试和要素是如何相互联系，更有效地评价项目可行性并更高效地落实融资。

4）记录每一章的资料如何有效地帮助筛选、开发、评估和结构化某个项目，以及高水平的风险确认、评价、缓释和全面的尽职调查如何帮助项目团队构建有赢利能力的项目。

5）更好地理解正确的项目融资机构结构和规则、技巧和经验、项目目标、过程、评价与测试、合同协议、项目融资模式的分析结果、融资计划决策等因素，以及如何将它们组合在一起。

6）回忆所有项目参与方的角色和责任，有效管理其利益和预期的重要性，以及项目管理在整合不同流程和成果之间的关键作用。

7）评价某个组织是否拥有获取项目融资竞争优势的必要条件，如果没有，做出建议帮助其根据本书介绍的概念获取竞争优势。

8）反复练习是学习之母，运用所学到的知识肯定会提升项目融资团队的效能，同时还可以避免项目失败，最终创造更高的项目价值。

项目融资概况：事物的本质

虽然不同的模型适用于不同类型的项目结构，但是各类项目融资交易具有相同的核心特征，典型的项目融资结构如图 2-1 所示。也就是说，它们具有几乎相同的项目参与方，同样的要素与关注点，可比较的流程，采用基础性项目融资交易结构的演变形式，融资方法和工具。此处的基础性项目融资交易结构中，介绍了所涉及的不同参与方及将融资结构融为一体的必要协议。第 7 章将详细介绍项目各参与方及其角色与责任，第 9 章分析涉及的各种合同。

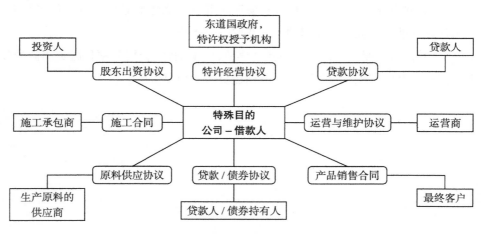

图 2-1 典型的项目融资结构

资料来源：Adapted from Merna, Chu, and AI Thani (2010)。

项目融资特别适合基础设施项目，对于不能通过其他方式融资的发展中国家的项目很有用。但是为取得实效，必须满足如下一些前提条件。

1）东道国有稳定的政治、法规和投资环境。

2）在正常状态下良好运行的全球金融市场，可以获得融资。

3）良性的行业结构、许可证保护、法规和制度、公平的竞争。

4）可确认和量化的风险，有效分配风险的合同。

5）可行的和可持续的项目经济性，即充足和可预测的现金流。

6）政策支持和协议，确保项目的长期可行性。

第 2.1 节的项目分类法介绍了不同种类的项目和类型，虽然取决于项目的进一步分类，不过项目还是可以按不同方式列示。第 2.2 节列举大多数项目融资共同的实施阶段，帮助制订流程并为更深入的讨论划分阶段。第 2.3 节开始讨论将在随后各章展开阐述的项目融资各项要素。第 2.4 节介绍项目股权结构和融资结构问题，还对成功实现融资会涉及的项目结构设计和融资关注要点进行初步介绍。这些因素和决策在后面各章中也会涉及。

为了完善对项目融资结构化因素的讨论，第 2.5 节介绍重要的项目融资行为，后续各章还会反复讨论这些主题和关键要点。因为人们对项目融资持有很多错误观点，第 2.6 节阐释一些常见的关于项目融资的误解和迷惑。

2.1 项目的分类

首先将项目划分为绿地项目和褐地项目，前者指对新资产和建筑物的投资，后者指对已经投入运营的现有资产公司进行投资。基础设施项目和财务模型按多种方式进行分类，为了厘清它们在性质上的差异，本书进行以下分类。

（1）项目类型 项目类型的区别在于项目公司的性质及其产品，具体分类如下。

1）各类处理厂，如发电厂、污水处理厂、垃圾焚烧厂等。

2）私有化及私营部门提供的基础设施，如港口、机场等。

3）不同类型的公私合作模式（PPP），如特许经营或经济类基础设施，私人融资计划及可用性项目。

4）其他类型的 PPP 项目，包括私有化、租用、经营权和租赁项目。

租用（affermage）是一种合同安排，运营商负责运营和维护项目公司，但是不需要为其融资或提供大量投资。

不过，有很多案例使用另外一种模式，如建设 – 改造 – 运营 – 移交（build-rehabilitate-operate-transfer, BROT），此时的特许经营期比其他模式更长一些。

（2）项目分类　通过项目分类，明确所有权、特许经营权和期限、资产转移给最终所有者等问题，常见的类型如下。

1）建设、运营、移交（BOT）。

2）建设、移交和运营（BTO）。

3）建设、拥有和运营（BOO）。

4）建设、拥有、运营和移交（BOOT）。

5）建设、运营、维护和移交（BOMT）。

6）设计、建设、运营、移交（DBOT）。

7）上述模式的变化形式。

项目融资纯化论者坚持认为，项目融资只包括商业地产和不动产开发项目、持有实物资产的单一目的持股公司及 PPP 项目。这种观点排除了那些不持有不动产的不动产投资信托（real estate investment trusts, REITs）、私有化、租赁和供应商债务融资项目。不过，现实情况是虽然纯化观点与项目融资的常规定义保持一致，但是实务中的项目融资交易包括由不同融资工具提供的所有不同类型的交易。

2.2　项目融资的阶段

项目融资的主要实施阶段如图 2-2 所示，这种适用于不同类型项目的常用简化观点，有助于明确必要的项目融资工作流程。这是一种归纳性的介绍，需要指出图中的工作阶段是按顺序排列，但在实务中这些工作阶段可以并行推进或按不同的顺序实施，具体取决于不同的项目需要。随后会介绍由项目团队编制的数量众多的阶段性工作成果。本书会在第 4 章讨论项目融资流程，但是图 2-2 中由各类工作成果界定的常规性的项目融资流程，可以调整适用于不同类型的项目与条件，并作为第 6 章和第 13 章介绍的项目融资流程的复杂任务和行为的导论。

针对不同的项目融资交易，项目融资的阶段工作成果大致相同。最主要的阶段性工作成果如下。

1）东道国的政治、经济、法律法规，以及社会和环境评价。

2）战略、投资组合和运营的适应性评价。

3）技术可行性和经济可行性评价。

4）实现项目交付的项目开发流程和计划。

5）结构化和组建特殊目的公司（SPC），准备开始融资谈判。

6）开发项目融资模式来确定必需的资金和充足的现金流。

7）风险确认、评估、量化和缓释。

8）制订项目公司的商业计划。

9）项目融资的结构化决策，以及编制过渡期项目融资计划。

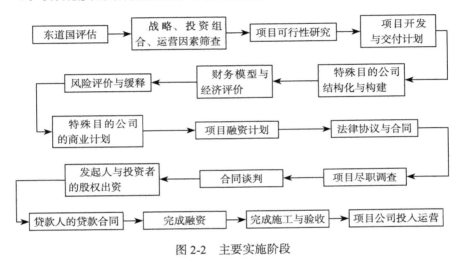

图 2-2 主要实施阶段

当上述预期成果达成后，下一阶段的工作成果和需要做的工作如下。

1）最终项目文件和法律协议、合同的谈判。

2）与贷款人的顾问机构同时实施的项目尽职调查与尽职调查报告。

3）完成融资问题谈判，确保项目发起人和其他投资者的股权转让价款到位。

4）落实贷款合同条款并满足有关条件。

5）落实融资及所有必要的改进和支持性措施。

6）施工完成、验收项目、项目公司进入运营阶段。

2.3 项目融资的关键要素

项目融资涉及的核心投融资要素有收入的确定性、可靠的财务比率、有效的风险缓释、对贷款人的保护措施、有效的合同协议、项目终止安排等，这些主要要素的支持性因素是项目特征与定义、项目公司（特殊目的载体与特殊目的公司）的结构、风险缓释计划、合同与协议、项目公司的商业计划、尽职调查报告、项目财务模型、融资计划、信息备忘录等。随后各章将介绍这些支持性因素，这里只是简单提及。

项目公司结构指特殊目的载体的所有权结构和治理结构，特殊目的载体的形式有联合体、公司、普通合伙、有限合伙、非法人的合资企业、有限责任公司等。建立项目公司这个载体是为了构建协议体系以达成合同、管理项目经营和收取与付出项目现金流。另一方面，融资结构指为项目筹集资金的构成，具体包括以下组成部分。

1）股权：发起人或开发商的股权出资、联合体的合作方出资、私募股权、共同基金投资和其他投资工具。

2）债务：从商业银行、保险公司、养老基金和其他融资渠道筹集的优先债务、次级债务或夹层债务。

3）债券：评级债券或未评级债券，其利率水平不一样。

4）信用增进：发起人或开发商、东道国公共机构、单边和多边机构提供的信用增进措施。

5）贷款人风险保障机制：当风险发生时的保障措施，以及对项目公司现金流和资产的追索权。

项目风险缓释措施包括确认建设、技术、设计、工程和设备，东道国的政治、社会和经济条件，项目公司的运营环境等相关的各类风险。风险评价指确认风险实现的可能性和影响程度。基于成本 – 效益理念，将特定风险分配给最合适的一方，可以实现平衡的风险缓释。项目公司的商业计划将项目公司视为独立主体，设计所有计划性的数据和假设，以及运营和成本决策。

对内部组织的尽职调查是一项持续性的工作，是项目评估的组成部分，可以判断该组织成功实施项目和在随项目推进的不同阶段做出正确决策的能力。另一方面，项目的尽职调查是由贷款人的代理机构独立实施的，对技术、财务数据和信息进行确认和验证的工作，需要发起人项目团队的协同支持。这种确认和验证包括有关假设和测试、预测技术和模型的使用、分析与评价、项目财务模型及其分析结果、决定项目可融资性和可行性的保障性措施。

项目融资计划需要整合项目团队的全部工作，开发精细的项目财务模型，涉及项目公司前期资本性支出和运营成本要求、投资回收计划、税收与会计因素、还款时间表、相关贷款协议和限制条件。等式的另一方是项目收入预测，包括需求和价格预测。项目财务模型的主要结果是项目的净现值（net present value, NPV）、估算的项目发起人的内部收益率（internal rate of return, IRR）、投资收益率（return on investment, ROI）、决定项目融资能力与偿债能力的各项指标。不过，在基础设施项目中，谈判达成的合同协议是融资计划和项目融资实现的黏合剂。

项目信息备忘录是项目融资的一个核心要素，对新商业项目开发任务很重要，但通常没有被给予足够的重视，或只是委派给外部顾问机构。这份文件用于向潜在债务和股权投资者推介具体项目。信息备忘录详细描述项目的基本原理、战略和运营适当性、可行性研究结果、项目风险特征、尽职调查结果、项目财务模型及其结果与评价，以及融资结构。信息备忘录中的信息、数据、分析和评价，不论是内容还是形式，都应该维持高质量水平。

2.4 所有权与融资结构的考虑因素

发起人构建项目时，遇到的第一个问题就是特殊目的公司应当如何组建。这是一个重要问题，因为不同的结构有不同的优缺点，而怎样选择最优的项目公司组织结构，需要考虑诸多因素。图 2-3 综述了影响项目公司所有权结构的主要因素，具体如下。

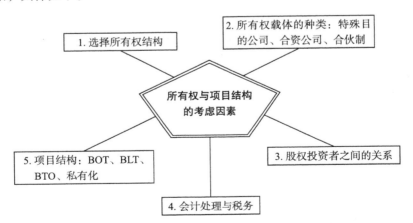

图 2-3　特殊目的公司所有权设计的主要考虑因素

1）所有者、股东、合伙人与股权出资受益人的数量。

2）发起人或开发商的目标及其与这些目标的内在一致性。

3）项目公司的管理和决策结构。

4）东道国政府参与项目的情况及其要求。

5）本地法律法规的要求、税收管辖权和税法。

6）项目公司债务融资需求和发起人的股权出资要求。

7）贷款人的要求、担保要求与限制条件，以及风险保障措施。

8）项目公司的会计处理，利润分配从东道国划出的难易程度。

9）少数股东权益保护和公司解散事宜。

项目融资须考虑的诸多要素如图 2-4 所示，除公司所有权外，在项目融资结构中需要密切关注的其他因素如下。

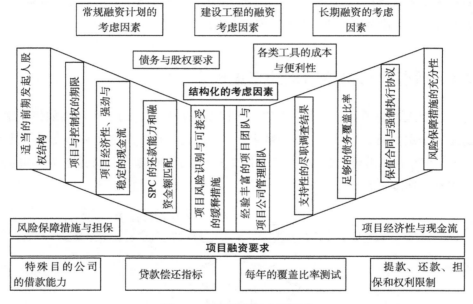

图 2-4   项目融资的主要因素

1）项目公司的融资要求、股权对价款的金额与时间安排。

2）项目已经涉及的参与方与未来可能的参与方。

3）估计的建设成本、运营成本，以及项目公司原料与产品的成本。

4）贷款期限与债务融资的提款时间安排与还款时间安排。

5）风险分析、缓释措施（根据风险矩阵）与贷款人的风险保障措施。

6）特许权协议的种类与涉及的合同安排。

7）融资参数，包括债务与股权比例、融资期限与利率和费用、项目净现值、投资回收期、内部收益率等不同偿债指标。

8）应对建设期非预期成本的应急融资。

9）基于股权出资或风险分担对投资者分配可用现金的方案。

需要指出，项目公司结构和融资结构需要综合考虑一些因素，以最大化项目收益并最优化融资方案。这些问题将在第 12 章与第 13 章进一步剖析。

2.5　主要的项目融资工作

为了通过可融资性测试，项目融资需要做一些公司融资项目通常并不需要的评估步骤。不过，对于项目融资，可融资性测试至关重要。在项目立项后项目团队需要经历一系列步骤、行为、分析及在不同项目阶段的评估，具体包括以下任务。

1）梳理项目管理职责并取得内外部支持。

2）描述项目属性，战略、投资组合和运营适当性评价，项目基本原理，初步开发时间安排。

3）项目开发计划、前期准备工作、给项目配置适当的资源。

4）组建项目团队、分配项目融资机构、选聘外部咨询和顾问机构。

5）明确项目目标和工作流程，向项目团队和其他参与方分配任务与职责。

6）评估真实的客户需求和其出资能力，协调项目参与方的利益与目标。

7）对东道国和其外部环境进行评估，技术与经济评价，准备项目可行性研究。

8）提出并确认有关假设条件，准备成本测算和收入预测。

此后，项目团队着手实施其他重要行为，以启动决策并推动项目前行。这些行为聚焦于以下方面。

1）确保有足够的内部和客户组织的政治支持。

2）实施项目风险确认、评估与缓释措施评估，确保风险分配的公平性与平衡性。

3）完成详细的项目尽职调查，以验证各类分析、评估、所使用的情景、成本与收入假设。

4）构建详细的项目财务模型，评估与测试其结果的合理性与内部一致性。

5）再次评估特殊目的公司的所有权和融资结构因素，并最终确定。

6）准备项目文件并就合同协议进行谈判。

7）确保无障碍的交流、合作、协调和协同，重视客户关系管理事务。

项目融资流程、所包含的行为和所形成的工作成果提供了重要的决策基础，因为它们决定项目能否成功，这些内容将在第 4 章及随后各章详细讨论。项目融资的关键问题如图 2-5 所示，这是作者在一次客户会议中所解答的问题：项目融资的本质是什么？对相关问题的回答从各个方面解释了项目融资的本质是在构建可高效融资的项目时所要实施的流程、行为、分析与评估。

图 2-5　项目融资的关键问题

2.6　常见的误解与迷惑

不只这个领域的局外人会误解项目融资。由于对项目融资的接触、了解和经历存在不足，有些项目参与方也存在误解。这些误解表现为错误的判断、不完整的评估、错误的计算、错误的假设和决策、弱势的谈判地位与态度、拖延的谈判与协议修改等。人们对项目融资的误解，可以在很大程度上解释冗长且反反复复的谈判，也是项目失败的原因之一。表面上的各种误解其背后的理念和观念如下。

1）项目融资是无追索融资。确实，项目融资对发起人的资产负债表无追索权。但是，如果风险真的出现，导致经营终止及项目公司解散，就会有投资损失。无追索不等于在任何情况下都没有损失。

2）项目融资很便宜。是的，但要看情况。在有些情况下，国际开发协会或捐赠组织提供的补贴、单边与多边机构提供的增信和政府的实物出资会导致某个项目的融资成本低于缺乏这些支持措施的其他项目。但是，在缺乏各类支持性措施的情况下，公司融资或直接融资的成本会低于项目融资。项目融资的优点在于可以让主体信用状况不强的客户实现融资。

3）准入壁垒能确保项目成功。因为基础设施项目通常涉及东道国政府的参与、牌照与许可证的发放、有垄断地位的项目公司、规模巨大的项目前期投入，这些因素通常能确保项目公司的经济可行性。因为存在这些保障措施，人们通常未能考虑到发展中国家的政治和经济条件的易变性及行业与市场的变化，导致过度自负。对项目公司产品或服务及对东道国政府机构的关系管理的自负，通常会导致难以应对第二轮运营牌照的发放或法规的变化。

4）先把项目建起来，然后一切都会有。这种观点假设项目公司的产品或服务存在需求，而项目将满足客户或使用者的需求。因此，项目会吸引足够数量的客户或使用者，产生的需求足够让项目取得成功。不过这种观点缺乏依据，缺乏市场研究来分析产品或服务的需求，也不考虑客户或使用者的意愿与支付能力。也就是说，他们并不真正了解市场需求，而定价会影响产品或服务的需求，过于乐观的收入预测将导致项目运行低效甚至失败。

5）发展中国家的项目审批只是例行公事。这种误解的形成与出口信贷机构或多边机构的推动和支持有关，因为发展中国家急于获得帮助，又缺乏公共预算来实施基础设施项目，而这些机构的项目评估工作的灵活性可能导致审批更容易。这种误解并不属实，源于对流程、评估和对这些机构要求的无知，审批机构应当对其审核的所有项目负责，因此它们会确保只对具备可行性的项目提供投资或支持。出口信贷机构与多边机构在最终董事会评估和批准之前，有能力使用成熟的流程和要求对项目进行优化。也就是说，发起人或开发商不应该预期立即会得到项目的支持性批准，甚至是有兴趣参与项目的暗示。

6）如果项目通过了尽职调查，则不存在问题。除了贷款人以外的其他项目参与方往往有这么一种印象，因为尽职调查并没有发现明显的重大错误、遗漏、差异、技术问题与反对意见，所以以为项目进行融资就是水到渠成，接下来只是办手续而已。但尽职调查只是项目为了从银行融资必须越过的跨栏之一。其他跨栏如测试各类假设有效性的压力测试、测算在更加不利情况下的财务指标、确认提供风险保障措施的各类主体的信誉，这些事情也必须要做。

7）项目的咨询顾问知道就好，我们没有必要知道。发起人或开发商的项目团队的这个认识令人不安，因为他们假设项目融资顾问机构们完全理解发起人和客户的真实需求、利益、目标和要求。他们还假设顾问机构有能力实施合适的分析与评价，即有能力满足所有期望。这种心理导致实施过程中出现拖延、重复工作且缺乏效率，增加了咨询和项目成本。另外，这么做并不能确保这些参与方得到他们预期从项目中获得的收益。

8）任何项目都可以搞项目融资。这种观点过于天真，不过普遍存在。项目需要满足项目融资的基本要求。也就是说，项目必须要有充足和稳定的现金流及合理的偿债指标，以及足够的发起人股权出资和债务融资、增信措施和充分的贷款人保障机制，所有这一切都需要编写和谈判确定有关合同。项目规模也要满足一定要求，因为项目开发、合同协议准备与谈判的成本很高。要实现项目融资，最低的项目规模应当为 0.75 亿～ 1 亿美元。不然，成本过高将导致项目亏损。

项目融资的历史记录：借鉴失败的教训

人们普遍认为项目融资是优质的投资项目，因为它存在诸多风险保障措施及一整套通过谈判达成的协议。流行的观点是：当风险保障措施包括担保协议、项目资产的抵押协议、按揭或信托协议及直接介入协议，则失败的可能性有限，损失也会最小化。限制失败可能性的其他因素如下。

1）发起人的股权出资通常占项目总投资的 20% ～ 40%，数量充足。

2）充分的风险保险可以覆盖项目的所有常见风险，还可要求东道国政府提供严格的保证。

3）通过谈判签署规范的工程总承包合同（EPC）、销售合同、供应合同、运营与管理合同（O&M）。

4）到位的利率和汇率保值合同。

5）出口信贷机构或多边国际组织提供支持，以帮助获批项目。

6）当表现不佳时，贷款人通常有权力控制项目公司的资产。

7）融资文件包括瀑布式账户、担保和权益限制措施。

8）存款账户协议控制项目公司所产生的现金流。

对重资产投资项目，因为以下 3 个原因难以判定项目是成功还是失败：从多个不同维度实施评价，政治因素会影响项目绩效评级，失败的评级往往基于主观判定。例如，巴塞尔协议（2014）从多个维度对可持续的基础设施进行评级，使用的大多数定性指标具体如下。

1）对东道国政府的财政和社会目标的满足程度。

2）主动和有效的风险项目全周期管理。

3）公平和平衡的项目成本与收益协议。

4）采购流程和实践的透明度。

5）实现了完美且有效的项目融资。

6）能足够满足消费者或客户需求的项目产品。

7）根据项目评估和项目公司商业计划得出的项目所创造的经济价值。

项目融资是否成功难以衡量，替代方法是使用项目融资贷款的违约率来定义项目失败。穆迪公司（Moody's）的一项为期10年的研究发现，"项目融资是一种稳健的专项贷款方式"，"项目融资贷款的违约率和那些低评级公司发行人的回收率保持一致，按照巴塞尔协议Ⅱ所定义的回收率为80.3%"。请注意，未能实现预期经济价值的项目数量高于银行贷款的违约数量，因为有些项目虽然没有出现贷款违约，却未能创造预期的经济价值。

巴塞尔协议Ⅱ定义的违约率基于一个复杂的公式，但是从实务目的看，是指银行的损失，具体包括未还本金、累积利息、贴现和回收违约贷款的成本。

下一节将按行业和地区介绍针对项目融资贷款违约事件的诸多研究成果。我们认为贷款违约构成项目失败是普遍的，也是可以客观衡量特定项目是否实现财务预期目标的定量方式。第3.2节按主要类型来分析项目融资失败的常见原因，为规避在不同项目阶段出现的陷阱提供参考依据。第3.3节提供有助于避免项目失败和提高项目成功机会的有价值的重要经验的综述。

3.1　项目融资交易的历史记录

为了解项目融资市场的规模和项目融资失败的程度，表3-1按行业列示了1987 ～ 2014 年共计 7 959 个项目的情况。表3-2 按行业列示了同时期的违约项目的数量，平均违约率为9%。其中，电信和媒体行业的违约率最高（90.9%），交通行业的违约率最低（4%）。

表 3-1　按行业统计的项目数量（1987 ～ 2014 年）

电力	3 022	化工产品	174
基础设施	2 298	制造业	111
石油和天然气	1 108	交通	110
电信和媒体	88	休闲娱乐	88
金属和采矿业	420	合计	7 959

资源来源：*Annual Project Finance Default and Recovery Study 1980-2014.* S&P Global Market Intelligence (June 2016)。

表 3-2 按行业统计的违约项目数量（1987 ～ 2014 年）

电力	277	41.1%	制造业	16	2.4%
基础设施	149	22.1%	休闲娱乐	10	1.5%
电信和媒体	80	11.9%	交通	4	0.6%
石油和天然气	65	9.6%	其他	3	0.5%
金属和采矿业	49	7.3%	合计	674	100.0
化工产品	21	3.1%			

资源来源：*Annual Project Finance Default and Recovery Study 1980-2014.* S&P Global Market Intelligence (June 2016)。

表 3-3 按地区从另一个角度列示 1987 ～ 2014 年的违约数量的情况，读者的第一感觉会是西欧和北美地区的违约数量最多。但考虑到西欧与北美有数量很多的项目融资交易，其违约率并非最高。

表 3-3 按地区统计的违约项目数量（1987 ～ 2014 年）

西欧	246	大洋洲	32
北美	159	非洲和中东	20
亚太	80	东欧	16
拉丁美洲	71	合计	624

资源来源：*Annual Project Finance Default and Recovery Study 1980-2014.* S&P Global Market Intelligence (June 2016)。

在表 3-4 中列示的同时期全部项目的违约原因特别有启发性。市场风险导致的银行贷款违约数量占比 26.5%，随后是技术设计问题，占比 20.6%，而东道国法律变更风险的占比仅为 2.9%。

表 3-4 违约项目原因的占比

市场风险	26.5%	运营问题	8.8%
技术设计	20.6%	保值 / 大宗商品价格风险	5.9%
交易对手问题	18.0%	东道国法律变更风险	2.9%
交易结构缺陷	17.7%		

资料来源：Ben MacDonald. "Lessons Learned from 20 Years of Rating Global Project Finance Debt," *Standard & Poor's Ratings Services Credit Week* (January 21, 2015)。

穆迪公司在对 1983 ～ 2013 年的项目融资贷款违约的调查中发现，项目融资贷款的累计违约率为 6.4%，与低评级的投资级公司债券发行人的违约率差不多（Davison，2015）。穆迪公司针对 1983 ～ 2008 年的 2 639 个项目的调查显示，213 个项目存在优先级贷款违约事件，其最终回收率为 76.4%。

表 3-5 显示了穆迪公司按行业对 4 069 笔项目融资贷款的评估所得到的违约

率，值得注意的是，这项研究得到的按行业分类的项目融资违约率与表 3-2 的情况存在差异，主要原因是这项研究跨期更长。

分离出造成项目违约的单项因素几乎是不可能的。不过，毕马威会计师事务所针对项目而不是项目融资的一项研究的结论可能有参考意义，可以类推到项目融资交易。在 2012 年，毕马威评估的项目中只有 33% 的项目按预算完成交付，65% 的项目按时间完成交付。不过这些并不必然导致项目失败。因此，将项目失败的原因归结到单一维度，而不考虑项目全部利益相关方的意图，应当特别审慎。

表 3-5　按行业统计的项目违约率

制造业	17%
金属与采矿业	12%
电信与媒体业	12%
基础设施	4%
石油与天然气	8%
电厂	8%
PPP	2.6%

资源来源：Thomson Reuters Project Finance International。

过去一些年里有很多项目融资失败案例，不过只有少数项目被视为是失败的，失败项目的主要原因，如表 3-6 所示。探讨造成项目失败的各种各样的原因，特别有价值。

表 3-6　项目融资交易的失败案例及其原因

项目	失败原因
墨西哥的公路特许经营项目	成本超支 25%，收入缺口 30%；政府接管项目
乍得–喀麦隆的石油管道项目	政府将用于偿还贷款的资金挪用于购买武器
英属圣赫勒拿岛机场项目	很差的工程与技术可行性研究
英国的先进客运火车项目	错误的技术设计和工程方案
莱索托高地的供水项目	超过预期的电力成本，普遍的腐败
肯尼亚图尔卡纳湖鱼类加工厂	出乎意料的高成本，工厂关闭
玻利维亚科恰班巴的水务系统	水费太高导致发生暴乱，投资者从项目退出
葡萄牙的 PPP 项目	缺乏经验，政府决策拖延，成本超支
美国的塔科马海峡大桥	资金与时间受限，施工质量差；大桥倒塌
英国伦敦的千禧穹顶	过于乐观的预测，无法吸引到足够的参观者，财务困境
丹佛国际机场的自动行李传送系统	封闭的项目，不切实际的时间表，承担了不必要的风险，航空公司（客户）未参与项目规划
英法海底隧道	利益与目标冲突，施工期延长 20%，超出预算 80%

资源来源：International Project Leadership Academy。

3.2　项目失败的原因

基于失败项目的报告和项目融资参与方的讨论，随后各小节将使用如图 3-1

所示的鱼骨图来分析各类项目的失败因素。反过来，了解这些导致项目失败的根本原因，将为实施更好的替代选择、流程和方法来最大限度减少失败提供助力。本节的分析聚焦于 12 种可能导致项目失败的主要问题，具体为：战略目标与项目目标、项目筛选与前期工作、招标与采购、技能与经验，工作流程，项目经济性，技术问题，风险管理，项目管理，合同与协议，项目融资，组织与运营。

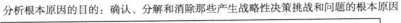

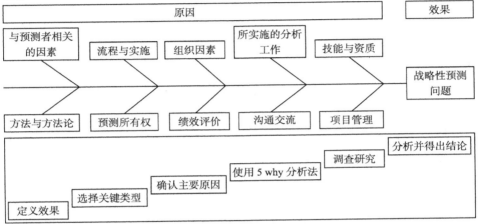

图 3-1 造成项目融资失败的根本原因分析

鱼骨图又称为因果分析图，得名于其设计看起来像鱼骨。鱼骨图是一种显示和分析特定问题的潜在因素并确认其根本原因的工具。对根本原因进行分析的目的是确认、分解并消除造成失败的各种因素。

对项目失败的根本原因进行分析的目的是确认、分解和消除那些导致项目陷入财务困境甚至失败的根本原因。图 3-1 的底部显示了所使用的分析过程，其起点是定义效果或问题并选择关键类别进行分析。随后使用 5 why 分析法来确认主要原因，再通过进一步的分析来提供足够的证据和评估以形成结论。随后各节将分析每个问题类别并确认主要因素。这种分析绝不可能毫无遗漏，不过已经包括了导致项目失败的主要原因，但单个因素可能不足以搞垮一个项目，大多数情况下是诸多因素共同作用导致项目失败。

5 why 分析法：这是六西格玛管理中所使用的一种方法，通过连续 5 次追问为什么来透过现象寻找特定问题的根本原因，并确认不同根本原因之间的关系。

3.2.1　战略目标与项目目标

重资产项目失败的主要原因之一是所实施的项目与公司战略和项目目标之间存在明显的不一致。也就是说，项目缺乏理性判断 / 全面的战略 / 资产组合适当性评价和深思熟虑的项目战略，而且项目目标模糊、混乱且无事实支撑。在这种背景下，项目目标受过度乐观主义的影响，盲目乐观于不切实际的预期，导致问题更加严重。这种情况普遍存在于项目发起人、开发商、其他项目相关方，还有东道国政府的下属机构中。

如果缺乏与项目相关方总体战略相一致的清晰具体项目战略，参与方会因为相互冲突的利益与目标产生合作问题，导致项目合同的冗长谈判和项目延迟。这种环境的特征是受阻碍的沟通、协调、合作和协同，这一切会导致怀疑和犹豫不决。这种环境下会存在诸多不同和不协调的单个项目相关方目标，导致混乱分散的项目进度和财务目标。这不是一种正确、一致、基于事实和求证假设的环境。导致项目失败的另一个因素是项目目标与项目要求不一致。也就是说，在项目特征、绩效要求与不切实际的发起人预期和目标之间存在差距，导致错误的成本估算和对项目可融资性的不同理解。

与项目发起人战略和项目目标相关的另一个失败因素与项目资产组合管理有关。更具体地说，在当前的项目投融资实务背景下，人们缺乏对特定项目资产组合配置及其风险构成的考虑和分析。那么，为什么这是一个问题？因为这会导致不平衡的资产组合，具体表现为风险敞口增加、战略意图和目标模糊、资金非最优配置。这也是因为成功的项目资产组合要求对稀缺金融资源和具备合适技能和经验的稀缺人力资源进行恰当的配置。尽管事实上存在各种类型的项目利益相关方，但是项目发起人或开发商确实承担了大型项目的发起责任。

3.2.2　项目筛选与前期工作

缺乏清晰战略和目标的项目启动后，会伴随不充分的前期工作和项目筛选，还有一系列其他失败因素，这些都增加了问题的复杂性。项目筛选通常被局限于技术可行性和财务可行性，而忽略了对其他方面的测试，如是否有能力成功实施项目、各类技术平台的兼容性及替代项目投资的前景。很多项目的发起人团队做的前期准备工作很差，完全依赖发起机构推动项目，而不是提前组建一个由专业人士构成的专门团队，并聘请外部顾问和咨询机构提供支持。但是，即使在早期组建了项目团队，如果团队资源不足或并没有全力投入项目筛选、前期工作和项目开发工作中，也同样会导致项目失败。另外，如果对工作流程及用于保障筛选合适项目和前期工作的必要金融和人力资源系统不够重视，也会导致令人失望的项目评估和项目业绩。与项目筛选和前期工作相关的其他情况的项目失败，一般被归咎于不够充分的东道国政府准备工作，系统、资源、项目开发计划与工作流程。

与东道国政府相关的失败因素包括不到位的下属机构前期准备工作，项目招标要求不清晰，低估项目所需要的财政支持。与项目发起机构相关的失败因素包括对东道国宏观经济和运营环境缺乏足够认识，对行业结构、能力和动力缺乏了解，对大趋势和亚趋势缺乏掌握，这些因素会导致错误的项目可行性评价和其伴随的项目失败。另外，对有经验的项目公司外派人员面临的东道国社会和生活条件缺乏评估，导致难以招聘到需要的专业人士来管理项目公司。这些因素导致了不可靠的项目评价和不恰当的风险分配和缓释安排。

从项目筛选和运营适当性评价方面导致项目失败的主要因素包括对项目设备要求和设计规格缺乏足够的理解，以及项目绩效目标要求不清晰导致成本估算和资金需求出现错误。而缺乏标准化的项目筛选和评估规范，有时也会导致项目失败，因为事实上每个项目都是独一无二的，对项目自始至终需要量身定制工作流程和评价方法。不过，对发起人公司实施流于形式 SWOT 分析法，有可能妨碍项目团队成功实施项目。缺乏早期和全面的政治、经济、社会、技术、法律、教育和人口评价，会得到错误的项目可行性研究。空泛的行业、市场和竞争者评价及对标数据的缺乏，会导致错误的假设和经济评价。这些因素会让尽职调查的流程复杂化，导致不全面的风险评价和不可靠的尽职调查报告，最终影响项目融资的基础。

上述的失败因素与项目准备工作相关，但是与融资失败相关的直接因素是项目融资机构和融资团队的低质量准备与计划工作，涉及的工作任务包括确保清晰和完整的工作流程、整合性的计划与预算、开发可靠的财务模型、正确的原始数据和假设条件。还有一个失败因素是发起人的项目融资团队缺乏能力去培训、准备和帮助东道国政府的下属机构理解项目融资的全部要求及其和成功完成项目的关系。另外，未能与全球范围内的各类融资来源形成良好的工作关系，不清楚它们针对不同类型项目的工作流程和基本要求，是导致项目融资节外生枝和延误的另一个因素。

3.2.3 招标与采购

诸多与招标与采购相关可能造成项目失败的因素,来自项目相关方之间的困惑、对项目要求的误解、延误的事实调查和反复纠结的讨论。在很多情况下,东道国政府缺乏透明的招标程序及清晰的选择标准,让项目脱离轨道。这是导致摩擦、延误和项目失败的主要因素。另外,由于缺乏经验的发起人团队要与处于不同文化背景下的东道国政府的官僚机构打交道,这也增加了失败、延误和缺乏效率的可能性。另外,缺乏严格的招标和采购程序,也会导致对项目开发成本的错误估算。

即使有良好的意图,模糊的招标要求和项目技术规范仍会导致项目改变、延误、技术困难、谈判冗长和成本超支。但是,不受美国海外反腐败法等法律约束的低价竞标投标人会导致发起人重新进行项目设计,采用成本很高的技术并调整价格,来准备更有竞争力的报价以赢得竞标,这最终也会导致项目失败。不过,造成项目失败的原因更多可能与受操控的招标流程和采购工作有关,甚至有时还与东道国政府的腐败和欺诈有关。并且,不能忽视招投标中包含的知识产权流失效应,因为投标材料是由公共机构雇佣的第三方代理机构组织评估的,还有可能在当前和未来某个时候被泄露给竞争对手,构建可盈利的项目。

3.2.4 技能与经验

众所周知,缺乏综合性的项目融资知识是导致项目融资失败的一个主要原因。不过,同样重要的是项目融资所要求的知识、技能和经验非常广泛。因此,项目融资的知识体系被分块切割并高度专业化。工程师知道项目设计和技术;项目融资团队知道会计、税收、财务模型和融资工具;法律团队知道法律、合同编写和协议谈判,但是他们并不知道其他人的领域。因此,项目融资机构的项目经理承担了整合数量繁多的各种知识、分析和评估的责任。对于大型重资产项目,一整套项目融资与项目管理的技能和经验不足以满足要求,而又没有采购到相关服务,是项目失败的常见和主要原因。这主要是因为无法找到和整合各种各样的、特别专业的评估所提供的有效结果和成果并形成综合评价,进而导致错误结论和项目失败。

项目发起人的项目团队缺乏国际商务经验,没有能力适应不同的文化和政府官僚作风来获得政治支持并进行有效率的谈判,是另外一个失败因素。这表现为冗长的谈判、修改合同和无法成功执行项目公司商业计划。同样地，能力差和效率低的项目融资机构在以下三个方面对项目失败承担责任：缺乏项目融资的技能和经验，没有能力筛选和选择合格的外部咨询和顾问机构，未能设计出最适合特定项目的工作流程并合适地分配职责和责任。

项目融资机构缺乏的必要技能和经验包括不清楚在项目不同阶段的特定责任，缺乏能力领导和管理项目融资实施过程及制订可行的项目公司商业计划。部分原因是项目发起人缺乏从事项目融资交易的核心能力，过度依赖外部咨询机构的技能和指导，而外部咨询机构对发起人的需求、战略和目标缺乏全面深入的理解，也不了解客户的需求和要求。不过，还有一个常见的因素，是未能与各类融资来源团队建立起良好的工作关系，并对各类融资工具及不同项目的申报材料一知半解。与上述任何一种因素相关，均可能造成项目失败，如果这些因素并存，则毫无疑问地会导致项目交易失败和融资落空。

3.2.5　工作流程

项目融资的工作流程很重要，原因包括：①它是指导项目团队尽力完成和坚持做好令人困惑的诸多活动的清晰路线图；②它将每个步骤的分析与评价与其他步骤以最小的摩擦和调整进行必要的整合。良好的流程是完整、高效率、精简和有效果的工作程序，这种程序已经成功实施了很多次，能够以最短的时间完成项目并以最低的成本来实施项目。目前，这么好的流程并不是项目融资交易的普遍现象。事实恰恰相反，经常因为存在有缺陷和不完整的工作流程，导致项目失败。制订这些流程仅是出于权宜之计和薄弱组织文化的考虑，或是受制于错误或误导的项目目标。

要制订有效的项目融资工作流程，需要专业的工作团队、精心的准备和计划、准确的财务和合同管理系统，缺乏这些要素会导致错误的评估、延误的时间表和低级错误。即使有了好的工作流程，如果不遵守经过考验的流程和步骤，或没有能力管理整合不同步骤的成果，也会导致无法满足项目融资、贷款人、出口信贷机构和多边国际组织的参考标准和要求。因为工作流程问题而导致的项目失败，通常可以归咎于以下原因。

1）发起人的销售、工程、财务、法律和外部事务部门相互隔离，有各自的需求、流程和目标。

2）难以有效整合发起人的内部流程，并形成无缝隙、可持续和完整的端对端项目融资流程和成功的建议。

3）不完整、不连续、有错误的东道国政府的工作流程，难以与发起人和融资来源方的工作流程和要求相匹配。

4）发起人内部和项目参与方之间不顺畅的各方面的交流、协调、合作和协同，导致没有能力去有效管理工作流程和项目拖延、错误和遗漏。

5）毫无根据的，只看重工程、财务和法律事务的某一个要素而以牺牲其他要素为代价，从项目发起机构挑选的项目经理并不是最合格的人选。

6）因为项目发起人内部的、竞争性的利益和各类政治因素，导致未能利用有价值的技能和经验。

7）不合理的时间表、误导的目标、错误的假设条件，来推动项目融资工作流程和重复的工作，致力于协调不同的工作流程的结果。

3.2.6　项目经济性

大多数项目融资的失败案例可以归咎于低水平和不能满足要求的经济评价。也就是说，不适当的项目成本—收益分析方法。造成低水平的或错误的项目经济评价的直接原因包括错误的环境估计，缺乏大趋势和亚趋势评估，缺乏市场、行业和竞争者分析，低估了项目成本的上升幅度和高估的收入预测。低水平的经济评价可能归咎于错误的数据和信息，进而形成错误的假设，后果是损害了分析预测和财务模型的结果。不过，不仅是有缺点或不合理的假设会导致项目失败，还有随意使用缺乏现实检验的假设和对结果分析和各类评价缺乏合理性的检查。

要让有决定性意义的项目成本测算模型具备适当性，其前提条件包括项目技术规范和要求的确定性，东道国政府和各发起人所在国家的经济和市场条件的稳定性。如果缺乏这些条件，错误计算和成本超支会成为普遍和严重的问题。另外，有可能对技术规范、适用技术、设计变更和成本变化考虑不足。未将这些因素纳入成本分析和缺乏处理成本增加的恰当条款，将会导致错误的成本预测。不过，更加重要的是，项目融资失败也与有决定性作用的项目收入预测模型相关，人们可能使用了过于乐观的运营情景假设及定价和产品需求假设，进而产生没有道理的高收入预测。

不恰当的经济评价经常可以追溯至可行性研究报告中的筛选失误、低质量的尽职调查报告、错误的风险评估假设和无效的风险分配方案。不完全、不准确的财务模型和评价报告，通常还加上不恰当或过于乐观的项目公司商业计划，这些因素会导致项目失败。在诸多项目中，项目公司几乎很少关注针对控制性因素发生变化对财务结果的敏感性分析。这确实是一个问题。在不那么乐观的观点下，各类模拟场景不能反映各种收入驱动因素的敏感性效应，进而无法有针对性地开发出好的项目预测实施计划。最终的结果是得出对项目价值创造的未经检验、不合理的且无法实现的过高估计。

多次强调的重点在于，不合适与不合理的针对各类假设和评估的检验会导致项目失败。这是对项目经济评价和财务模型开发工作中的一项至关重要的要求，不只在尽职调查报告之前，也在项目开始运营之前，还在项目运营阶段之中。在项目运营阶段对各类假设进行合理性检验，须建立在已开发恰当的商业计划和在早期阶段就能向项目公司管理团队提示各类风险的早期预警系统的前提下，以采取措施来校正航向并避免作为项目实施决策基础的经济评估的失效。最后，过于看重项目风险管理和风险保障措施安排，却对高质量的项目经济评价给予的关注度不够，也会造成项目融资失败。

3.2.7　技术问题

导致项目失败的技术因素，首先是不清晰的、冲突的、错误表达的、不合理的、错误解释的或被误解的项目要求和技术规范。在这种情况下，发起人和东道国政府的下属机构承担同样的责任，不过，政府项目团队缺乏技术素养且不愿意投资以获取技术知识，会加剧因技术问题导致项目失败的可能性。当成本考量要求严格的计划及随后进行的修正、高成本变更和长期谈判时，错误的项目设计和工程，会是导致项目失败的因素。

因为会造成资金成本超支和远超计划的工程延期，项目范围和项目要求的变化是项目失败的原因。当项目需要更新并因此造成运营中断，被忽视的实物性项目资产安全保障需求和信息安全保护需求会导致成本上升，这意味着收入损失。此外，本意为提高生产能力和项目效率的，新的未经检验的技术，可能会导致项目失败，因为它们会导致项目变更、时间延期和成本超支等问题。在其他情况时，如所使用的技术组件的可靠性很差，还有技术、设备和大型且复杂项目的系统整合，均会导致超出被保险的水平的施工期延迟和成本增加至。

在建设期中，不同技术供给方之间的冲突、不合作或拆台，不仅会导致项目完工延迟，通常还会造成项目运营阶段的成本上升。与技术问题相关的另一个原因是在项目运营阶段没有能力吸引到合格人才来管理技术更新，这会导致更高的运营成本和收入损失。同样重要的是，被低估的技术转移成本和本地团队的长期培训将导致对项目公司商业计划预测的重大调整，进而改变项目公司的盈利状况。最终，在项目全生命周期内对技术问题的不恰当监测和管理，缺乏准备金来覆盖项目成本的上升，缺乏合同条款来应对工程延迟，将导致项目偏离计划的轨道，并最终失败。

3.2.8　风险管理

项目风险指某些事件、进展和变化的发生，会对特定项目实现预期目标的可能性产生负面影响。风险管理是指确认这些因素，评价其影响及分析与排序、减轻和监测这些因素，以控制其发生概率并管理其影响。风险管理面临的挑战之一是要面对这个事实：在合同谈判和签署之前，并非项目的所有风险均能被识别并纳入风险管理过程。另外，在项目运营阶段缺乏识别新的风险来源的能力也会产生同样的后果，因为在项目生命周期内缺乏持续的、主动的风险管理有时会导致项目失败。还有一些项目，风险管理流程和措施执行得很差，最终导致工程延误。而运营期的项目风险管理完全依赖所签署的合同和保险，会导致项目利益相关方之间的冲突和更长的延误。

公司的风险容忍度与项目的风险水平不匹配，会导致内部发起人的组织摩擦、项目变更和延误。发生这种情况的部分原因，在于风险确认与评价做得不够到位，或管理组织体系总体上缺乏技能和经验，这两者都是导致项目失败的因素。通常，不恰当的风险管理可归因于经不起考验的假设和错误的可行性研究与尽职调查报告，而这些是导致风险评估不充分的主要原因。有时因为不能正确地量化风险发生的可能性及其影响，会导致风险缓释措施的失当。另外，错误的风险确认和评价，有时归因于不完整的或有缺陷的外部环境和项目分析与评价。

项目失败可能还源于不恰当的风险分配，也就是说，承担的风险与获得的收益不平衡、不公正、不相称，或者将风险分配给并非最适合承担的主体。通常，导致项目失败的不恰当风险缓释因素，涉及不可靠的风险保障措施、保险和套期保值合同。有时，有些风险看起来小所以未被投保，但是如果与其他因素一起发生，则会导致项目失败。不平衡或不恰当的风险分配会导致在分担风险的利益相关方之间产生怨恨、不合作，还有拖延完成的项目谈判。这往往是区域性开发银行或多边机构进行干预的原因，旨在弥补这种不利局面，通过更恰当的收益与风险的分配来改善项目风险状况。如果多边机构未能及时干预，有时可能会留下怨恨，削弱合作意向，导致项目延迟。

项目失败因素的一个很重要的方面，涉及对项目设计投入精力不足、改变项目要求和技术规格、项目范围改变及随后的成本超支、项目选址条件的风险等。在运营阶段，项目公司因为无法适应变化的法规或商业环境而导致项目失败的原因在于缺乏作为风险最小化工具的商业计划实现策略。更为重要的是，项目公司常由于对风险管理问题投入过多精力，而忽视对项目经济性的合适评价，导致与风险相关的项目失败。为了改善风险管理水平并降低项目失败风险，项目发起人会采取一些措施，如培训、增加管理层的参与、加强对已批准的风险管理框架的沟通和实现项目风险与组织风险框架的匹配等（KPMG，2013）。

3.2.9 项目管理

诸多与项目管理相关的失败因素涉及知识和经验不足，由于缺乏项目管理基础设施系统和工具，其影响又被放大。另一个重要因素，是将项目管理责任分配给发起该项目的负责人，而不是发起人公司中最适合的项目经理。不恰当的项目管理治理机制也是导致项目失败的因素，这不仅指项目管理团队的技能和经验不足，还涉及其所使用的工作流程及配置给项目管理职能部门的不恰当资源。

不清晰的职责与责任划分和重叠产生混乱，导致责任落实和成果交付难以对应，无法有效地管理重资产资本密集型项目。不过，大多数与项目管理相关的失败因素源自以下问题。

1）项目各利益相关方的预期和目标存在冲突或不一致。

2）所有参与方之间存在不一致或有缺陷的工作流程。

3）单个相关方的项目管理及其与发起人团队的整合较差。

4）不同相关方的项目管理团队之间存在受阻碍的或无效的交流、协调、合作和协同。

5）对协调某一方的产出与其他相关方的投入存在困难。

有时，一开始对项目相关方预期的管理不到位是项目管理失当的根本原因，特别是当项目监控能力和项目控制能力不足时。过于激进和不现实的项目进度安排与项目管理团队的能力和支持不足叠加，所产生的不协调问题会导致项目失败。另外，项目范围改变产生的项目管理问题会因长期内的人事变化而加剧。另外，与项目评价、协调和谈判相关的激烈冲突，会产生与长期项目管理有关的激励性问题，这会导致项目管理无效，使注意力偏离项目财务目标而导致项目失败。

3.2.10　合同与协议

人们普遍认为造成项目失败的主要原因之一与合同和协议有关，也就是说，东道国的法律和法规制度和合同执行环境较差。由于发起人所在国和项目东道国的语言和法律存在差异，误解或无力掌控针对争议解决的法律干预机制的差异的影响，会导致合同协议的有效谈判、执行和仲裁变得复杂。国际性项目合同的开发和谈判，是一个高度专业化的领域，需要可验证的事实、假设、分析和评价，并由外部的独立专家提供验证。不过，有时合同与协议完全依赖于项目尽职调查报告的结果和风险分配方案，这会形成有缺陷的合同，导致项目失败。

对合同的误解是造成项目施工延迟和财务失败的原因之一，由此无法通过谈判达成各参与方可接受的合理的、平衡的和可持续的合同。不存在能够平衡项目成本、收益及其可持续性的合同与最终项目失败相关。并且，理想化的合同进度会对项目施工和融资的完成造成压力，会导致乏力或错误协议的签订，特别是通常作为给项目提供可行性和安全性的承销合同的可执行性。

参与项目合同编制和谈判的法律团队主要由外部法律专家组成，而发起人的法律团队在制订和管理合同方面发挥的作用要少一些。当然，除非在决策流程中的项目数量很多，必须依赖内部专家。这导致整合不同的法律流程和分析、评估和其他项目相关方的合同条款变得困难。缺乏协调和整合的法律文件编制，会导致项目失败，特别是当缺乏恰当的合同管理系统和必要的专业技能时。另外，通过纸质来管理诸多合同有其复杂性，想要不存在重大延误地有效处理项目相关的各种变化，实际上是不可能的。

在有些项目中，项目公司过于重视通过合同和协议来管理项目发起人的风险，却对项目经济性和资金需求、资源及执行关注度不够。源于这种过度的重视，项目公司误导或误解项目目标，导致最终签订一些不恰当的保险合同。有时，签订不到位的保险及利率和汇率套期保值合同让项目公司承担过高的成本，并让发起人公司承担利润波动的风险。如果项目的合同编制、谈判、变更和修订及再谈判的高成本，没有包含在合同相关的考虑因素之中，最终导致低估项目成本而未能满足财务预期，这会是严重的失误。

3.2.11　项目融资

涉及所有项目类型、东道国、项目规模和复杂性的常见项目失败原因，源于两个主要因素：一是发起人公司和东道国政府机构缺乏项目融资能力与经验，对项目开发、评估、融资和运营等方面均过于乐观；二是项目发起人的前期股权出资不足，由此借款人不愿意提供债务融资，导致融资延迟和更高的融资成本，以及更加严苛的贷款条件。不过，还有一个原因是东道国政府不能按照达成一致的合同和协议，用硬通货筹集债务或股权资金。由于不能提供对未来的承诺和信用支持来获得长期融资，这种情况会进一步恶化。结果是多维度的项目失败。

缺乏项目发起人高级管理层的承诺和东道国政府的政治支持，以及在项目起步时未能投入充分、适当的资源把项目做好，是项目失败的常见原因。另外，项目利益相关方之间存在的不稳定和相互冲突的目标，对项目要求和产出的误解，甚至无意的虚假陈述，均会导致融资合同的编制和谈判延迟达成共识。这些因素导致项目成本的上升和更高的债务融资成本，通常被视为项目失败的普遍因素。

对于有诸多项目的发起人的项目融资机构，应当配备能力强、经验丰富的团队来开发特定项目的计划和流程。但是，不存在标准化的项目融资模板通常是造成小型及经验不足的项目融资机构融资失败的原因。缺乏项目融资经验与使用错误的、未经证实的和过于乐观的假设而产生不切实际的、无法实现的项目预测相关。另外，不恰当的可行性研究和项目经济评价的特点是遗漏与错误和不完整的财务模型，以及在对财务模型分析结果的评估中，错误地判断项目现金流的充足性。如果人们使用不可靠的项目公司商业计划和运营模型，就无法实现潜在的价值创造和各方面的收益，包括项目发起人的税收优惠及东道国政府的税收收入的增加。

由于存在机会主义的特征、权宜之计和毫无根据的乐观，拙劣的项目结构化会造成项目融资的失败。这些项目会经历项目延迟，消费者或客户不接受项目公司的产品或服务，竞争者进入该行业，以及令人失望的监管规则。结构、财务和运营上的不足，会导致拙劣的项目结构和更高的融资成本，这些项目无法通过谈判获得有利的贷款条件。如果项目发起人的团队与各类融资机构的工作团队和决策者缺乏良好的工作关系，就不能获得合理的、早期的建议和指导。不过，更加重要的因素是，缺乏整合技术、合同和融资方式和工具的经验，就无法向投资者有效地推介项目。不能有效推介项目，就会耗时更长，成本更高，项目发起人、东道国政府、出口信贷机构和多边机构的审批时间也会延长。

在前文我们曾经提及，许多项目融资的失败因素与不恰当的项目风险确认、评价和缓释相关。有时候，失败原因是并非所有风险都可以确认，或认为某些风险的影响不大，可以轻松被吸收，而不会影响融资，结果它们却产生比预期严重很多的后果。如果有重大影响的风险因素的源头和发生时间没有被准确地识别，而融资方式也没有基于外部条件的变化而调整，就会造成项目失败。虽然在各相关方之间缺乏普遍适用的标准来判断风险缓释措施的有效性，也没有清晰的衡量标准来判断风险覆盖是否成功，但仍需要强调，实现合适的风险覆盖是必要条件。当风险保障措施不充分，以及在利率、汇率、当地货币可兑换性和大宗商品保值合同等方面存在不充分的风险覆盖，项目经常会失败。同样地，涉及融资的保障措施、保险合同和东道国政府的支持较弱，也可能导致项目融资失败。当缺乏风险预警系统和实施时的纠偏措施时，项目尤其会失败。

3.2.12 组织与运营

有些项目融资的失败源于组织和运营因素，是由于发起人和东道国政府机构的多个决策层级对组织的风险容忍度和项目的实际风险水平有不同的判断。这会导致冗长的项目流程和额外延误，使决策者和项目团队疲惫。当全方位的沟通、协调、合作和协同受阻时，这种情况更为明显。此外，项目相关方的项目团队核心人员和高层管理人员变化，会导致工作责任、前期工作和工作成果的交接存在不连续性。如果协议受到质疑，就需要耗费更多时间去理解和接受之前的决定，这种不连续和延迟也会导致项目失败。

薄弱的组织结构，项目融资知识的缺乏，以及涉及技术、法律、项目融资和项目管理等领域的跨学科训练和能力建设的缺乏，可能导致项目失败。另外，合格本地人才的缺乏，会导致高昂的国际性人力资源寻找成本，以及很高的本地人才训练和技术转移成本，造成成本超支和项目公司管理失效。还有，不愿意为项目公司管理能力和领导力建设掏钱，会加剧大型项目绩效监控的缺位，当面临不利商业局面时，项目公司会缺乏纠错能力。有时，派往东道国的外派人员会面临落后的生活和教育条件，需要依赖运营服务公司来实现所需要的项目绩效，这需要高成本的激励措施。

有些东道国政府要求使用当地资源和原材料，但生产投入和原材料的短缺和低劣质量会严重影响项目公司绩效。项目公司管理层的自满及高度依赖监管政策的保护，导致其缺乏能力去应对生产能力和产出要求的变化，或无法应付新竞争者的进入及使用者或客户的需求的变化。这些因素经常被列入项目失败和项目公司未能实施商业计划的原因，特别是在东道国监管机构的干预之下。最后，由于缺乏跨文化的工作经验，项目利益相关方会对事实和要求产生误解，这也为项目失败创造了条件。

3.3 教训借鉴

本节的内容突出强调从过去的项目中学到的各种教训，而不是列举项目融资的成功因素，因为后者是项目失败因素的对立面。第一个教训是如果将未能实现预期的项目净现值（NPV）、内部收益率（IRR）或贷款违约作为判断标准，从发起人的角度来判断私营项目融资交易的失败则比较简单。不过，对于那些包含东道国政府、出口信贷机构和多边金融机构出资的大型投资项目，则不能草率下结论。这些情况下的项目失败，需要从特定项目相关方的角度来判断，如果没有实现特定相关方的预期，那么该项目就是失败的。由此，对于单个项目，应当使用广泛接受的绩效评价指标和业绩基准，让各利益相关方的预期实现整体上的平衡并符合实际情况。

对于 PPP 项目，判断是否成功的标准有三个方面：政府成功实施政策、项目的价值创造超过其投入的资金及成功实现社会和经济价值。由于 PPP 项目的主要目的是高效率地利用有限的公共部门资源，因此只有项目的政治、经济和执行目标在很大程度上得以实现，才可以宣布项目成功，而不是真正基于财务目标。因此，政治上的支持、对东道国政府需求的敏感度和项目各相关方在项目流程中的尽早参与，对预防失败很有必要。如果引入另外的指标和因素来评价项目，基础设施项目成功的可持续性会更加难以判定。正如预料，东道国政府实施的基础设施项目越多，融资会变得更快、更有效率及信用评级更好。

通过借鉴过去的失败教训和竞争者的错误，对失败项目进行复盘分析，是提高未来项目实现预期绩效可能性的有效工具。从以前失败项目的复盘分析中吸取教训有助于避免出现问题或再次失败，是实施国际性项目融资的最谨慎的方法。尽早组建项目所需的不同专业领域的技能和能力的项目团队，尽早做好规划和准备，可以为恰当的评价和更好地构建和管理项目风险奠定基础。选派在管理大型项目方面有丰富经验的专业项目经理来领导项目团队，而不是从项目前期工作团队中挑选项目经理，会降低项目失败的可能性。尽早明确项目参与方的角色和各方责任，由有经验的项目经理来准备完整健全的项目工作流程并建立项目执行计划也很重要。

从新业务开发的角度看，所有项目都有必要实施多层次的可行性和必要性审查、测试和验证，应当坚持独立的、批判的和客观的分析与评价。项目发起人的项目融资机构或项目融资咨询机构，应当着手培训负责项目融资各项核心工作的东道国政府机构。项目发起人应当具备相关技能和专业知识，向各类融资渠道和潜在投资者推介项目这一点也同样重要。每一方的经验应当尽早整合进项目融资机构的工作流程，因为每个参与方对其他人的职责、流程和关注点的了解都很有限。这一点因为以下原因而重要。

1）项目发起人及其外部顾问熟悉所在行业。

2）各类融资机构熟悉相关金融工具。

3）工程专家熟悉技术和项目设计。

4）项目融资机构熟悉项目和融资结构、财务模型、融资渠道和工具。

5）项目公司和运营管理团队主要关注日常运营。

6）法律团队熟悉法律、合同及合同谈判。

7）特定领域的专家不清楚其他项目团队成员的专业领域，也不清楚如何将各方面的知识整合为完整的融资计划。

人们对项目过于乐观的态度和项目的超复杂性，要求项目团队抑制冲动并简化流程，以实现有效管理。最好是由有经验的外部顾问和咨询机构提供独立的、批判性的和客观的评估，这会大有裨益。应当从单个相关方的角度来判断项目是否失败，如果项目没有满足特定相关方的预期，则该项目就失败了。因此，需要从项目全生命周期的各个阶段来监测绩效，使用广泛接受的绩效评价和业绩基准，来管理各相关方的预期以实现统筹平衡并符合实际情况。

在项目融资领域，项目经理和项目融资机构的主要关注点之一是机构和参与方经验和能力的不足，然后关注涉及以下方面的评估。

1）评估宏观趋势和外部环境的变化，及其对行业和项目公司的影响。

2）帮助建立、商议、验证和管理常用假设，尽早推动项目可行性研究和经济评价。

3）构建项目交易结构、工作流程和运营管理框架，建立符合实际的情景，来实施项目收入预测。

4）确认、评估和分配项目风险，评估预测影响，执行合理性审查，并通过独立的、批判性的和客观的评估，来确认项目的经济性。

5）与内部规划团队和其他项目相关方机构的交易对手协调行动和合作。

外部顾问、项目融资机构和项目团队经常使用如图 3-2 所示的组织模型，来识别其与各自职责要求的差距。人们所奉行的理念是：明确对项目成功融资特别关键的领域，找到办法来弥补这些差距以提高工作成效，并提高通过项目融资获得竞争优势的机会。

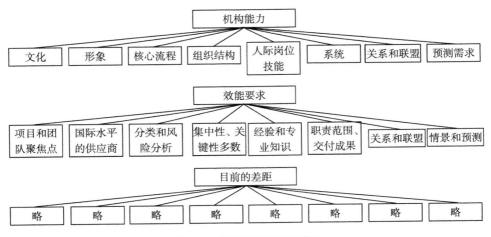

图 3-2 项目融资的组织模型

资料来源：Adapted from Triantis (1994)。

使用项目融资组织模型的主要好处是，有助于基于公司文化、经验与能力、满足项目需求和挑战的能力、满足必要的财务模型投入需求和项目评价等系统性地评价每个参与方的内部组织能力。使用这个模型的第二个好处是，有助于高效地确认成功融资的前提条件。也就是说，有助于确定项目和团队的重点关注领域、项目参与方的职责范围、最有可能发生的情景与长期预测需求。通过对实现项目效能的要求与组织内部能力的比较，可以确认为实现每个参与方的目标并确保项目成功所需要弥补的差距。随后，即能确定需要采取的，用于弥补已发现的主要差距的措施，通常要在项目内部参与方之间进行协商。

该组织模型是帮助转换和优选能力以维持在变化的市场环境下的竞争优势的机制。为何这个模型如此重要？因为它有助于以下方面。

1）消除在组织结构、技能与经验和项目管理等方面的能力差距。

2）提升流程和行为之间的协调，提升项目管理效率。

3）明确指出所要求的改变，给合适的参与方分配职责。

4）指导如何进行改变，提升项目融资机构和项目团队的效能。

5）确认、优化和建立未来的能力，以支持新的商业项目开发和项目融资。

6）推动公司进步，获得在项目融资方面的竞争优势，赢得项目投标。

项目融资的工作流程：成功融资的路线图

项目融资工作流程是项目发起人公司的核心资产，因为它有助于支持项目融资机构和项目团队的工作，是必要的基础设施。它还为项目相关方提供了一个交流、协调、合作和协同的平台。在项目融资领域，一般按照匹配项目目标与可交付成果的方式，设计、排序和衔接各项项目工作流程。也就是说，它是确保明智地使用项目团队的时间和金融资源、高效实现预期成果的工作流程。

良好的项目融资工作流程应当由项目融资机构和项目团队清晰地理解，并高效率且可衡量。它有效地提供必要的分析与评价，并向决策者提供建议。它需要处理复杂的开发业务并为其融资，它还为项目团队的任务和行为提供规范。精心设计的工作流程会产生更加可靠的成果，是提高项目成功机会的重要因素。当项目融资工作流程得到持续性地管理并被良好地执行时，人们能获得卓越的成果，并让项目发起人通过项目融资获得竞争优势。

项目融资工作流程是项目结构化、前期开发与融资结构化各项步骤和行为的排序和组合，目的是筹集资金并完成融资。因此，它是项目团队高效执行项目融资的地图或蓝图。为此，项目融资工作流程需要描述何时需要做何事、为何需要做这些事、在何种背景下会发生哪件事、某事应该如何做及谁来实施某项行为。在实务中，除了高水平且经验丰富的项目融资机构外，其他人很少能做到这种程度。不过大多数项目融资工作流程通常包含做什么事及由谁来做。对于工作流程中的每一个步骤，特定角色和职责会被分配给项目团队的各成员，并列示预计的工作成果。于是，需要建立起有效率的工作流程记录，以便能够高效率地管控流程进度。

项目融资工作流程的质量取决于组织文化，由公司制度与规范来驱动，不过并不总是理所应当地取决于项目的策略和目标。由于良好的流程可用于提升效率并最高效地实现项目目标，因此它要求涉及的每个项目团队成员都能够清楚其职责。它还要求管控各相应子团队负责人的不同行为。不过，整合不同项目融资工作流程及执行项目的责任归属于项目管理团队。在随后各节，我们会介绍从不同来源获得的项目融资工作流程的各种不同形式，这些工作流程的特征，这些工作流程中各参与方的行为，项目融资工作流程的各项成果，以及成功工作流程的特征。

第 4.1 节将从不同角度介绍项目融资工作流程和项目融资的诸多不同来源，这表明并不存在适用于所有项目的标准化的、常规性的工作阶段和工作流程。第 4.2 节将讨论良好的项目融资工作流程的特征，并阐述每个项目相关方会独立地执行其工作流程，不过需要与项目团队的工作流程保持同步，最终不同相关方的工作流程成果会整合为紧密衔接的总体项目工作流程。第 4.3 节将深入介绍不同相关方实施的行为的细节。第 4.4 节会介绍项目融资工作流程的各节点事项和成果。第 4.5 节将列举高效的项目融资机构和项目团队实施的成功项目融资工作流程的特征。由于它的重要性，本章讨论的项目融资工作流程，在随后各章还会进一步补充介绍。

4.1　不同形式的项目融资工作流程

由于项目规模和复杂性、项目核心团队的经验与能力、发起人机构的文化、项目经理的经验及每个项目相关方在项目团队的代表等因素存在差异，不同项目的项目融资工作流程之间也存在很大差异。因为每个项目有其自身的特征，且各参与方的经验差异很大，每个参与方对应该如何做事有自己的看法。下文将用高度简化的方式做汇总。有时项目融资工作流程不包含特定的项目开发阶段，在另一些情况下，它会包含另外某个工作阶段，却没有被给予应有的重视。

独立地看，不同参与方介绍的工作流程是概括性的，非常粗略，并没有展示出太多具体的步骤和行为。不过，第 4.3 节和随后各章还会从项目发起人角度更加详细地介绍项目融资的工作流程。由东道国政府机构、债务与股权投资者、出口信贷机构和多边国际机构所实施的诸多工作流程具有类似的特征，本书没有对其分别介绍。不同参与方对项目融资工作流程的观点综述如下。

1. 项目融资专业团队的视角

1）项目立项→项目可行性评估→组建特殊目的公司→销售与供应协议→确定承包商和设备供应商→完成施工→出让或移交（Slivker，2011）。

2）第一阶段，融资结构化：可行性研究→合同和风险管理→经济分析和融资结构。

第二阶段：风险分析。

第三阶段：落实融资，协议条款和合同谈判→完成融资（BBVA，2006）。

3）构建接受私营部门参与的交易框架→明确 PPP 项目的要素→进入项目采购流程（Klein，1996）。

4）项目发起→项目融资→项目施工→项目运营（Khan and Parra，2003）。

5）项目策略→明确相关方的工作团队→整合→确定基准→项目前期工作→反馈（EFCA，2001）。

2. 东道国政府的视角

1）东道国内部评价→战略性规划→项目立项→可行性研究→项目交付计划。

2）项目定义→征求项目建议书→建议书评估→谈判。

3）创造有利环境→项目定义→项目可行性→项目保证与推介。

4）确定项目目标→本地市场评估→可行性研究→将相关方纳入决策体系→确保项目财务的可持续性→向项目相关方分配任务。

5）项目描述→财务和法律评价→风险分配→获得各项许可→发起人股权出资→技术和财务可行性研究→发出征求建议书的邀请→投标方选择和谈判→签署合同并完成融资。

6）融资前阶段：项目识别→风险确认和最小化→技术和财务可行性。

融资阶段：安排股权和债务出资→谈判和组建银团贷款→编制文件并进行合规性审核→付款。

融资后阶段：项目监测与评估→项目完工→还款与监测。

3. 项目发起人和顾问机构的视角

1）项目识别→筛选和定义→可行性研究→风险评估、分配和缓释→谈判。

2）项目识别和筛选→风险评估和分配→项目经济性评价→商业性结构化→完成与发布。

3）项目概念化和早期项目筛选→项目开发→施工→运营。

4）项目开发→施工→运营。

5）项目定义→预可行性研究→可行性研究→尽职调查→筹集资金→项目执行。

6）预投标→项目开发→合同谈判→筹集资金。

7）项目开发→实现可融资的项目结构化→项目推介→执行。

8）项目识别→形成共识→明确项目目标→发布鉴定报告→准备项目实施计划→尽职调查→选择各类顾问机构→构建项目交易结构。

9）项目定义→可行性研究→项目准备计划→制订合同与文件→项目执行。

4. 开发银行和其他银行的视角

1）概念澄清→尽职调查→合同条款→最终评估→董事会审议→融资完成（亚洲开发银行）。

2）项目识别与选择→评价 PPP 方式→详细的项目准备→采购与招标→PPP 合同与融资完成→项目执行（欧洲投资银行）。

3）规划→建设→运营（国际清算银行）。

4）战略规划→项目定义→可行性研究→项目交付计划→制订合同与贷款文件→项目执行（亚洲开发银行）。

上述不同视角的共同特征是定义项目融资的各个阶段，而不是每个阶段的具体工作流程和行为。不介绍具体工作流程和特定行为的原因如下。

1）涉及专有信息披露的敏感性问题。

2）不愿意或没有找到信息来源和交流对象来分享详细工作流程。

3）未能充分了解项目融资工作流程中包含的所有步骤。

4.2　项目融资工作流程的特征

由于内含的复杂性和风险性，项目融资工作流程必须要求高度协调和整合，因为每个参与方的行为须与整个工作团队共享。特定参与方的产出将被整合或整合其他参与方的工作流程和预定行为。它们相互依赖，需要高水平的交流、协调、合作和协同，且最重要的是高水平的项目管理。不可避免地，项目的复杂性和不同工作流程输出的反馈效应，会造成项目融资工作流程的迭代性。也就是说，数据、信息、分析、评估和确认，会以迭代的方式多次更新。因此，项目融资工作流程需要很长时间才能完成。需要团队成员付出耐心和经验，将单个相关方的工作流程整合进主要的项目工作流程，并构建经谈判达成的，支持项目融资的协议体系。

项目融资工作流程可以按次序实行或同步实施，但是高效的项目融资机构和项目团队在进入下一个工作阶段之前，会受工作目标和焦点任务所驱动，并且有决策阀值。因为必须验证项目融资工作流程具体行为的有效性及假设和情景的合理性，所以需要连续不断地更新数据、信息、澄清、分析和评估。为什么？因为这有助于验证和支持项目的经济评价，项目协议的可靠性和风险保障措施的充分性，这些要素是项目可融资性的主要决定因素。有效的项目融资工作流程以最小化冲突的方式来实施，并寻求平衡和公平的方式来统筹调和各参与方的不同需求。但是，因为工作流程中的子流程和组成部分的数量多及其复杂性，它是高度密集型项目管理。它受图 4-1 所示的项目融资工作流程管控并被整合起来。

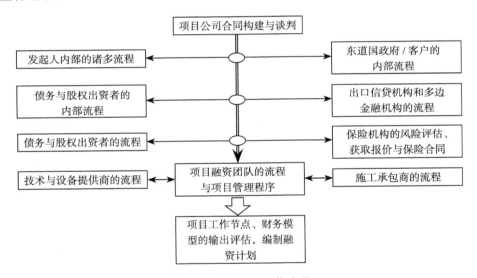

图 4-1 项目融资工作流程

项目融资总体工作流程从不同视角、目标、利益和约束条件，介绍了项目各相关方的不同职能性流程的整合。主要的职能性流程必须相互契合，聚集在如下的项目经理工作流程和程序之下。

1）发起人机构的区域性销售和营销计划，东道国的目标，用于管理客户关系来实施项目的工作流程。

2）东道国政府下属机构的招标与采购流程和要求。

3）发起人的项目融资办公室的分析与评估流程，如没有，则是外部咨询机构和顾问机构执行评估的工作流程。

4）用于评估投入和产出要求、设备性能规范和项目技术可行性的工程和技术团队的工作流程。

5）项目公司的结构化和项目融资、项目执行和商业计划执行的工作流程。

6）技术与设备提供商的绩效和被保证人的确认流程。

7）项目施工承包商按时、按预算交付项目和绩效评价的流程。

8）对发起人的财务、税务、会计和财政机构的评估，确认项目可行性、税收效率、可融资性和相应审批流程。

9）基于可行性研究报告、尽职调查报告和内部审批流程，对贷款人和股权出资者的项目评价流程。

10）保险机构的项目风险评估，承保方的项目风险评估和赔付流程。

11）项目发起人的法律合规部门对项目合规性要求的评估、协议起草和谈判的工作流程。

12）出口信贷机构、单边和多边金融机构的审查、评估和批准的工作流程。

4.3　项目融资工作流程的具体行为

实质上，项目融资涉及来自各项目相关方内部和项目团队的诸多参与方。项目融资工作流程包含的阶段和步骤，如图4-2所示。核心的相关方是东道国政府的下属机构、项目发起人、融资机构和由各相关方的代表组成的项目团队。发起人的核心项目团队包括项目融资机构、外部咨询机构和顾问机构，工程与技术部门、市场与销售部门、业务开发部门、法律合规部门和首席财务官。这个团队需要竞争性分析、市场研究、需求分析与预测、会计与税收等部门的经理人员的专业支持。

第7章将展开讨论涉及参与方角色和职责的项目融资工作流程，说明工作流程的实施情况是项目融资成功的主要决定因素。介绍项目融资工作流程精髓的一种方法是介绍其主要阶段，如图4-2所示，随后将进一步介绍不同阶段的各项具体行为。这些基于流程的具体行为，与实现如下的工作节点相关。

1）项目的基本原理、适当性评估、筛选和定义。

2）招标与采购活动准备及文件编制。

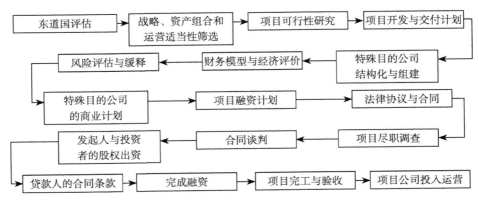

图 4-2　项目融资工作流程的主要阶段

3）政府许可、批准和特许权的授予。

4）项目开发、规划和目标设定。

5）组织参与方与项目公司结构化。

6）技术与财务可行性研究并向项目团队报告。

7）风险识别、评估与缓释。

8）建立项目财务模型并评估其输出值。

9）项目尽职调查并提交报告。

10）获得内部支持和批准，获得客户方面的政治支持。

11）协议的编制和谈判，客户和施工合同谈判。

12）股权和债务融资的谈判与合同编制。

13）编制项目公司的商业计划。

14）评估项目财务模型的输入和输出，确保项目的可融资性。

15）审批项目参与方的商业案例。

16）选择融资计划，优化融资方案并筹集必要的资金。

17）按照合同约定的时间和成本要求，完成项目施工及竣工验收。

18）将短期融资转换为长期融资。

19）建立必要的项目公司现金流管理系统。

20）持续性的项目技术和财务监测与报告。

分析与项目融资流程相关的具体行为的另外一种方式，是从项目发起人的视角进行的。在某些方面与贷款人和股权投资者的流程类似，具体包含被划分为以下四个部分的步骤。

1. 第一部分：立项与筛选

1）战略性计划评估和缺口、需求和竞争性威胁的识别。

2）对当前可行的项目计划进行识别和初步筛选。

3）通过战略性计划和商业开发团队来选择和确认最佳项目。

4）明确项目的基本原理、适当性评估、筛选、定义和其他合作伙伴。

5）明确项目目标，评估和管理各参与方的预期。

6）签署实施合同、特许权协议或其他私营合同。

7）构建特殊目的载体并签署股东协议。

8）选择项目经理，组建项目融资机构或外部融资团队，按照项目开发要求分配人力和财务资源。

9）组建包括所有相关方代表的核心项目团队并召集会议，明确核心假设条件，并形成有共识性的观点。

10）如果内部没有，则筛选和聘用项目咨询机构和顾问机构，弥补能力和经验的不足。

11）向项目相关方的代表、项目融资机构及核心子团队分配角色与职责。

2. 第二部分：项目评估

1）对项目发起人机构和其他项目相关方进行 SWOT 分析，实施外部环境和趋势评价。

2）识别项目约束条件和重大事项，对工程和技术问题进行初步评价，对项目实施经济评估，确定资金需求。

3）对用于项目预测和项目财务模型的当前的和新发现的各项假设条件进行验证。

4）确定项目公司融资需求和项目经济可行性评估。

5）准备输入变量，开发项目财务模型，对模型的输出结果进行初步评估。

6）基于成本－收益分析方法进行风险识别、评估和分配。

7）项目可行性研究，编制供决策者使用的报告，将项目推进到下一个阶段。

8）对项目公司的产出进行深度宏观趋势和亚趋势分析、行业分析和需求分析。

9）项目成本分析和预测，收入预测和发起人财务分析。

10）项目公司现金流和财务比率的预测，发起人的成本－收益分析方法和财务比率评估，以及贷款人的评估和协调。

11）启动项目开发阶段，实施项目发起人的内部尽职调查，配合贷款人的尽职调查。

12）与各类潜在的私营和官方融资渠道开展非正式接触和询价。

13）独立的、批判的和客观的假设条件验证和情景开发与规划。

3. 第三部分：重要的工作成果

1）评价项目发起人、资金方、客户和供应商可以接受的不同的项目交易结构类型和选项，确认项目的经济可行性。

2）从各相关方的视角审视项目风险是否存在差异，评估各种补救措施。

3）借力于与东道国政府、贷款人和信用增级机构的人脉关系。

4）准备与中期审批项目相关方的内部商业案例。

5）构建项目融资财团并发起正式协商。

6）签署 EPC 合同，清晰地阐述债务资金的提取流程。

7）项目评审，各相关方的最终同意，建立内部项目执行流程。

8）核心团队再评估项目公司，对政治、技术、建设、法律和经济风险分配进行协商谈判。

9）按照各项风险的承担、保险或缓释的情况，平衡项目相关方的利益和好处。

10）与出口信贷机构、单边和多边金融机构进行正式讨论，获得风险保障和项目融资支持。

11）项目相关方的股权和人力资源贡献及其相关的要求、条件与定位。

12）编制与谈判协商法律合同，重点是合同的可执行性、担保和保险、销售协议、信用增级、股权或实物出资协议。

13）编制项目公司的商业计划，支持编制项目信息备忘录草案并进行市场推介。

14）最终的项目融资结构，法律文件审查，最终的尽职调查报告。

4. 第四部分：融资的结构化

1）融资落实，即根据谈好的条款和条件来筹集股权和债务资金。

2）项目建设并开始付款，密切监测，确保按预算和进度完工。

3）项目公司会计、财务、报告系统及瀑布式账户系统的开发。

4）准备项目文件，可能包括用于向潜在投资者推介项目的信息备忘录中的项目评级。

5）启动与长期借款人，如保险公司、养老金计划和主权财富机构等的协商，将短期借款转换为长期贷款。

6）工程竣工验收，由运营和管理（operations and management, O&M）公司启动项目公司运营。

7）项目技术和财务绩效监测、报告和差异分析。

8）基于现金流瀑布式安排贷款还款，向股东实施利润分配。

9）项目评估和事后分析，总结经验用于未来项目。

4.4　项目融资工作流程的重要节点

项目融资工作流程中会产生很多工作成果，从发起人视角看，最为重要的事项如图4-3所示。这些重要节点构成产生其他可交付成果的基础，如项目相关的发起人资产组合评估发生在项目的预可行性研究阶段，以确定对资产组合风险构成的影响。另外，实施项目筛选是为了识别风险与重大问题，确认投标过程的透明度和公平性，评估东道国的政策支持，并向项目团队报告所发现的成果。在项目开发阶段，发起人发布项目可行性研究报告，并在全部项目团队中分享，以达成对项目的共识。此外，风险识别、评价和分配形成和建立项目风险保障措施的基础。

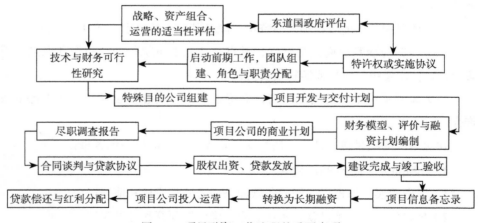

图 4-3　项目融资工作流程的重要事项

建成和结构化项目公司，是项目融资工作流程的重要工作节点。这项工作完成后，即可以推动尽职调查工作并完成尽职调查报告；对所有项目相关方的决策，这都是一份重要材料。随着文件工作的启动，法律合同和协议的起草、评审、谈判和审批将被推动。这些文件的一个重要组成部分，是用于满足贷款人要求的风险保障措施。一旦贷款人对尽职调查报告的成果满意，特别是当其认可风险保障措施的适当性，就会提供有确定条款和条件的清单。但是要满足这一点，需要先提供项目融资计划书和之前编制的项目财务模型，后者需要进一步更新以确定和验证项目公司的借款能力、偿还债务的能力及向股权投资者支付红利的能力。另外，还需要建立现金流管理系统，测试每一个瀑布式账户的条款、限制条件和要求。

建设期的融资确定后，可以开始项目建设，并启动债务和股权资金的出资。同时，项目公司的商业计划应当已高度成熟。在完成项目竣工验收时，应选择好的运营管理公司并准备开始运营。一旦启动建设且完成全部债务与股权融资，即应启动短期融资转换为长期融资的工作。当对项目性能规范的检查和验证获得满意的结果后，项目竣工验收标志着项目公司运营阶段的启动。如果想通过公开市场融资，就要准备信息备忘录并获得项目评级。随着项目产生收入现金流并累积现金流，即应开始偿还债务并向项目发起人和其他股权出资者分配红利。

4.5　成功的项目融资工作流程的特征

成功的项目融资的特征是具备良好的项目融资工作流程的全部要素，它们能带来的最有价值的收益是规避项目失败因素，增加项目成功的机会。项目融资的成功，需要顾问和咨询机构就以下事项达成共识。

1. 第一部分

1）清晰的战略，可实现的项目目标，以及异常关系管理。

2）独立的、批判的和客观的评估，基于持续性审查和验证的事实。

3）利用清晰的、方向明确的流程图来指引完成项目融资工作流程的各个阶段。

4）各参与方清晰了解其任务、角色和职责的范围，并期待他们提供的工作成果。

5）项目团队成员拥有所需要的技术和经验来有效实施项目。

6）全部项目相关方之间的高水平的全方位的交流、协调、合作和协同。

7）最少化项目团队成员和咨询顾问职责范围之内的重复工作。

8）有效的项目开发、尽职调查、风险分配、项目公司和融资结构。

9）平衡的、有效的和可实施的协议，用最少的时间进行合同谈判，落实融资资金。

10）各流程的产出与下一流程的输入要求及其他相关方的平行工作流程的产出相互契合。

2. 第二部分

1）财务模型的输入、假设和情景的一致性、测试和验证。

2）通过持续和公开的交流和信息共享，协调项目相关方的目标和定位。

3）优秀的组织和客户关系管理能力，指导各项工作流程推进的工具，有效解决不连续的问题。

4）在全部工作阶段中，用清晰明确的交付成果、合理的时间安排及可实现的主要检查和决策标识的工作计划。

5）工作流程的完整性、一致性和彻底性，覆盖范围、角色和职责分配不留缺口，确保各参与方基于共同的信息平台工作。

6）良好的尽职调查，可以使各相关方目标与发起人公司的风险容忍度达成一致的项目风险分析。

7）基于最有能力原则和成本－收益分析方法，实现公平、平衡和平等的风险分配。

8）项目经理的优秀程度和项目咨询顾问的工作效果，能确保发起人公司、项目公司、项目融资机构和外部工作流程按计划推进，按照及时、有序和高质量的方式整合，并按预算实施。

9）对项目融资工作流程和参与方的绩效进行评估，总结项目经验，评估需要改善的工作流程并确保项目成功。

当项目团队能够从各相关方的管理层获得足够支持时，成功项目融资工作流程的特征可以有效地变为现实。另外，还需要高水平的项目融资能力、经验及灵活性，以有效实施流程的各步骤。此外，也需要遍及内部机构、其他相关方团队、与融资渠道的广泛工作、商务和私人关系，以及在解决冲突时维护良好客户关系的管理能力与经验。在国际性项目中，这些能力尤为重要。

在项目工作流程中存在的一些成功因素表明在项目融资方面的竞争优势确实存在，发起人公司在实施工作流程中可以获得这种竞争优势。其他确保实现竞争优势所必须满足的因素和条件，将在第16章讨论分析。

项目融资机构：建立竞争优势

　　项目团队、相互交织的合同结构和项目与融资结构，是项目融资价值创造的重要因素。但是，它们不会在真空中突然出现，也不会自己冒出来。它们随时间发展，最终成功实施项目融资交易。PFO是项目团队的组成部分，建立该组织的目的是帮助发起人公司的项目经理管理信息需求和信息流，执行评估和评价项目，构建合适的融资结构。在基础设施项目领域，从事项目开发、建设和融资的大型公司，会有专门的PFO。规模小一些的公司通常按需要组建项目团队，一般由内部专业人员和外部顾问机构组成，或完全将项目融资外包。

　　PFO的核心目标之一，是根据项目目标和计划实现的预期项目价值，确保为客户构建高效率、有实效的项目融资解决方案。另一个核心目标，是保护和提升公司的利益和形象，确保对公司资源的协同和有效管理。专门的、专职的PFO与临时的PFO的区别在于能力和资历，对成功实施项目的把握，与客户和融资机构的关系和提供的解决方案的质量和结果。

　　在讨论PFO的商业性定义之前，我们先分析何时需要PFO。第5.1节会进行这方面的讨论，并列出需要PFO的场合。

　　特定组织的商业性定义包括章程和业务范围，使命与愿景，原则与价值观，目的与目标，战略，利益相关方，治理结构，内部职能联系和外部网络。

　　第5.2节介绍PFO商业性定义的组成部分：使命与愿景，目的与目标，治理结构和业务范围。第5.3节介绍常规管理方面的技能与资历，分析能力，融资来源、技术和工具。第 5.4 节介绍 PFO 面对的各种挑战。第 5.5 节介绍 PFO 的绩效评价方法。最后，第 5.6 节介绍成功的 PFO 身上的一些特征。

PFO 商业性定义的很多组成部分适用于其他专业性团队。我们的论据来源广泛，因为它们来自于这么一个理念：优秀的 PFO 定义和合适的技能和能力，是获得竞争优势的必要条件。以下有关讨论基于作者的经验、观察和项目记录，作者在 2013 年的文章中介绍了部分内容。

5.1　需要 PFO 的原因

业务团队找来项目并主动提出建议。商业开发团队评价项目的适当性，筛选和评估项目，并给出建议。项目发起人需要创造价值。工程师团队回应建议与请求。律师编制和商谈合同与协议。项目公司需要从发起人得到管理支持。东道国政府期待物有所值。PFO 携手上述所有团队一起开发和融资项目，以满足相关方的诉求。在以下场合人们需要 PFO。

1）缺乏经验的，或希望参与国际基础设施项目融资的项目发起人或开发商面临困难，不像有经验的竞争者有能力构建可赢利的项目。此时，组建小规模但有经验的 PFO 是最佳选项，有些任务可以交给顾问和咨询机构。

2）设备或技术供应商组建自己的 PFO，核心职能定位于获得出口信贷机构和风险投资机构的项目融资。这可能是向客户提供融资来购买其设备或技术的有效方式。这类 PFO 最初向顾问机构学习如何融资，并促进团队培育必要的能力。

3）有时，项目发起人的项目情况尚不清晰，特定职责应当交给咨询机构。不过如果有规模合适的 PFO，确保组成最优项目团队，可以提升价值和公司在每个阶段的利益。

4）对于大型发起人，如 ABB、雷神、通用电气、柏克德等，很多重大项目最好组建由高专业水平、经验丰富的项目融资专家组成的 PFO，来承担主要的职能工作，并为这些公司赢得竞争优势。

5）由于需要大量的基础设施，有些发展中国家需要吸引基础设施投资，但是缺乏能力来管理项目融资。这些国家决定要建立的 PFO 应当是一个小团队，由他们外包那些需要高水平专业人员的任务，但是保留对项目的控制权和决策权，直到政府雇员拥有足够的能力和资历。

5.2　PFO 的商业性定义

某个组织的商业性定义通常包括以下组成部分：使命与愿景，战略，目的与目标，业务范围和治理结构。更完整的商业性定义还包括组织原则与价值观，被概括于必要的能力和资历之中。PFO 商业性定义的构成要素如图 5-1 所示。

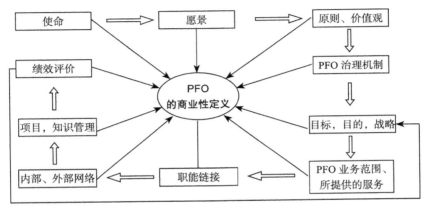

图 5-1　PFO 商业性定义的构成要素

5.2.1　PFO 的使命和愿景

PFO 的使命就是其存在的理由。也就是说，其旨在满足项目融资需求，目的是通过有竞争优势的方法去实现目标。成立 PFO 的原因，是为了通过更好的项目规划和准备、筛选和开发、评估和执行，以提高基础设施项目融资的成功率。PFO 的主要目的是识别和消除差距与不足，提供更好的融资解决方案，支持管理决策的需要。PFO 的使命是其商业性定义的一个组成部分，为明确其使命，发起人公司需要回答以下问题。

1）我们现在的状况？专门成立的 PFO 如何能有效、可信和有用？

2）公司需要配备什么样的人力和财务资源？

3）项目的数量和复杂性，能否支撑在这个领域成立一个专门的组织？

4）公司设立一家专门的、配备专业人员的 PFO 并持续提供资金的意愿有多强？

5）公司如何实现优秀的 PFO 的理想状况，它怎么会知道是否达到了理想状况？

6）专业、有效的 PFO 的特征有哪些？它看起来是什么样子？

7）人们使用什么标准来判定优秀的 PFO？

多种因素共同作用产生项目融资解决方案，这些影响 PFO 商业性定义的背后因素，如图 5-2 所示。该图展示哪些因素让这个定义有效。毫不奇怪，该图的起点是公司文化，随后是公司理念，紧接着是 PFO 的汇报机制。请注意公司战略和目标如何驱动 PFO 的目标，而后者反过来又会影响项目的目标。

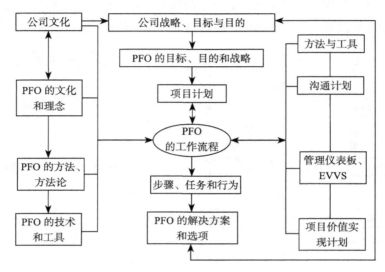

图 5-2　项目融资商业性定义的决定因素

PFO 的愿景是一份理想化的声明，为组织的理想化状态描绘清晰的图像。这是明确最终目标的第一步，确定项目融资团队成功实现价值和履行职责的路径。愿景决定目的，通常表现为价值观，并向团队成员和客户宣讲。对于团队成员，愿景提供清晰的方向和灵感去追求竞争优势；它还有助于获得高级管理层和客户的支持，有助于全面了解 PFO 的职能及他们能获得哪些好处。愿景声明的质量，决定团队的创新、创造力和价值。如果与高级管理层的理念保持一致，则会有最好的效果。

PFO 的愿景声明，应当与客户达成共鸣。一旦某个 PFO 成立并开始获得认可，愿景声明也会更新，旨在为项目团队提供更高层次的指引。例如，一家欧洲公司的 PFO 的愿景声明宣称，它的使命是要成为一家可信任的项目融资顾问机构，成为客户和决策者有价值的合作伙伴，项目团队成员有与其基本原则相匹配的高专业标准。一家北美的 PFO 宣称，其愿景是建立强大的金融市场网络和联盟，提供一致、高效、可靠的项目融资服务，成为外部咨询机构和项目融资外包方式的可行替代方式。一家亚洲的 PFO 的愿景，是帮助公司建立竞争优势，通过项目融资战胜竞争对手赢得项目投标。

5.2.2　PFO 的目标和目的

目标是广义的、一般性的意图，与意图、愿景和愿望有关；而目的是狭义的，更具体的态度上的或行为上的主张。目标设定组织的方向，目的是通向目标道路上的各级台阶。为了产生预期的结果，项目的目的应当清晰、有挑战性和可实现，PFO 的专家在项目立项早期就应该参加。客户和高级管理层用于衡量其效能的反馈意见，也很有必要。

核心目标和目的，源于 PFO 的核心价值观，导向良好的项目融资解决方案，并由其同伴、客户和高级管理层所认可，具体包括以下内容。

1）构建持续性的全球关系和临时性合作，为重大项目决策提供可靠和可信任的建议；

2）帮助管理项目方向，帮助管理层做出更加明智的决策。

3）让项目融资流程更加顺畅，客户和高级管理层的工作更加轻松。

4）预测并满足项目、管理层和客户的需求，并管理其预期。

5）做出现实的承诺，为项目成功做出贡献和支持。

6）缩短项目融资所需要的时间，最小化决策的不确定性。

7）分享知识和见解，提供专业水平的支持。

8）PFO 联手商业合作伙伴，实现成功的战略投资决策并赢得项目投标。

9）替换外部专家，为战略性项目融资决策提供分析和评估。

10）为客户提供超预期的满意度，确保项目全过程资源充足，并为决策者提供支持。

用于实现 PFO 宣称的目的和目标的具体方式，包括以下常见要素。

1）基于声明的愿景和使命，以及公司价值观和原则，构建有凝聚力的项目融资团队和治理结构。

2）与内部职能部门和外部项目相关方机构，建立起紧密的商业合作关系，与各类融资渠道的交易对手，建立起人脉关系。

3）为某个项目量身定制方式、方法、应用、技术和工具，以适用于特定的条件和当前的需要。

4）确定业绩基准并选择最佳的项目融资实践，向最佳交易和竞争对手学习。

5）建立有效的工作流程和实施步骤，确保一致性、规范性和透明度，提升项目融资团队的生产力。

6）如有需要，给项目团队成员和政府机构人员提供培训和学习。

7）确保项目融资解决方案遵循财务管理原则，并通过效能性、平衡性和公平性测试。

8）构建可行的项目融资备选方案，对冲或减少项目风险和不确定性的影响，为管理到时出现的各种风险准备预案。

9）使用所有可用的内部和外部经验、见解、分析和评估，在情景设计和规划编制时，从专家那里获得信息。

10）在任何时候，面对任何情况，在任何环境下，均要坚守 PFO 的价值观和核心原则，毫无例外。

5.2.3　项目融资机构的治理

PFO 的治理结构指用于管理团队的组织和制度。它是项目团队、团队负责人和项目各相关方之间，用于处理设定目标和实现目标方法的路径。观察 PFO 治理的方式之一是通过涉及客户关系、知识和项目管理的职责设定，规范管理基础设施项目融资的政策、合同、融资方式和工具、工作流程等。图 5-3 介绍了一个已经成立多年、能为所在公司提供竞争优势的有成效的 PFO 的例子。

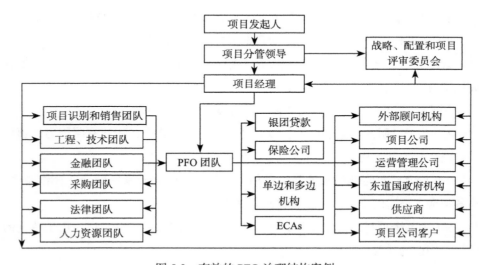

图 5-3　有效的 PFO 治理结构案例

管理层设立和支持一个集中的 PFO 团队，初心是为支持成功的项目投标而其明显需要有竞争力且可靠的项目融资。上述 PFO 组织图将与其行为相关的责任分配给一家监督机构，后者设定以下管理规则。

1）明确项目融资工作流程中各参与方的角色和责任分配，制订决策规则和流程。

2）明确影响PFO管理方式的汇报机制、实践、策略和规则，PFO的目标和策略。

3）提供与公司战略和商业开发策略相一致的设定工作目标的机制，将团队精力集中到重大有影响力的活动。

4）在持续性基础上提升团队的生产力，提升每一笔交易实现高效率和强效果的项目融资行为的可能性。

5）定期检查、验证、更新PFO团队的管理、政策、流程、规则和关系。

6）监控绩效，建立绩效评价标准，影响团队成员对自身的认识及他们在整个项目团队中的沟通方式。

7）提高PFO成员的技能和核心能力，聚焦创新能力，通过项目融资为公司提供一条提高竞争优势的渠道。

8）注重结构设计、运营和管理团队，以实现长期目标。

9）建立遵循商业伦理和职业操守的文化，支持PFO完成任务，设定与团队目标一致的优先任务。

10）根据新的业务发展策略调整职能，确保负责任地和最佳地使用公司的人力资源和资金。

PFO治理应当结合项目融资解决方案的绩效评价，明确职能边界、责任和任务，还包括PFO团队和项目团队的绩效指标。这些要素要求建立特定的PFO交付成果，对客户进行项目融资知识培训，建立检查和制衡机制。有效的PFO治理的其他要素包括清晰地阐明那些让PFO能够对其支持的机构、客户和高级管理层负责的具体行为，并能有效管理。PFO的问责制意味着以下内容。

1）提供对项目目标、预期、优先性和重要问题的清晰理解。

2）给其他相关方分配责任，实施部分项目开发任务及融资计划。

3）通过项目实施计划，协助项目和商业风险管理。

良好的治理流程对成功的项目融资很关键，良好的治理结构有助于PFO负责人有效地指导工作行为。不过，公司文化、结构和PFO的策略，还有PFO的成熟程度，以及相关方如何交流和协调行为，也是决定性因素。有效的PFO治理结构需要专门设计，随组织的成熟而升级。PFOs通常有容易理解且最少化冲突的简单结构，关于谁做什么、为何做、如何做和何时做。因此，良好的 PFO 治理结构产生清晰的、有挑战性的和可实现的目标，团队成员参与设定目标和目的，获得持续性的团队成员和用户的输入和反馈。

公司分管项目的高管对项目负有监督责任，而项目经理有实施项目的责任。项目经理从 PFO 和其他职能团队获得支持，决定需要做什么事，并为项目团队提供方向和指导。项目经理应当特别主动且高效，在 4Cs（无阻碍的交流、协调、合作和协同）和关系管理方面有丰富经验，是团队的发动机，并在项目管理、项目融资和项目推介方面有特别丰富的资历。在有些项目团队中，各子团队成员向其职能部门经理和 PFO 汇报，他们基于虚线关系向项目经理汇报。协调行为和对子团队所做工作的整合特别重要，通常在 PFO 和项目经理之间进行分工。

通常会将 PFO 放在公司 CFO 体系之中，PFO 自成体系，与其他向其提供支持的子团队独立但联系紧密。图 5-4 介绍 PFO 向公司 CFO 报告的组织结构。其他运行良好的组织结构如图 5-5 所示。在第一种情况下，PFO 对 CFO 的汇报关系是实线，对项目经理的汇报关系是虚线；每个子团队直接向其各自部门汇报，对项目经理的汇报关系是虚线。此时，PFO 具有中心地位，与分配给项目团队的内部组织密切合作。PFO 位于中心位置，与贷款人和股权投资者、和项目有关的东道国政府机构、多边和单边机构、保险机构、外部咨询机构和项目公司，统筹协调规划、外部联络、流程、分析和评估。

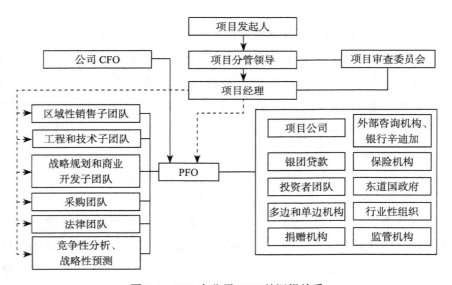

图 5-4　PFO 向公司 CFO 的汇报关系

在图 5-5 介绍的结构中，在项目持续期内，PFO 和其他子团队被交给项目经理。应注意到在这个项目团队结构中，在项目持续期内，PFO 让所有重要的职能团队按虚线关系向其报告，重点在各项目参与方及其对应关系。不过，PFO、区域性销售和营销、采购、工程和法律子团队向项目经理汇报，在项目中工作的战略预测、竞争性分析、税务和会计、外部咨询机构按照虚线关系向 PFO 汇报。这个组织结构中的一个重要差异是因为部分子团队向 PFO 汇报，需要通过实施的分析和评价活动来获得效率。这种结构显示，项目经理及其支持结构，通过其与内部和外部项目参与方的关系，来满足项目需求。

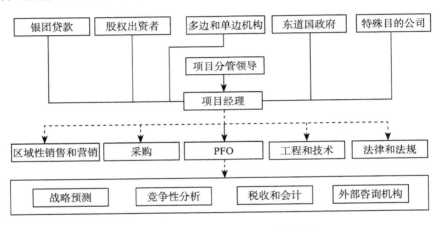

图 5-5　PFO 向项目经理的汇报关系

第三种项目团队的组织结构是：在项目持续期内，此时，其他子团队和 PFO 向项目经理汇报，如图 5-6 所示。对于规模较小、复杂性不高的项目，这是一种有效的结构，在一位能力强的项目经理的领导下，会运行良好。当 PFO 缺乏必要的技能和经验，有些项目融资职能外包的情况下，效果也很好。

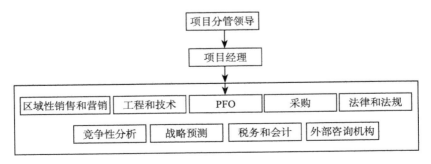

图 5-6　项目子团队向项目经理的汇报关系

所有项目团队结构都有优点和不足，具体哪种结构最适合特定的条件和项目，取决于以下因素。

1）项目规模和复杂性。项目复杂性越强，PFO与项目经理之间的联系越紧密。

2）项目经理的管理技能要求，分析和评估行为的质量控制。

3）项目流程是否缓慢？PFO的能力是否完全合格？分析与评估工作是否应部分或全部外包出去？

4）政治影响问题和财务成本与收益，决定项目分管领导如何分配与领导必要的行动。

5）建立团队结构、调整结构来满足项目高峰值工作负荷需求、当项目完工时解散团队，这些事有多大难度？

6）要有效开发项目融资解决方案，所需要的项目团队的灵活性和敏捷性的程度。

7）项目管理层和PFO结构满足客户需求服务其利益的程度。

第五种PFO组织结构如图5-7所示，此时PFO是项目管理组织的组成部分，向项目分管领导汇报。如果配备有高水平的专职项目融资和项目管理成员，这是一个有效的结构。

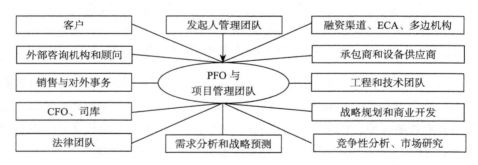

图 5-7　PFO 内嵌于项目管理架构

5.2.4　项目融资机构的行为范围

PFO在章程中描述它承担的职责范围，以及为实现这些职责的必要活动。PFO的行为范围由其使命与愿景、目标与目的决定，而高级管理层对这些要求的评价，对实现高效率的融资至关重要。它受PFO成员的专业与经验、内部联盟和外部关系的特征、金融市场网络、合同和各行业协会的影响。它还受预算因素和组织的规模与构成的影响与制约。

取决于可获得资源、成员的资历和项目需要，PFO 的职责范围包括以下内容。

1）评估可以成功用于承担项目融资的内部人力和金融资源。

2）参与和协调工作流程、各项分析与评估，涉及项目结构化和前期工作、尽职调查、财务模型构建与建立的最优项目融资解决方案。

3）决定和影响各种用于实现项目目标的促进性因素，诸如确保采用实际可行的项目目标，各参与方的诉求得以统筹协调，风险缓释和尽职调查到位且完整，项目支持和信用增级毫无瑕疵。

4）为高级管理层、CFO、项目经理、项目团队和其他项目相关方提供支持。

5）解决资金来源，与东道国政府机构团队人员一起工作。

PFO 开发的项目融资是诸多经验的融合，让其成为一个有价值的内部顾问机构。通常由 PFO 提供的服务包括以下内容。

1）帮助建立各种项目评估工具，通常采用仪表盘的形式将信息与团队成员关联，决定项目进展。

2）决定和明确在仪表盘上包括哪些项目参数及报告的频率。

3）开发针对可能出现的各种风险的早期预警系统，估计其影响并通知项目团队。

4）协助项目团队制订项目价值实施计划和所要做的调整，采取正确的行动，从项目各方获得额外的支持，再造项目公司的商业计划，重新构建其运营体系。

5）解释项目成本与收入的各种实际偏差，测定是哪些基础性因素的变化导致观察到的各种偏差。

6）实施项目复盘分析，找出哪些方面运行得好、哪些方面运行得不好、哪些事情做得好、哪些事情做得不好；吸取教训为项目评估目的保存信息，作为参考材料以提升未来项目中的团队绩效。

7）向项目分管领导、CFO 与项目团队提供日常工作进展报告；讨论针对已经出现的问题的改进措施，为解决问题所要采取的必要行动，以及问题是如何得以解决的。

复盘分析是在项目结束后实施的评估行为，从项目各参与方收集信息并获得反馈。对项目各参与方实施调查，确定和分析项目的哪些方面做得成功、哪些方面做得不成功，目的是持续改善和提高项目团队的效能，以及下一次哪些方面会做的不一样。因为结果会发布和分送给项目团队，它又是知识分享工具。

5.3　项目融资机构的能力和资历

PFO 的诸多职责要求其拥有很多能力和资历高水平的人员。不过，不是每一个 PFO 都有所有的能力，这是需要项目咨询和顾问机构参与，弥补 PFO 现有能力不足的另一个原因。应当具有三类主要的技能和核心能力：综合管理能力，分析能力和对金融机构、方法和工具的熟悉程度。

5.3.1　综合管理能力

为了以高透明度的方式履行职责，PFO 团队需要具备综合管理能力，主要行为包括以下内容。

1）了解公司在全球特别是东道国所处行业中的运营情况和所能发挥的作用。

2）全面了解公司战略、商业开发和资产组合的管理目标。

3）敏锐地识别高级管理层的真正利益和目标、风险承受能力、能给项目和 PFO 提供的支持。

4）与 CFO、战略规划和商业开发团队，建立起很强的内部职责联系和个人关系，在项目开发阶段有能力整合各方的目标。

5）有能力与项目发起人的决策者共同工作，结构化和开发项目，并引导他们完成。

6）全面了解采购管理流程、要求和政策，有能力准备回应征求意见书。

7）使用支持性文件、数据和图表，熟练准备各类报告和高级管理层的演示材料。

8）具有良好的理解和能力，与来自不同文化的各参与方共事，采用不同的方法办事，有能力与那些缺乏项目融资经验的东道国机构人员建立合作关系并进行合作。

9）熟悉和掌握项目面临的各种实体和网络安全威胁，将项目的重大问题提交讨论并形成解决方案。

10）在确定项目参与方动机、需求、利益和目标、个人激励、成本与收益等方面有丰富经验。

11）对《海外反腐败法》的规则和违法后果有清晰的理解。

12）在重大项目管理流程、工具和技巧、项目团队合作和制订联合工作计划等方面有很强的能力。

13）在整合和管理项目启动、规划、执行和控制等方面有经验，有通过项目经理向项目团队和其他参与方分配和确定角色和责任的经验。

14）能有效确保在项目团队和其他项目参与方之间实现4Cs，有能力成功实施项目。

15）有能力制订项目公司商业计划，影响与运营计划相关的决策。

16）熟练掌握收集、评估、扩散和管理来自组织内部和外部的信息的知识。

17）有能力管理项目工作流程，给各流程分配人力资源，让咨询和顾问机构发挥作用，帮助项目经理解决质量、时间和成本管理问题。

18）有能力建立早期预警系统，监测项目绩效，令人信服地理解和解释各类偏差。

19）有能力建立和管理关系，有耐心和经验通过漫长和复杂的流程，推动项目完成。

20）有能力在包括公司和外部机构的，复杂的矩阵式组织结构中工作。

21）精通如何给东道国机构人员培训关于项目融资的重要知识。

22）有经验领导或支持团队实施有效的项目融资，有项目推介能力。

5.3.2　分析能力

PFO 的分析能力和经验，以及在融资结构化和落实融资方面的经验，是有效履职的必要条件。分析技能和经验覆盖面广，要求 PFO 能够做到以下几点。

1）擅长条件分析、行业结构分析、项目可融资性和经济可行性评价，特别是在法规制度改变或协议改变的情况下。

2）批判式思维，但是毫无疑问需要积极的、客观的分析与评估。

3）全面了解项目背景、原理、战略、优点、目标以及目前的限制条件。

4）调查发现核心的项目影响因素，执行持续的合理性检查。

5）持续确认和验证数据、信息、假设和情景，确保它们通过完备性检查。

6）异常敏锐地评价公司的强处和弱点以及影响项目的各种外部环境因素。

7）具备评估影响行业和项目本身的宏观趋势和亚趋势的能力和经验。

8）敏锐地理解竞争性分析、市场研究和预测技术的基本概念和前提。

9）善于开发、收集、验证和测试那些推动收入和成本预测及项目财务模型的各种假设。

10）善于建模分析项目经济性和评价经济可行性，有能力批判地、独立地和客观地评价项目经济性并编制有效报告。

11）有处理商业性问题的丰富经验，熟悉项目融资合同，有能力仔细分析和评估交易的方方面面。

12）能熟练地支持合同谈判，评估提议条款并提出反向提议。

13）如果有需要，有能力带领一个专业团队并行开展多个项目。

14）精通项目风险识别、评估和缓释，以及保险合同和计划、成本、条款与条件。

15）全面评估项目各类前期工作，客观评估尽职调查报告，批判性评价财务模型的成果。

16）善于推进项目可行性研究，业务案例，项目公司商业计划和目标。

17）在确定基准和替代情景时，以及在模拟分析中选择成本和收入预测时，显示出来深入的思考能力。

18）熟练评估所在行业的所有基础设施项目机会，包括公共部门资产的私有化。

5.3.3　熟悉机构、方法和工具

卓越的专业和能力、知识、网络，以及与金融机构、多边机构、开发性银行、出口信贷机构和其他金融机构保持良好的关系，是必需的。深刻理解客户融资需求，熟悉项目融资流程和规则，有能力选择最合适的融资工具，是合格的 PFO 团队拿得出手的资历的必需组成部分。这个领域 PFO 的共同的专业与能力清单包括以下内容。

1）专业评价东道国政府下属机构在项目融资方面的能力，及其履行未来出资和责任的能力。

2）得到认可的专业知识、行业声誉和在公司内外部的接受程度，精通项目融资实务和工作流程。

3）熟练制订项目融资计划，建立和模拟分析项目财务模型，检验和评价项目财务模型的输入和输出，确定提款和还款参数。

4）调查了解全球债务和股权市场的条件、现行条款与条件。

5）深入了解国内、东道国和全球金融市场，短期和长期融资渠道，与决策者的关系和沟通渠道。

6）深入了解多边和单边机构的职能、计划、要求和审批程序。

7）了解捐赠机构的计划、要求、标准和审批程序。

8）与全球各地的各类债务和股权出资机构，建立起广泛的网络和人脉关系，了解工作流程、做业务的方式和文件要求，全面了解出资意向书的条款和条件。

9）精通最新的金融工程工作流程和工具，有能力实施项目融资结构化和执行机制。

10）对项目合同和协议的结构及内容有很好的理解，有能力与法律团队密切合作，构建合同框架并将其转换为金融模型的输入值。

11）熟悉项目融资的原则、流程、前提条件、指南和可用的渠道与设施，熟悉各类信用增级措施和项目支持措施的运作及其具体应用。

12）理解 SPC 不同结构和选项的含义。

13）掌握东道国在投标条款、特许权授予和融资等方面不同模式的差异。

14）设计投标方案，让其能显示融资计划的透明度，影响谈判框架与立场，确保在各参与方利益和项目可持续性之间达成平衡。

15）熟练地落实发起人和东道国政府机构提供的项目支持和保障措施。

16）善于管理项目流程，协调其他项目参与方在不同阶段的贡献和交付成果，评估融资结构的影响。

17）精通财务模型构建和分析，掌握如何影响关键驱动因素，优化项目融资结构。

18）清晰理解融资人的角色和责任，吸收其对成功融资的见解。

19）具有开发和使用项目财务模型的经验，掌握项目融资交易的谈判规则，将谈判达成的条款恰当地整合进项目模型。

20）在条件许可的情况下，有能力改变项目融资结构，修改项目公司商业计划以实现理想状况。

5.4　项目融资机构面临的各项挑战

每个项目都有其自身特征和挑战，在所有情况下，PFO 面临的挑战就是项目面临的挑战，反过来也是如此。而这些挑战通常成为项目失败的根本原因。项目未能实现最初目标的原因，是第 3 章讨论的话题。在这里，将 PFO 面临的挑战划分为六个类型：项目发起人内部、项目分析与评估、东道国政府机构、其他项目参与方、项目融资结构和项目公司运营。

1. 项目发起人内部

对PFO构建最优项目融资解决方案和获得竞争优势的能力的挑战，源于以下内部因素。

1）错误的PFO商业性定义，职责范围超出业务能力，实施职责的资源有限。

2）PFO的章程未能明确责任，内部项目参与方之间存在责任重叠。

3）PFO成员缺乏经验和业绩，项目团队的准备工作不扎实，项目规划工作不到位。

4）内部SWOT分析不到位，缺乏足够能力和经验来成功实施项目。

5）组织内部的政治斗争、对人力和财力资源的竞争损害项目，导致交流和合作不够。

6）缺乏执行力和项目支持，错误理解相对于项目风险的公司风险偏好。

7）项目目标与公司战略目标存在差异，偏离项目定义和项目开发计划。

8）项目准备工作和整个项目的实施流程计划不充分，在各决策阶段缺乏评估与确认，项目实施时间表安排得太紧张。

9）过于依赖外部顾问机构，向竞争者泄露专有材料和有价值的合同信息。

10）项目期限太长，消耗大量资源和PFO与项目团队的时间，导致工作人员疲惫不堪和项目预算超支。

11）将有经验的内部人力资源引入项目的成本很高，由外部咨询顾问实施项目评估和结构化的成本也很高昂。

2. 项目分析与评估

在项目分析与评估工作中，PFO也会面临一些挑战。项目分析与评价的差距、薄弱点、不准确和错误，是PFO面临的主要挑战，具体包括以下内容。

1）由于项目的复杂性而没有用于项目评估的标准化模板，要求为特定项目量身定制工作流程。

2）与各相关方的目标不一致，关注重心分散，导致项目规划不到位和项目实施计划不完整。

3）由于未采取正确的方式和方法来实施必要的分析与评估，导致工作流程的复杂化。

4）由于缺乏数据、不准确的信息、未验证的知识和惯例，提供不完整或错误的尽职调查。

5）使用错误的、不完整的、无根据的和未经验证的假设，依赖确定的模型和静态场景来预测项目成本和收入。

6）将不确定性因素视为可控因素而未视为项目风险，无法确认符合实际情况的基准情景。

7）未能准确评估项目各相关方的预期，过于乐观地管控项目成本和收入预测。

8）由于各种内部或外部项目审批原因，以及见不得人的动机，导致抬高项目收益而压低项目成本。

9）由于项目变更导致高额的返工成本、新的分析要求、更多的评估事项、额外的谈判和合同变更，造成对项目模型的输入和输出缺乏合理性审查。

10）未能按照成本—收益分析方法和平衡方法来识别、评估和分配各种风险。

11）未能将不同项目参与方的工作流程和交付成果，整合进主要项目团队的工作流程之中。

3. 东道国政府机构

1）对东道国有挑战性的经济、社会和金融市场条件，缺乏合适的评估。

2）将重心从基础设施转向社会性项目，政府对所涉及的项目的定位发生了变化。

3）过多的决策层次，缺乏单一的问责机制，无法预测各机构的审批事项

4）缺乏对项目融资、国际投资规则、贷款人和投资者预期的理解和经验。

5）投资环境不佳，法律和法规框架发生不可预期的变化，导致没有能力严格执行合同；

6）东道国政府缺乏决策标准，评估流程缺乏透明度，舞弊的投标与采购程序，还与腐败和欺诈问题交织。

7）政局变化损害和改变投标选择标准，政治动机困扰项目审批流程。

8）由于政府预算的约束条件和优先安排发生变化，东道国政府机构没有能力履行未来的责任。

9）冗长的、纠结的和复杂的项目协议谈判、评估流程、最终批准，以及变化的预期和目标。

4. 其他项目参与方

1）由于缺乏清晰的项目理解与目标，发起人或开发商的短期关注重点和实际的项目预期，与公司战略目标不相契合。

2）对共同的项目目标和假设，还有每个参与方的角色和职责，存在不同的观点和困惑。

3）诸多项目参与方存在多元性的，不时冲突和变化的利益和目标。

4）不切实际的客户需求，不能克服事态的不利变化，只是为了获得一项好交易，而未考虑项目要求的特殊性。

5）由于材料和合格劳动力的缺乏，以及技术设计瑕疵与失败，发生未预见或未预期的施工延迟。

6）由于严重的设备交付延迟和性能欠佳，导致重新谈判调整施工合同，造成严重的成本超支。

7）对项目融资的工作流程和工具不了解或了解有限，需要 PFO 进行指导和培训。

8）融资来源、ECAs 和多边机构，实施超长时间的项目评估和审批流程。

9）严格的贷款契约和政府制约，要求对项目公司运营实施更加困难的结构调整。

5. 项目融资结构

1）除东道国政府机构的预算外，本地金融市场的条件很差，缺乏本地融资来源。

2）错误评估政府下属机构和第三方履行当前和未来责任的能力。

3）东道国政府对高比例的前端发起人股权出资和未来的股权投入存在不合理的预期，债务融资比例过低导致融资延迟和成本提高。

4）大量的项目参与方和协议，要求冗长的合同谈判和 PFO 支持，这种支持不会总是那么及时和充分。

5）未能完整考虑包含在项目财务模型中的各项谈判因素，对其影响没有进行恰当的评估。

6）如果变化的商业条件或监管机构做出干预，需要实施再融资。

7）由于风险对冲措施不佳，或项目公司的运营业绩较差，无法维持谈判商定的项目风险水平。

8）有缺陷的风险保障措施，担保措施未能达到预期的强度，导致无能力控制项目风险。

9）项目融资计划的结构不佳，推出低效率的项目融资建议书。

10）意外的竞争行为或东道国政府监管行为，需要额外的资本支出和项目公司运营要求。

11）为确保各融资来源的顾问机构能够实施彻底的和全面的项目尽职调查，禁止 PFO 积极参加。

12）因为误解而错误评估各项目参与方履行当前和未来责任的能力。

13）未能平衡好项目相关方的利益，通常会损害项目的可持续性。

6. 项目公司运营

源于项目公司的各种挑战，可能不会对 PFO 设计有效的项目融资结构和推动项目完工的能力带来问题。不过，它们确实会影响项目实现预测目标的可能性，而这些预测目标是融资的基础。因此，它们可能要求我们重新审视融资，并改变项目公司的运营。一些运营方面的挑战如下。

1）东道国政府在合作关系和客户关系管理等方面缺乏经验。

2）对项目公司所处行业及其运营环境、劳动力市场条件和外派管理人员的生活标准等方面的评估不够准确。

3）未能充分准备和评估项目公司的商业计划，缺乏积极的绩效目标。

4）项目实施计划编制和执行不力，运营出现问题，缺乏有经验、负责任的运营和维护团队。

5）新组建的、缺乏经验的管理团队，培训效果比最初预期要差的员工队伍。

6）文化差异和商业管理的过重负担，影响项目公司的运营和管理绩效。

7）未能实施完全合规的销售与供应合同，也未能获得监管救济。

8）长期监测的经营业绩指标不佳，且没有能力重构其运营以获取额外的融资。

9）资源短缺影响项目公司遵循和履行其生产责任的能力。

10）由于缺乏早期预警系统和商业计划实现规划，没有能力缓释非预期的商业风险。

5.5　项目融资机构的绩效评价措施

对 PFO 的绩效进行评价，是为了确定它在多大程度上满足项目开发阶段确定的目标，评估设立专门的 PFO 所获得的收益，是否超过创设与维持该机构所付出的成本。不过，PFO 的绩效评估与总体项目管理绩效评价密切相关。为评价 PFO 在特定项目中的绩效，应当评估它在履行以下职责方面的表现：各项分析与评估工作的质量，要做的任务和行为的及时性，有效的成本管理和控制；

还需要评价客户对项目融资方案的接受程度，财务指标的强度和相关信息评估，以及 PFO 给团队成员和项目各参与方提供的帮助。

有些组织希望看到绩效的定量评价，比如实际收入相对于预测值的偏离百分比，项目经理和 CFO 对 PFO 绩效的评分，以及项目筹集资金的效率。因为推动一个项目从立项到融资再到完工，涉及多个不同组织和项目参与方的工作，要准确地区分开如何及哪些应当归于对 PFO 的评价，确实很困难。判断是否编制了合适的融资计划，取决于各项目参与方的观点，还因为评估耗费时间且难以客观实施，通常不太受重视。那些正儿八经设立的 PFO 在项目复盘分析时还是被给予了合适的关注。

对 PFO 的绩效进行定性评价，需要至少从项目各参与方获得针对以下问题的调查回复意见。

1）融资计划的编制基于哪些约束条件？ PFO 团队与其他项目参与方如何合作？

2）项目开发阶段的管理效果如何？是否涉及确认项目目标、规划和向各成员分配责任？

3）涉及基准情景的确定、成本 – 收益预测的各类分析与评估是否到位？

4）对假设、分析和情景评估等事项的确认和测试，是否到位和完整？

5）PFO 推出的财务模型如何，评价其输入和输出，如何有效使用该模型以优化项目融资？

6）是否项目融资的所有部分均让所有项目参与方满意、确认，并将其选为最有效的方案？

7）对项目相关方的参与和预期管理是否有效？它们的不同兴趣和目标是否得以统筹考虑？

8）监测项目全部发展阶段的进展以确保遵循正当程序，PFO 是否做得到位，PFO 的关系管理对此做出了什么样的贡献？

9）PFO 给高级管理层、CFO、项目经理和外国政府官员提供了哪些支持及其力度？

10）PFO 对东道国政府机构和客户培训项目融资工作流程和要求的效果如何？

5.6　成功的项目融资机构的特征

成功的 PFO 的特征是对第 5.3 节介绍的能力与资历的重新梳理，还有在项目融资领域观察到的最佳实践。PFO的能力与资历，在很大程度上影响项目成功，不过客户如何看待和评价团队的工作效能和融资给项目带来的效果，也同样重要。另外，与发起人合作得怎么样，发起人如何评价PFO对项目的贡献，有助于定义PFO的成功特征。那些让PFO与金融机构的交易顺利、高效率和强效的因素，也同样重要。

客观识别那些带来竞争优势的成功的PFO的特征，需要基于外部顾问和咨询机构及客户的长期视角。对客户来说，重要的特征如下。

1）认真倾听了解客户的条件、真实需求、项目目标和要求。

2）了解客户将要使用的，评价项目融资活动质量的标准。

3）保持对政府机构面临的政治和财政现实情况的敏感性，理解这些现实情况总是在变化中且需要管理。

4）专注于向客户提供优质服务，发现他们的输入和反馈，将其预期管理到合理水平。

5）展示对客户关注问题的回应性，充分考虑他们的利益和目标，并与其他项目参与方维持较好的平衡。

6）在处理涉及项目可行性和可融资性的评价时，与所有相关方谦逊、诚实和坦率地交流。

7）主动向客户培训项目融资知识，让他们能够更有效地执行业务，提高合作和协作性。

8）让客户相信为了让项目实现最高效的可融资性和可行性，需要PFO具备基于公平和平衡原则，最佳地处理项目风险的能力。

PFO与金融机构的交易，也决定项目融资能否成功。也就是说，这些交易如何实施，产生了哪些结果，揭示了PFO的成功特征。一些总是重复出现的因素如下。

1）PFO团队清楚项目涉及的金融机构的程序、流程和要求。

2）有可利用的与金融机构的广泛网络、联系和关系，可以从金融机构获得快速、高速的回应。

3）给金融机构中的业务人员提供关于项目所在行业的详细情况的培训，有效地向他们推介项目，在评估和审批流程中获得他们的支持。

4）利用金融机构在风险识别与分配、信用增级等领域的经验，以及其他支持性措施来有效设计项目融资结构。

5）为了项目发起人和客户的利益，在融资渠道之间引入竞争，以获得更好的融资条件。

6）灵敏、灵活和高效的4Cs，且知识渊博，让客户感觉很容易与PFO进行业务合作。

7）与金融机构的专家合作，实施彻底的尽职调查，利用他们的经验和影响力，与客户沟通实现公平且平衡的项目风险分配。

8）通过明确的条款与条件，获得最佳和最及时的债务和股权投资者的出资承诺，用最短时间和最少的谈判精力实现融资落地。

9）项目开发融资不存在缺口和重大问题，没有意外地顺利实现融资交割和项目完工。

10）对项目公司商业计划和运营绩效的质量，实施有效的长期监控，必要时进行介入。

成功的PFO的第三方面的特征，涉及它们与发起人团队和项目经理的互动。从项目经理的视角，将PFO成功的特征综述如下。

1）指导项目团队走完项目融资工作流程，给项目团队、项目经理和高级管理层提供出色的支持。

2）洞悉发起人的条件、需求、目标、风险容忍度和将要提供的支持等。

3）清楚发起人团队的动态和政策，根据情况变化和项目利益需要，保持客观中立。

4）分享知识、信息、数据、证据、评估和以前项目的经验，提高项目团队对当前项目所面临问题的理解。

5）确认并采纳合理的发起人目标作为项目目标，后者要与公司和新业务开发的策略保持一致。

6）寻求并整合项目团队的输入并提供反馈，以及直接和坦诚的评价与评估。

7）与内部和外部项目参与方保持密切的职责联系和关系。

8）在涉及各融资工作阶段的所有方面支持项目经理，制定最佳的项目交易结构和融资结构。

9）使用详细、优秀的财务模型，实时评价各类建议和反向建议对项目价值的影响，从而支持项目谈判。

10）在各家重要相关方的全力支持下，编制最优的融资结构，高效地筹集所需要的资金。

11）监控项目融资的长期绩效，理解和解释与预测值的偏差，为绩效提升提供反馈意见。

12）实施、记录和分享项目复盘分析的结果，吸取教训，帮助项目团队在未来避免在当前项目中所犯的错误。

我们不能忽视成功的 PFO 特征所要求的能力和资历，缺乏这些因素就没有竞争优势或项目成功的基础。必要的 PFO 的能力和经验在前面的第 5.3 节已经介绍，这里我们关注一些关键的 PFO 成功因素。

1）在项目融资领域训练有素的 PFO 团队成员，熟悉全球金融市场，在使用项目融资方法和工具等方面有经验。

2）成功地为不同类型的早期项目筹集资金，并从这些经历中学习积累，有能力将积累的经验应用到新项目。

3）有能力理解来自不同文化和背景的人的行为，为实现共同目标而高效工作。

4）有能力评估宏观趋势、行业趋势和项目绩效的影响，有能力利用这些资源产生协同效应。

5）有能力监控市场研究和评估结果，引领项目前期开发工作，确认各种分析和项目评估工作。

6）善于选择咨询机构并管理其角色与职责、与项目团队的合作及行为。

7）有能力在变化的环境中梳理目的和设定目标，并以高效、及时的方式实现目标。

8）善于将定性信息转换为可检测的假定的、假设的和可替代的项目情景。

9）善于将一些不太重要的工作分配给下属、其他项目团队成员和支持性组织。

10）有效的项目流程和行为管理，支持项目经理履行职责，高水平的客户关系管理。

11）持续性地探索项目融资创新，提升 PFO 的生产率，以及知识管理和分享。

12）优秀的项目营销展示能力和推销能力，有能力在来自各种渠道的压力下完成交易。

13）有和律师团队和外部咨询机构一起工作的经验，准备和支持信息备忘录的提交。

14）和项目团队以及其他参与方，有效实施预期、关系和冲突管理。

项目前期开发：项目可行性和可融资性的要点

项目前期开发涉及准备、规划、分析、评估和决策等事项和行为，从项目定义到完成项目公司的商业计划书。它指利用东道国有利的项目环境和公平的法规待遇，为管理复杂、严格和全面的项目流程所做的准备工作。在这个阶段，人们需要完成平衡的风险分配、具备可融资性的可行性研究、彻底的尽职调查和优秀的项目融资计划。项目前期开发是评估和准备融资的漫长过程，旨在促进特定项目最终完工。它是项目融资流程的组成部分，包含三个主要阶段：项目预投标或开发、合同编制和谈判、筹集必需的资金。

有效的项目融资的前提条件包括合理的预算、全面的规划、财务模型、财务控制和报告系统、提供令人信服的证据和清晰的项目价值实现。在项目前期开发阶段，很多具体行为、需要满足这些前提条件，并由以下目标所引导。

1）编制有清晰目标、工作流程和指导方针的项目计划。

2）确定和评价项目各相关方的真实利益和目标。

3）引进具备合适能力和资历的 PFO 与项目团队成员。

4）搞清楚各相关方提供资金、人力资源和信用增级等支持措施的能力。

5）有效地设计项目结构，确保可融资性和财务可行性。

6）为每个阶段的决策提供支撑，无论是并行还是依次执行。

项目前期开发阶段很重要，因为这个阶段发生的事情将影响所有后续阶段和流程，还有获得预期结果的可能性。它决定项目的融资落地和价值创造。当满足各项前提条件时，它就确立了项目成功的可能性，确保在随后各节介绍的流程和行为的顺利执行。

在项目前期开发阶段中的重要交付成果如图 6-1 所示，成功的付出通常会产生以下结果。

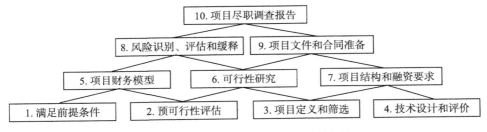

图 6-1 项目前期工作阶段的可交付成果

1)项目定义、筛选和在不同机会和选项中挑选。

2)利用内部充分的政策支持和来自客户方面的支持,培育良好的项目环境。

3)恰当的战略、资产组合和运营适当性评估。

4)制订与公司战略和商业开发目标相一致的项目目标。

5)协同项目相关方的要求和目标,管理好预期。

6)识别和分配成功实施项目所需要的能力与资源。

7)按照所分配的角色和责任,建立项目团队和子团队。

8)建立有效的项目管理框架,确保无阻碍的、持续的、360 度的交流、协作、合作和协同。

9)完成全面的项目经济性分析与实时的可行性研究。

10)开发项目财务模型找出影响因素,估计各种关系并提供有可融资性的措施。

11)通过全面的尽职调查来验证可行性研究的结果和关于项目可融资性的报告。

本章是介绍项目融资相关前期工作成果的各个章节的导言。第 6.1 节归纳项目开发的各项前提条件,满足了这些条件才会有良好的决策基础。第 6.2 节讨论决定是否继续推进项目前期开发所必须做的工作;也就是说,围绕完成项目预可行性研究的相关活动。第 6.3 节旨在介绍项目定义相关行为,在这个阶段解读项目基本原理,明确项目目标,而第 6.4 节讨论技术设计并评估各种准备活动。完成项目可行性研究至关重要,它是项目的一个重要的决策性节点工作,将在第 6.5 节讨论。

第 6.6 节介绍项目尽职调查事项和报告相关事项,它对所有项目参与方都特别重要。第 6.7 节介绍如何设计项目结构和融资结构。项目合同与协议编制和谈判，是第 6.8 节的主题。第 6.9 节介绍向投资者推介项目，以筹集债务和股权融资，所需要做的准备工作。第 6.10 节介绍项目开发阶段的成本估算和成功因素。本章讨论的话题是项目开发各个阶段所要做的行为、流程、分析、评估和决策等的引言，在随后各章会更加详细地讨论这些事项。

6.1　项目开发的前提条件

为了尽快推动评估和审批，项目团队的准备工作及发起人内部和客户的工作计划，都应当将融资来源方的工作流程和要求作为指挥棒。有些共同的项目开发基本要素和能力要求，是成功开发项目的要件。项目开发的起点是根据经验并无偏见地选择咨询机构。为成功进行项目开发，项目团队和各相关方还需要具备的其他能力如下。

1）精通投标准备和评估，有采购经验，熟悉如何回应征求意见书并最终签订合同。

2）具备项目评估、结构化、金融市场和工具等方面的经验。

3）熟练掌握项目风险的识别和分配，对评估风险投保有充足性的经验。

4）已经建立起保险产品供应商的全球性网络，有能力全面落实合同约定的风险保障措施。

5）精通国别宏观经济和行业分析、成本估算、竞争性项目公司的产品定价、成本 - 收益分析方法和应对法规问题。

6）准确评估项目的政治环境和其是否有能力获得政治支持，促成项目通过东道国政府的评估。

7）强大的民用、行业和环境工程，技术设计，技术与设备的评估能力。

8）有管理项目施工的经验，能够为合同编制相关的技术问题提供支撑和指导。

9）全面掌握商业银行和投资银行、单边和多边机构、出口信贷机构、项目信用评级，深度理解贷款人、投资者及东道国政府下属机构的各项要求。

10）在商业银行借款、债券融资、保险资金和养老基金投资，以及私募融资等方面有实务经验。

11）与所有项目相关方有很强的内部联系，有遍布技术与工程、法律和金融等领域的广泛人脉。

12）熟悉开发良好的项目目标和准备项目计划，并通过项目开发流程来推动项目。

13）熟练地提供分析与基础材料，协同法律团队编制和协商项目协议与合同。

14）在管理复杂流程和整合不同参与方的工作成果进入主流程等方面，能力超强。

15）能熟练地向高级管理层、尽职调查团队介绍项目开发阶段的工作成果，能解决重大问题和关注事项。

不论如何定义项目开发或排列活动次序，还是有如图6-1所示的一些关键性的交付成果。它们由大多数基础设施项目所共有，共同的工作阶段包括项目预可行性研究、项目定义、技术设计、可行性研究、尽职调查、财务结构评估、项目推介准备和筹集资金。

6.2　预可行性评估

在这个阶段，需要确认需求和探索满足需求的方式，重点针对项目开发。如果有超过一家发起人对参与项目感兴趣，则应签署项目开发协议。该协议约定项目定义的细节、投票权，项目前期开发成本的分担，以及秘密和保密事项。它还明确要执行的职责，每个合作方的角色和责任，和从项目退出时的补偿标准（霍夫曼，2008）。

为达成共识并获得政治支持，项目团队会跟东道国政府及其下属机构签署合同，选择当地合作的伙伴帮助回应征求建议书，还会组建项目发起人或开发商的项目团队。项目团队会组建一个项目设计团队来考虑项目设计选项、经营绩效预期和项目初步技术规范，以有竞争力的成本水平来满足项目要求。对政治、经济和投资环境的评估，与项目风险的初步评估同步实施。另外，还需要评估东道国政府及其下属机构履行责任的能力。随后，需要向发起人的高级管理层团队提供项目简况。

基于一些初步假设建立项目财务模型，并用于初步估计资金成本、运营成本和收入值。这个阶段形成的各种规划、准备和评估很重要，因为它们提供了对项目融资要求和可融资性指标的初步估计。这些估计成为继续推进项目并转入下一个阶段（即项目定义）的决策的基础。不过需要指出，项目定义和预可行性评估可以同时进行，有时先后顺序还可以反过来。

6.3   项目定义

项目定义的第一步是清晰地表述项目的基本原理，解释项目背景及启动该项目的原动力。随后应实施战略、配置和运营适当性评估，同时考虑目标的互补性和一致性、发起人的优势和弱点、竞争者的威胁与项目机会。重要的是，确定正在考虑的项目是否符合公司目的、目标与风险偏好，能否补充公司的资产组合，在运营上是否有可行性，以及如何弥补当前与预期的差距。在做适当性评估的过程中，需要再次对公司进行条件分析，确定公司是否有必要的资源成功地实施该项目，也就是说，是否有足够资源、合适的能力和资历，可运用于该项目。

项目定义的一个核心要素是确保正确识别项目需求，客观地确定项目如何，以及能在多大程度上满足这些需求。当进入项目定义阶段，所有项目参与方得以确认，项目团队需要引入额外的技能来实施必要的分析。下一步，应认真审查每个参与方的目标和约束条件，向各相关方的代表分配角色和责任。在这个时点，至关重要的事情是给项目团队建立起共同交流、协作、合作和协同的工作计划。需要该计划的原因是项目很复杂，需要实施大型的项目融资，而且缺乏该计划会减少项目成功的可能性。

当面对多个项目时，需要对相关机会进行筛选，选出一个更加合适的项目。认真分析做或不做该项目的机会成本，可以为是否将该项目推进到下一个阶段提供依据。只有清晰地定义且明确地表述了项目目标，目前提及的行为才有意义和实效。对项目目标，不应当存在模棱两可、含糊不清的因素，也不能与战略、新的业务发展计划和公司财务目标发生冲突。由于发起人的资源约束，目标应当是合理的、现实的和可行的，项目团队对实现这些目标要有很强的信心。然而，为了实现这一点，需要明确和设定项目团队的工作范围。不然，项目目标漂浮不定，项目创造的价值也不确定。

6.4   技术设计和评估

确定资本要求、时间表和运营成本后，项目开发阶段的主要事项是启动技术设施设计，该设计应当符合能性要求和基本项目规范。需要评估实体和网络安全因素，以及不同选项及其成本；随后，需要完成一项让客户和主要参与方满意的项目设计。确定可行的项目技术参数,编制项目技术实施方案和项目技术实施时间表。编制完成详细的技术设计和技术管理计划,获得的信息随后应传递给决策环节和更全面的规划与评估环节。

为了验证预可行性研究的项目设计和技术规范的优缺点,需要实施初步技术评估。在提交建议书之前的技术设计和评估阶段,需要实施更加深入的评估。项目技术评估包含的活动如下。

1)踏勘现场,拜访技术供应商,访谈东道国主管部门,确保在技术领域不存在问题、冲突或误解。

2)收集和评估技术、成本、可靠性和其他类型的信息和数据,确定项目的使用寿命。

3)估算和评估多个竞争性项目或不同项目配置的成本和收益,选择最匹配发起人战略目标和客户需求的项目和配置。

4)识别与技术相关的项目风险和问题,针对那些影响风险缓释和成本的项目参数变化提出建议。

5)给项目财务模型、可行性研究和尽职调查提供输入数据,为如何优化项目及创造价值提供建议。

6.5　可行性研究

在这个阶段,需要实施更加深入的技术、经济、环境、法律和财务评估,以确定项目融资需求、经济可行性和可融资性。如果需要将项目继续向下一个阶段推进,应当获得高级管理层的批准,并配置更多必要的资源。这个阶段的重要性在于,它产生和验证高级管理层决策所需要的数据、信息,并更新各项评估。可行性研究构成尽职调查阶段,发起人和主管部门的商业案例、项目公司商业计划,以及项目风险评估与缓释等事项的基础。优秀的可行性研究,将所有项目评估工作的成果,包括物理空间和网络空间安全,整合为一份指导实施项目管理计划的报告。

可行性研究中的一系列实施行为,对应于项目团队的各项职责,具体如下。

1)根据最终的项目定义,重新审视项目的范围和目标。

2)确保各相关方的利益与目标的一致性,明确是否要引入其他参与方,识别和筛选潜在的新参与方。

3）了解项目相关方的真实需求和预期，并管理调整它们，使之与项目现实情况和项目所处环境的实际情况相一致。

4）聘请项目咨询和顾问机构支持这些行为，向各相关方的核心决策人员提供简报和汇报。

5）深入实施对东道国法律法规和行业规范环境的分析；行业分析用来审查当前的与需要的能力、成本与费率、市场份额、营销、定价和销售等方面的情况。

6）调查项目公司招募到熟练员工的能力，及其获得适当生产投入的能力和价格水平。

7）实施升级版的技术选项分析，更加精确地确定技术和运营绩效指标。

8）发掘、升级和测试更加全面的假设条件，达成项目相关方的共识并获得其支持。

9）评价环境影响、研究的成果，以及必要补救措施的成本，并将其纳入项目总成本。

项目团队在可行性研究阶段的第二组工作任务如下。

1）构建项目治理结构，具体指用于指导和控制项目的一系列政策、职能、流程、角色和责任。

2）实施政治、经济、社会、技术、法律、教育和人口（PESTLED），宏观趋势和亚趋势分析，以支撑对项目公司产出实施的有效分析，开发合理的分析情景。

3）确定是否给项目引入必要的技术和能力；如果不需要，则要确保已经分配了合适的资源与能力。

4）除了项目开发、资本支出、运营费用之外，确保与场地准备、物理空间和网络空间安全相关的成本已经包含在资金需求之中。

5）扩展项目财务模型，整合新的和升级的假设、数据及信息，落实项目融资需求和可融资性。

6）对假设、成本和收入数据、收集的信息及财务模型的结果，实施进一步的现实性审查。

7）识别、评估和分配各项风险给最适合管理特定风险的主体，落实保险和其他需要的项目支持性措施。

8）验证物理空间和网络空间安全保障措施的有效性，保护项目不被损毁、破坏和恐怖袭击。

9）确保执行协议的落实，包括政府补助和项目支持措施，诸如免税期、降低税率、项目收入和业绩保证、东道国政府豁免边检手续和进口关税。

执行协议是东道国政府与项目公司签署的合同。在 PPP 项目中，又称为特许权合同。

项目前期开发活动的顺序可以改变，也可以并行实施。各种可行性研究的要素、时限和评估，将在后续各个阶段讨论。为了满足信息和评估要求，可行性研究的核心要素可以不一样。项目可行性研究的成本可能很高，但是这完全合理，因为它会产出如下重要成果。

1）一份技术设计和工程项目计划，并提供详细的，满足客户需要的技术规范。

2）提供项目尽职调查的基础，可帮助识别各种不足和风险管理计划的适当性，以及解决所关心的问题，并验证评估结果。

3）基于初步的支持性材料，更新项目财务模型的输入变量，并勾勒出项目交易结构和融资计划。

4）一份项目时间进度表，为用于监测和控制各项活动的项目管理计划提供所需要的输入要素，项目节点和可交付成果。

5）给每个项目相关方和项目团队成员，分配明确的目标和工作任务。

6）为项目协议和合同谈判的编制，提供必要的信息、数据和指导。

7）为起草协议准备基础材料和指导，编制和包装招标文件，根据需要进行项目发布。

8）编制项目公司商业计划草案，开发项目绩效指标，如有必要，为项目流程修订计划。

9）开发项目可行性和可融资性的支持性证据，给高级管理层决策提供更多的信心。

10）建议将项目推进到下一个阶段，并获得高级管理层的批准。

6.6 尽职调查

在项目融资工作中，尽职调查就是深入的调查，重点是识别关心的问题，以及确认数据、声明和合同等方面的陈述。它在项目决策和项目合同签署之前，评估和验证各类分析与评价工作。它还确定证据、假设和评价之间的差异；凸显各种问题，考察风险评估和风险缓释措施所达到的程度。另外，尽职调查对各参与方满足当前和未来责任的能力进行全面核查，对项目融资需求和融资潜力提供独立的评价报告。它还给贷款人和所有项目参与方提供了共同的理解，也就是说，是一个共用的决策工具。

通常，尽职调查由贷款机构的咨询机构承担，由项目发起人付费。不过，项目团队从项目起步就开始介入，在尽职调查中也发挥重要作用。贷款人的咨询机构的专业经验包括法律、环境、技术、保险、经济和市场分析、需求预测、财务模型及项目需要的其他领域的经验；还包括审查与评估东道国的投资环境、政治与法规制度，技术与环境问题，运营要求，以及使用风险矩阵方法测算的预期商业绩效。

风险矩阵用列表示各层次的风险，用行表示发生的可能性，旨在凸显风险缓释的领域和相关性程度。

尽职调查审查那些用于确认技术可行性、经济可行性和项目可融资性的重要事项，如下。

1）政府和授权机构的项目目标，在满足必要出资和合同责任方面存在的各种能力约束。

2）项目团队对公共采购流程的了解和遵循情况。

3）行业和市场分析，东道国的价格政策和费率设定。

4）特许权持有人的责任、财产和土地使用权。

5）风险投保、其他项目支持措施及贷款人保障措施的充分性。

6）争议解决机制和主权豁免待遇。

7）违约问题和终止补偿。

8）贷款人的介入协议和保障措施。

对于不同的项目类型和相关方，尽职调查的特征也不一样。但是所有尽职调查工作都会有一些共同的要素，包括对以下事项的评估。

1）项目定义和筛选的详细情况。

2）项目设计、技术规范、工作范围和时间表。

3）技术设计和工程、设备评估。

4）项目风险识别、评估、分配和缓释。

5）项目成本和收入预测，项目公司的商业计划。

6）财务模型的结构，确认必要的输入和输出。

7）具体施工情况和商业验收的要求。

8）项目全生命周期的运营和维护计划。

9）起草项目文件，评审法律合同文件。

10）各方履行其责任的能力。

11）贷款人的承诺和限制及确保还款的措施。

由于项目融资的有限追索特征，还有发起人在境外投资相关的风险及法律尽职调查在确定项目的可融资性方面发挥着关键作用。一些从业者主张，项目融资是合同融资。而合同评估和谈判包括对发起人和东道国适用法律的评估及其法律框架和法规制度。法律评估的范围还包括公共采购流程的法律、环保因素、就业和劳工制度、消费者保护和税收。

对于 PPP 项目，为了满足东道国政府机构或授权机构的要求，尽职调查应当满足最佳价值（the best value for the money，BVM）原则。该原则旨在验证项目的成本和收益，满足各方约定的优质的项目设计、技术和施工要求，以及项目的可持续性。可持续性意味着该商业案例带来的经济和社会效益，能够支持授权机构和当地政府的目标，并且这些效益得以公平分配。BVM 是用于评估项目 4Es 的公认方式，即效率（efficiency）、经济性（economy）、效能（effectiveness）和公平性（equity）。

6.7　项目结构和融资结构

融资结构的第一个关键性决定因素是项目的所有权结构，其决定因素包括客户或东道国政府的招标要求，能筹集的债务和股权资金的情况，对项目的控制权要求，东道国的税收法律，项目公司的会计处理制度。融资结构的第二个关键性决定因素是项目资金结构，其决定因素包括收入、资金与运营成本预测，营运现金流，风险分配计划和信用增级，债务偿还条件与债务偿还能力，和项目发起人可以获得的净现金流。

在开发项目和构建融资结构的过程中，需要考虑的不同关键要素如下。

1）确定项目公司的所有权结构，即公司、合资企业、普通合伙、有限责任公司的结构。

2）明确股权出资的金额与时间，发起人的参与和承诺，债务融资条件。

3）评估向东道国政府的授权机构的不同项目交付方式的成本与收益，如建设、运营、移交（BOT），建设、拥有、运营和移交（BOOT），设计、建设、运营、移交（DBOT）等。

4）为项目发起人提供深入的项目收益、经济性和比率分析，以确定项目的可行性。

基础设施和其他大型项目的融资，需要多方协作反复测算，要平衡各项目参与方的利益，确保项目可行性，找到筹集所需资金的最佳方案。当项目可行性研究、尽职调查、识别项目融资渠道等工作完成之后，按照贷款人可以接受的方式，落实风险分配和信用增级措施，则成为中心工作。在这个阶段，对金融市场和金融工具的熟悉、在金融行业广泛的合作网络、与各类金融机构的密切联系及提款和还款的策略等，这些事项变得至关重要。

融资结构决定特定项目使用资金的种类和组合，主要债务融资的金额及其偿还计划，旨在最大化项目发起人的内部收益率（IRR）。融资结构还要明确从不同参与方获得的融资支持，以及不同资金来源的提款和偿还时间。

特定项目使用的融资结构，又称为项目交易结构。由于项目的多样性，所使用的融资结构也种类繁多，且取决于项目定义的具体情况。

除了公共机构参与项目外，影响项目融资结构的其他因素有项目的各参与主体，它们的决策流程，以及它们的债务和股权出资。另外，现金流和合同协议、提款和还款时间安排、项目风险及其缓释措施、信用支持措施等均成为主要考虑因素。关于项目融资的结构化要点，将在第13章的项目融资计划部分讨论。

项目融资的类型和融资来源渠道，还取决于不同的项目阶段。在项目前期开发阶段，资金主要来自发起人或开发商、政府或多边金融机构的赠款。而建设期的融资主要来自短期商业银行贷款。在运营阶段，通过长期金融产品实现再融资。请注意，从参与项目的公共机构的角度看，融资结构实质上是指合同协议的结构；而从项目公司的角度看，融资结构指项目公司具体的财务结构。

6.8　合同与谈判

基础设施项目开发是个漫长的过程，除其他事项，还需要处理商业和风险问题，编制协议，以及起草、准备和商议项目合同。在项目融资工作中，当各相关方有条件达成协议来明确其权利和责任时，合同就成立了。当各参与方的责任和权利以清晰的形式和明确的语言表述清楚时，合同就具有法律约束力和可执行性。合同要在东道国生效且可执行，则应当公平地订立，并平衡所涉及的各参与方的利益，遵守东道国的法律法规和政策，以确保它们的完整性。

签订项目合同的目的是允许各相关方量身定制协议的内容，构建各参与方的关系，管理预期，并明确如何解决负面的项目结果。另外，精心构建的合同应确保所涉及的各参与方能够理解合同的细节及含义。合同很重要，因为它们不仅指导着工作流程，也是奠定项目融资的基础。当出现争议时，合同特别重要，它确保了如果某一方不遵守合同，其需要为已经做的工作、已交付的产品或服务、预付资金等提供公平的补偿。除了编制合同的有关准备工作，合同管理也很重要。合同管理跨越项目启动、规划、制图、谈判和执行过程，还包括运营阶段对合同执行情况的监控。

基础设施项目融资合同涉及项目所有权结构、项目公司的结构及由此产生的融资结构等所有重要方面。它们还包括参与方的出资、项目采购、项目交付，还涉及项目付费的相关因素，诸如项目特许经营期的期限、定价、质量和绩效、保障措施和成本。合同可能涵盖项目的很多方面，但它们不能涵盖一切。有些事情最好通过所涉及的项目相关方的关系来弹性解决，即允许与合同条款存在的一些小偏差，在必要时再重新进行合同谈判。

有些项目参与方把项目融资视为合同融资，因为相互交织的合同体系让项目融资成为可能。这是因为它们是风险确认和缓释的平台和工具，可以通过谈判协商将风险分配给最适合处理特定风险的主体。项目的类型及其具体特征决定需要什么样的合同，诸如执行或特许协议、销售与供应协议、施工合同、运营与维护合同。其他的共同合同还包括政府、项目公司和贷款方之间签订的贷款人介入合同和贷款协议。另外，绩效债券、抵押担保和贷款条款，也是项目合同体系的组成部分。

合同编制和谈判是一项漫长而艰苦的工作，会产生大量的文档。如 20 世纪 90 年代中期的一个重资产基础设施项目融资交易，其装满合同和相关文档的箱子可以占满华盛顿特区一家律师事务所一间 20m × 20m × 12m 办公室的整个空间。为合同谈判做准备很有必要，因为起草合同需要整个项目团队的参与，应做好以下工作。

1）详细审查技术评估细节、可行性研究、尽职调查报告和财务模型的输出值。

2）向谈判团队提供至少包含以下内容的简报：①需要谈判的重要问题和条款；②支持团队谈判立场的数据、分析、评估和报告；③开放、后退、修改和退出等谈判立场；④评估合同变更的影响及财务模型的假设条件。

项目团队在准备合同编制和谈判过程中的重要活动，包括以下内容。

1）尽早获得法律指导和专家建议以管理参与方的预期。

2）制订一套清晰的项目目标和帮助实现它的合同；

3）对项目重点领域开展研究，并根据研究结果制订计划。

4）制订一份工作目标清单，诸如一份投资意向书，并编制谈判计划。

5）采取合理、平衡的谈判方式。

6）提出合同的谈判立场，并建议如何进行立场的改变。

7）对文化差异和不同的谈判风格保持敏感。

8）事先为长期、乏味和反复的谈判过程做好准备。

9）保持积极态度，寻求妥协和让步，推动融资落地。

10）从早期经验中学习，在谈判过程中进行创新。

6.9　项目推介和筹集资金

基础设施项目的推介是融资工作的必要组成部分，其基础是可行性研究的项目经济性分析、尽职调查报告和项目财务模型的输出值。不同形式的项目推介适用于项目的不同阶段，以吸引共同发起人、贷款人和投资者。不过，基础设施项目推介的目的是向潜在参与方有效地介绍项目创造的价值，并解释在一个合理的风险缓释计划下，他们的利益和目标将怎样得以满足。基础设施推介材料不仅仅是对贷款人和投资者的演示材料，诸如项目说明书和信息备忘录，还包括投标文件或对征求意见书的回复文件中的重要信息。

项目说明书或信息备忘录，是项目发起人的商业案例和项目公司给投资者准备的商业计划的整合性材料。与其他推介材料一起，它们凸显项目投资计划的重要方面。不过，信息备忘录与项目说明书相比，还包含一份简明扼要的表格供投资者审查，会涉及更多的分析与评估。项目团队应与法律团队、项目咨询机构和顾问机构一起准备各种分析与评估即支持性材料。项目说明书或信息备忘录，以及推介材料和演示材料，应进行专业包装，并通过发起人的投资者关系和公共关系团队交给不同的听众。

项目说明书和信息备忘录包含项目开发阶段所实施的工作的概要。它们通常包含以下必要因素。

1）市场评估、项目背景和基本原理。

2）项目描述和项目进度安排。

3）项目技术设计和性能规范。

4）对东道国政治、经济和投资环境的评估。

5）评估行业结构、竞争性问题和行业趋势。

6）评估东道国的法律法规框架。

7）评估环保、健康与安全、劳动力市场等问题。

8）项目公司的结构、管理团队、目标和商业计划。

9）涉及和确认项目发起人、开发商和其他参与方。

10）参与项目设计、工程和技术方面的合作伙伴。

11）已经获得的许可和批准，授权机构对项目的支持，对工作进度安排和其他要求的遵循情况。

12）已经得到验证的，支撑收入预测的主要假设条件。

13）项目的成本与收益，包括融资、社会和环境成本，项目对当地经济发展的贡献。

14）基于最有能力原则和成本—收益分析方法的平衡、公平的风险缓释措施。

15）项目协议和所有适用合同的结构。

16）包含融资要求、资金结构、提款和还款安排的项目融资计划。

17）财务模型的分析结果：项目净现值（NPV）、现金流预测、投资者内部收益率（IRR）和债务比率。

18）风险因素、风险缓释、保险和信用支持措施。

19）项目的长期可行性和投资机会的可持续性。

20）关键的成功因素和实现项目目标的可能性。

21）项目的价值和支持性附件的综述。

项目融资机构和项目团队在准备信息备忘录工作中的责任包括以下内容。

1）向客户或东道国政府的授权机构说明，构建的项目能够满足它们的需要并支持它们的目标。

2）确定项目完全满足最佳价值原则（BVM）的要求。

3）表明项目确实产生了足够的收益，是一项有长期经济可行性的投资。

4）确定支撑财务模型的各项假设、风险缓释措施和信用支持措施的合理性。

5）确立项目公司治理和财务报告的透明度。

6）在项目全生命周期中，建立、突出和维护一个正面的发起人形象。

7）展示融资开发的必要效率，以支持竞争性投标。

6.10   开发成本和成功因素

项目开发的资金来源因项目类型而异，最常见的项目开发资金来源如下。

1）东道国政府各类机构的项目资金预算。

2）东道国政府的人力资源配置和非现金出资。

3）私人资本、项目开发商和发起人。

4）主权贷款和开发银行提供的贷款。

5）美国国际开发署（USAID）。

6）信托基金和捐赠计划提供的赠款。

项目开发成本很高，不仅因项目类型和规模而异，还取决于项目参与方的能力、融资渠道和东道国的经济发展情况。高昂的项目开发成本源于从咨询与顾问机构获取专业知识，与东道国政府主管部门签订合同，严谨的分析和尽职调查工作，项目风险的识别和有效的缓释措施，以及长期的合同编制和谈判流程。据马可尼芝和卡斯沃斯（2007）估计，项目可行性研究的成本约占项目总成本的 2.3%。不过，项目开发成本的估计值的占比从 5% ～ 10%，取决于时间、定义和其他项目参数。例如，非洲基础设施联盟（2014）报告了以下估计值。

1）非洲区域的项目平均值：7%。

2）世界银行的估计值：5% ～ 10%。

3）非洲基础设施联盟的项目：10%。

项目开发的成功因素，指为项目创建坚实基础以实现主要项目相关方预期的那些因素。也就是说，须以有效方式满足每一方的利益和需求。请记住，项目开发的主要目标是为以下事项创造条件。

1）通过技术评估和可行性研究，对项目特征进行准确评估。

2）全面的风险识别、分析、评估、分配与缓释。

3）确保项目的长期经济可行性。

4）获得有效的项目融资，按时按预算完工。

5）价值创造和对所有项目参与方的适当回报。

从东道国的角度看，最佳的项目开发策略是规划和设计一个基础设施项目的结构以满足其需要，并实现最低程度的环境影响和最高水平的社会效益。成功的项目开发，还要能够实现物有所值原则，以及严格遵循审批、流程和过程。从项目发起人角度看，项目成功的判断标准是闭合的战略、配置和运营适当性，能产生的净现值，可接受的内部收益率，健康的债务比率及项目公司有能力支付红利。

物有所值（VFM）是公共机构使用的一个原则，用来评估其采购或提供的产品和服务，考虑其资源约束是否实现最佳效益。它还评估产品和服务的成本，考虑质量、成本、资源扩展、及时性和便利性，来判断是否有好的价值创造。

有效的项目管理，对成功的项目开发至关重要。为了实现有效的项目管理，需要满足如下一系列前提条件。

1）尽早计划、组织和指定一个项目团队，并配备有合适能力和资历的团队成员。

2）考虑做或不做某个项目的机会成本，虽然这些成本经常被忽视，但是它们对于新项目的开发决策至关重要。

3）开发清晰、有效的工作流程，帮助形成项目计划。

4）选择合适的项目交付策略和工具。

5）审查成本和收入预测假设、所使用的模型和情景，实施切实可行的项目可行性评价。

6）客观评估项目工作计划、预期交付成果、重要的路径和依赖关系及项目的风险。

7）推动参与方形成共识，并获得认同和政治支持。

8）确保全方位的，不受阻碍的交流、协作、合作和协同。

参与方及其责任：行为与可交付成果

项目融资中的相关方包括发起人，客户或东道国政府的授权机构，债务和股权出资者，项目公司，购买者或项目公司产品的使用者，项目公司生产投入的供应商。其他项目参与方还有外部咨询机构和顾问机构，施工承包商，技术和设备供应商，设备原产地的出口信贷机构（ECA）和多边机构，运营管理（O&M）公司。发起人和开发商的项目团队通常包括：项目主管领导下的项目经理，销售和市场部门的代表，首席财务官（CFO）和出纳，前期开发，工程与技术人员，法律人员及从内部和外部团队抽调承担必要职责的专业人员组成的项目融资机构（PFO）。具体如图 7-1 所示。

在基础设施项目中，有很多任务需要执行，诸多参与方有不同的利益、目标、项目融资能力和经验。在复杂而漫长的工作流程中，还存在角色和职责的重叠。不同的项目需要对参与方角色和职责进行不同的分配，具体因发起人、东道国政府机构、组织能力及项目融资能力而异。因此，需要清晰地描述项目核心团队和其他参与方的角色和职责。除了明确区分角色和职责，还有一项核心要求是协调任务、合同和协同，并产生必要的工作成果以推动项目前行。

为实现项目各参与方的角色与核心项目团队的职责相结合，图 7-1 有助于搞清楚为整合它们的产出和成果进入总体的项目融资工作流程所要做的必要协调工作。描述项目参与方角色和职责的完整清单很长，需要高水平的项目管理能力。PFO 要有能力帮助项目经理协调内部和外部的工作流程、行为和工作成果。

在随后各节中，本书会足够详细地罗列各参与方的角色和职责，并充分描述协调各参与方的工作成果进入项目团队的主流工作流程这一有挑战性的工作任务。与参与方的章程有关的任务、事件、行为，各参与方如何履行其职责，将在随后各节介绍。第7.1节介绍项目团队及其角色；第7.2节讨论东道国政府的角色；第7.3节处理项目发起人的诸多角色。

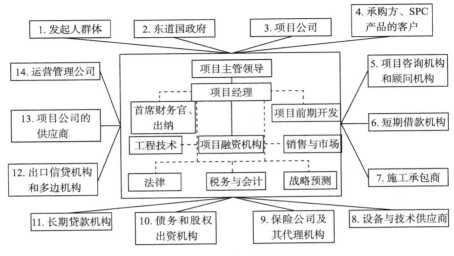

图7-1　典型的项目融资的参与方

第7.4节评估项目公司的角色；而第7.5节介绍项目贷款人的重要角色；第7.6节列示不同外部咨询机构和顾问机构的角色；第7.7节介绍单边和多边机构的角色；第7.8节列举设计、采购和施工（EPC）总承包商的角色；第7.9节明确技术和设备供应商的角色。

第7.10节讨论项目公司承购方和供应商的角色。最后，第7.11节处理运营和管理公司的角色。

7.1　项目团队的角色

项目领导权通常归属某家发起人公司的高级管理人员，他应有行业经验、能力和资源来成功完成该项目。该高级管理人员通常是发起人公司的部门负责人或该公司的高级管理团队的成员。项目团队由项目经理领导，并对项目主管领导汇报。项目经理是项目前期开发中的核心角色，他将推动项目直至完工。项目团队的构成，包括项目融资机构及有以下经验的子团队：新项目开发，工程和技术，销售和市场，财务与会计，法律，市场研究和竞争者分析，战略性项目预测等。它还包括其他参与方的代表，他们与项目团队共同执行任务和贡献成果。

如果没有有经验的 PFO，项目团队在项目规划阶段需要承担的工作任务及相关的角色和职责，则由外部咨询机构承担，咨询机构随后还要承担重要的项目融资工作。在实务中，项目团队的角色和职责由团队所具备的能力和经验所决定，主要职责如下。

1）将特定角色和职责分配给项目团队的各核心成员。

2）承担指导、管理和交付项目的责任：范围、预算、计划表和工作成果。

3）协调各参与方的利益，开发或澄清项目目标．

4）聘请那些具备发起人组织没有的能力和经验的外部咨询机构和顾问机构。

5）确认和统筹项目团队、外部咨询机构和顾问机构按时、保质保量提交的成熟的分析报告、评估报告和验证报告等。

6）管理核心团队、项目参与方和客户的预期和关系。

7）计划和管理项目行为、进度、成本和可交付成果的质量。

8）调查、分析和评估项目存在的问题，发现差距，记录尚未满足的要求。

9）监控和确认内部的项目分析、评估和建议。

10）确保项目团队成员和项目公司管理团队拥有足够的能力、经验和训练。

11）让各参与方清楚，需要切实解决人力资源调配的充分性、时间要求和能力缺陷问题。

12）促进全方位、畅通的交流、协作、合作和协同，以高效开发项目可交付成果。

13）创建、测试、管理、维护和更新项目财务模型。

14）处理项目变更要求，管理和解决问题与冲突。

15）管理和协调项目团队的文件和工作成果的编制。

16）编制融资计划，为合同编制和谈判提供支持。

17）在持续的基础上跟踪和报告项目进展和项目公司业绩。

18）按照内部审批程序开发项目公司的商业案例和项目公司的商业计划。

7.2　东道国政府的角色

东道国政府机构的角色和责任，由项目投标、项目类型、公共部门股权出资、政府机构在项目融资中的能力与经验等决定。公共部门倾向于依赖发起人、多边机构和开发性机构的经验来管理项目融资工作流程。通常，公共部门的利益和目标驱动有关机构负责并履行以下任务。

1）确保透明的、合适的项目立项、投标和流程管理。

2）提出项目建议书的具体要求，启动海港、机场、铁路、医院、学校等增长性和社会性项目。

3）确保所有项目建议书满足物有所值要求，维持所涉及的相关机构的政治支持。

4）满足经济需要，并最大化项目的经济和社会效益。

5）最好是通过非现金出资获得股权，而不是债务或股权投资，并尽可能多地维持对项目的控制权。

6）管理项目成本，担任商业谈判的积极和关键的角色。

7）要求遵守当地环保、商业、税务和劳工法律，需要安全和有效的项目建设和运营。

8）为项目协议的开发和文件编制提供材料。

9）谈判协商项目文件，签署融资协议并落实融资。

10）在可行的情况下，在项目建设和运营阶段向私营部门转移风险。

11）制订计划，吸引新增资金来提高国家的经济生产力。

12）获得技术开发援助，知识的转移和新技能的培训。

13）构建项目，促进国家经济增长，提高竞争力。

14）为贷款人和多边机构提供所要求的反担保措施。

15）通过税收收入、发行债券和担保、信用增级、保险、对冲保值和其他金融工具，提供直接融资。

7.3　项目发起人的角色

不同类型的发起人包括实施战略投资的开发商、希望扩大国际影响力和利润的公司、行业性的建筑承包商、设备供应商和其他机构。不论其类型，发起人在基础设施投资中承担很大一部分风险，特别是在发展中国家。因此，它们在项目结构化和融资中承担重要责任，且发挥关键作用。由项目经理和项目团队承担的发起人的任务、角色和责任如下。

1）决定发起人群体的构成并确定协议的条款。

2）确定项目公司的所有权结构，提供股权融资，提出未来股权出资的承诺，优化融资计划。

3）建立密切的关系，有效管理东道国政府关系和公共部门预期。

4）明确战略性项目目标，提供政策方向，给项目公司分派运营和管理职责和工作人员。

5）雇佣有经验的经理人，实施基础设施项目的战略扩张和资产组合的分散化配置，满足新的业务开发和融资目标。

6）确认需求，发起项目，确定项目配置特征、要求和技术规范。

7）协调有效的项目开发，实现高效的融资，进行有竞争力的定价，以实现有竞争力的投标。

8）确保项目获得内部的组织支持和外部的政治支持。

9）确保适当的项目治理并做出关键性决策。

10）梳理确定项目范围、目标、可交付成果和成功标准，为项目团队的工作流程和行为提供方向和协调。

11）维持对项目价值完整性的监控，解决逐步扩大的商业问题。

12）履行项目管理职责，评估和批准各项目阶段的核心工作、评估和进展。

13）选择和批准项目顾问机构、EPC承包商、当地项目合作方或支持性机构。

14）确保在发起人擅长领域的项目发起和开发工作中，能参与东道国政府高层的咨询和决策议程。

15）选择可靠的技术、设备和供应商合作伙伴，实现利润最大化，开发和生产成本的最少化，减少项目表现不佳情况的出现。

16）决定在项目中使用的合同、项目融资渠道和设施的选择，领导项目谈判。

17）密切监控和评估项目公司的绩效，必要时启动运营调整。

7.4　项目公司的角色

特殊目的公司或项目公司，是由各发起人组建的壳公司。项目公司持有项目资产，签订项目协议，管理项目的现金流。项目公司的结构设计要最大化发起人的税收待遇，项目公司没有项目范围之外的其他义务。项目公司的责任集中于以下职责。

1）签订合同协议，确保通过商业、金融文件与合同，清晰地明确它的权利和义务。

2）根据发起人设定的项目目标，还有债务和股权投资者提出的限制性要求，进行全部合同的谈判。

3）根据技术规范密切监测用于建设项目设施的施工合同的准备工作，并监控工程建设进展。

4）签订协议，管理承购方或购买方、供应商，以及运营管理合同。

5）将项目限定范围于股东协议中明确约定。

6）从债务和股权投资者处获得资金，收取收入、特许权使用费或各种费用，管理项目现金流和各项支出。

7）遵守项目融资契约和限制条件，提供项目合同要求的抵押物让渡、股票质押，保证利益的落实。

8）根据规定的性能标准实施商业计划、管理项目运营、产生计划的项目产出。

9）确保供应商的投入和材料，按照约定的价格水平确保可用性、数量和质量。

10）保证按照可预测的价格水平向承购方或购买方提供的项目产品的可用性、数量和质量。

11）如果在谈判达成的合同协议中已约定，则在特许经营期结束时，向东道国政府移交资产。

7.5　贷款人的角色

项目贷款人是项目融资业务中的核心角色，通过通常认为严苛的贷款要求来影响项目融资结构，因为它们的投资只有下行潜力。项目贷款人的共同特征是执行以下职责。

1）参与或领导银团贷款，履行贷款人受托人的职责；如果在东道国有分支机构，则可以担任项目公司的开户银行。

2）通过对假设条件的合理性测试，对项目进行严格的经济评价和现实的基准情景的收入预测，确保实施合理的可行性研究。

3）与项目的市场咨询机构一起审查项目团队的市场前景评估，验证成本和收入预测。

4）帮忙向其他贷款人、潜在投资者和保险机构推荐项目发起人。

5）评估工程、技术和设备的技术要求，确保与招标要求和物有所值原则保持一致。

6）评估技术、市场、政治、工程和其他风险，确保风险缓释计划的适当性。

7）引入值得信任的保险机构和专家，为发起人和保险公司谈判确定可行的最佳合同协议。

8）确保承购合同、供应合同、运营管理合同和保值合同的完整性和充分性。

9）确认发起人有可靠的行业经验来实施项目，为项目公司提供技术和运营支持。

10）确保贷款人的工程师、保险机构和其他咨询机构，与发起人和其他项目相关方保持工作联系。

11）与发起人的 PFO 和法律团队一起领导尽职调查，根据尽职调查报告的技术、工程和保险建议来实施行动。

12）评估和确认最终的市场评估、基准情景、项目成本和收入预测，以及所有管理调整。

13）准备和谈判协商融资文件，明确抵押品和控制措施。

14）与项目公司签订分项协议，共同监测施工进度和运营。

15）要求充分的发起人股权出资，确保如果项目在未来发生问题，有能力提供支持。

7.6　咨询机构、顾问机构和保险公司的角色

项目咨询机构的角色和责任，涉及项目开发、评估、建设、融资、风险分析与缓释、尽职调查等所有工作。本书随后的讨论假设项目公司内部缺乏能力和经验，需要咨询机构承担必要的职能。当存在有经验的 PFO 时，咨询机构的很多角色和责任会由 PFO 来承担，只有那些更加专业性的工作留给外部咨询机构。咨询机构会收取固定费用或项目成功费，并承担以下角色和责任。

1. 招标和采购顾问

这些机构是经验丰富的项目协调方，擅长于编制合同和理顺整个项目工作流程。它们在投标过程中管理客户关系，角色具体如下。

1）推动与高层次的东道国政府决策者和本地融资渠道进行接触并召开会议。

2）给发起人和开发商提供建议和指导，投标东道国的公共采购项目。

3）给东道国的发包机构提供建议和指导，与私营部门和高水平的经理人打

交道。

4）评估供本地使用和出口的项目生产能力，评估公共部门在项目中的股权所带来的收益。

5）确保给发起人和东道国的授权机构提供充分的项目融资培训。

6）为编制项目说明书或信息备忘录提供材料，并支持项目推介工作。

2. 工程和技术顾问机构

工程和技术顾问机构与发起人和其他项目相关方的工程和技术专家联系并密切配合。它们的角色和责任涉及很多领域，包括以下职责。

1）审查和评估项目的工程和技术投标性能规范和绩效要求。

2）支持项目团队有效管理投资和采购流程。

3）实施项目现场检查，核实现场准备要求，识别风险和问题。

4）提供详细的设计规范，实施技术和设备评估。

5）审核和评估技术和设备相关的成本，实施性能验证性检查。

6）在项目定义、开发、成本估算、可行性研究、尽职调查和项目复盘分析等工作中发挥作用。

7）如有需要，聘用其他工程、技术和专业顾问机构，选择运营和管理公司。

8）监控项目工程和施工进展，确保承包商遵循合同约定。

9）解决与施工、项目验收和运营管理等方面的工程和技术问题。

10）识别和评估项目在工程和技术方面的各类风险的影响，帮助进行风险分配和缓释。

11）帮助指导尽职调查的工程和技术部分，审查和确认尽职调查报告的成果。

12）协助起草、评审和评价项目合同中的工程和技术部分。

13）编制项目公司的运营计划，如有需要，监控运营管理公司的初期运营状况。

14）评估为确保可用性的生产投入需求和物料供应，确保项目公司满足生产要求。

15）监督和促进项目验收过程，确保完全满足绩效标准。

16）为编制项目说明书或信息备忘录提供基础材料，并支持项目推介工作。

3. 财务顾问机构

财务顾问的主要职责是链接项目团队、融资来源和其他项目相关方机构的同行。项目发起人的财务顾问与债务和股权出资者的咨询顾问的角色和职责重叠，各方咨询机构的工作目的均为维护其委托方的利益。发起人的财务顾问的角色如下。

1）评估东道国的经济和投资环境，审查影响项目的商业和税收法律。

2）评估项目定义；根据战略、配置和运营适当性进行筛选；识别所提议项目的可能替代方案。

3）评估项目特许权、授权和许可证的条款和条件的财务影响。

4）对项目公司和融资结构提供指导，协助最大化项目的税收利益。

5）估算每个项目阶段的成本要素，验算项目总成本，编制和验证收入假设。

6）在可行性研究发挥重要作用，领导项目的经济评价。

7）审查合同和协议，评估其财务影响。

8）评估和确认各项目参与方履行当前和未来责任的能力。

9）在早期确定项目的经济可行性和项目的可融资性，以及筹集资金的潜力。

10）管理融资网络和联盟，为发起人的利益促进开发遍布全球的个脉关系。

11）将发起人介绍给潜在融资渠道，保险公司，单边、双边和多边机构，并对发起人培训介绍金融机构的工作流程要求。

12）识别潜在的债务和股权融资渠道，调查条款和条件，获取和评估建议书，谈判协商最终的融资文件。

13）构建详细的项目财务模型，验证其输入变量和假设条件，管理其更新和报告，评价模型的输出结果。

14）识别替代性的项目融资结构，选择最优的债务 - 股权结构。

15）对东道国政府机构的人员培训介绍项目融资的流程和要求，以及为确保成功融资他们要承担的责任。

16）参与项目风险识别、分析和分配，评估贷款人风险保障措施要求的充分性。

17）给尽职调查提供发起人的相关资料，审核和验证尽职调查报告的发现。

18）评估贷款、信用增级、保险和新增股权出资的潜力。

19）管理建设期的债务融资支出，监控建设阶段的各项费用，评估建设进度是否遵守进度和预算要求。

20）评估项目公司的供应和销售合同，确保生产投入品的可执行性和可用性，根据约定的合同条款对其生产产品的需求。

21）协助编制项目融资文件和谈判，评估各项提案和反向提案。

22）帮助项目团队编制项目公司的商业计划，验证项目运营阶段的财务预测。

23）基于财务模型编制项目公司的财务报表，满足项目相关方和东道国政府机构的报告要求。

24）在准备和展示项目信息备忘录的工作中，提供分析和基础材料。

25）在项目复盘分析中提供客观性的评价，评估有关发现，帮助发起人采纳建议，提高项目团队的绩效，提高未来项目成功的可能性。

4. 保险顾问机构

保险顾问机构在项目风险管理方面承担重要角色，它们的角色和职责，与在其他领域的顾问机构重叠，但是它们通常聚焦于以下职责。

1）分析项目定义和要求，划分项目的可保风险和不可保风险。

2）帮助识别、评估、评价、管理、缓释和投保项目团队视为必要的项目风险。

3）研究各种类别的项目风险，帮助在各相关方之间划分职责，将特定风险分配给最有能力管理该风险的主体。

4）与发起人和贷款人合作，分析保险条款是否满足所有受其影响的各相关方的需要。

5）按保障项目可融资性的要求，为项目保险提供建议并帮助落实保险安排。

6）向全球著名的保险公司获得所需要的保险条款的最优报价。

7）帮助发起人的法律专家设计和谈判协商定价合理的、平衡的、可执行的和可持续的保险合同。

5. 法律顾问机构

对于不同的项目相关方，其法律顾问的角色和职责有所区别，目的是在项目全生命周期中保护各相关方的利益，具体如下。

1）与其他相关方的法律团队合作，起草、评价、评估和谈判协商项目协议和合同：

a. 发起人群体和项目内部的参与方协议；

b. 各发起人与项目公司的股东协议；

c. 授权机构和发起人之间的执行协议或特许经营协议；

d. 贷款人之间的债权人协议。

2）评估东道国的采购、环保、施工、安全、劳工、货币兑换和红利汇出、税收等方面的法律法规制度。

3）评估投标要求和相关方的出资承诺，确保在谈判确定的合同中得以反映。

4）审查融资渠道、ECA、多边和单边机构的流程和要求。

5）评估东道国关于项目行业结构和投资环境的法律法规和监管制度。

6）实施全面的政治和法律风险分析和民事法律的可执行性论证。

7）协调与其他相关方和东道国政府机构方的法律团队的联系。

8）验证东道国政府采购流程和要求的透明度和公平性。

9）跟踪、谈判和管理项目牌照和许可流程的完成。

10）在尽职调查中代表发起人的利益，评估和验证贷款人的法律团队准备的报告。

11）解释尽职调查成果的含义，向项目团队提出针对所需要改变的建议。

12）起草、评估、评价、谈判、批准和管理项目协议的编制。

13）与保险机构一起识别、评估和推荐用于缓释、管理和分配项目风险的方法。

14）给项目团队提供关于全部法律问题的建议和指导，当问题出现时提供答案。

15）评估项目可行性研究报告，提供可能需要其他支持的反馈意见。

16）与项目各参与方沟通可行性研究的发现，梳理出项目结构，提出推进项目的法律方面的策略。

17）评估、准备、谈判、批准贷款、信贷协议、保障文件、合同以及为覆盖项目风险的套期保值合同的条款和条件。

18）在施工阶段监控项目融资行为和进展，解决 EPC 合同的合规性问题。

19）协助制订融资计划，准备和谈判债务和股权融资协议，完成长期融资。

20）为合适的项目参与方评估项目公司提供的财务报告的充分性。

21）帮助准备项目信息备忘录并向潜在投资者推介。

6. 市场评价和项目评估咨询机构

市场评价和项目评估咨询机构的角色和职责，涵盖与东道国的环境、宏观趋势、亚趋势及项目行业、市场规模和增长潜力相关的项目评估领域。这些机构履行以下职责。

1）与项目团队成员和其他参与方的相关人员合作，获得和分享信息。

2）验证项目的战略、配置和运营适当性，以及做和不做该项目的机会成本。

3）评估东道国的客户或客户需求，以及他们是否满意目前的产品价格水平和市场条件。

4）实施发起人的情境分析，通过内部优势、劣势、机会和威胁（SWOT 分析），确认公司的风险容忍度和实施该项目所存在的能力和经验方面的差距。

5）实施行业分析以确定当前能力、结构调整的需要、历史上的监管干预和影响，以及竞争情况。

6）评估东道国的政治、经济、社会、技术、法律、教育和人口（PESTLED）趋势。

7）在可行性研究和项目开发阶段，收集数据和信息，量化项目公司的市场机会。

8）与项目团队成员合作，实施市场研究并协助估计项目开发成本。

9）识别评估项目经济性还需要什么条件，哪些是可知的、哪些是可控的，以及实现项目价值的关键因素。

10）开发适当的方法和技术，实施项目公司的需求分析。

11）创立一个基准情境，制订与未来行为的驱动因素相关的假设，并产生一整套成本与收入预测的基准。

12）确立项目公司的需求和产出要求，在可行性研究中确定项目的经济可行性。

13）验证和需求相关的数据和假设，为尽职调查工作提供输入和信息。

14）开发合理的替代情景，实施敏感性分析和模拟分析。

15）帮助编制项目公司的商业计划，制订市场和销售计划。

16）为管理层最终决策推荐项目价值的模拟测算范围。

17）为编制项目说明书和信息备忘录提供材料，并支持项目推介工作。

7.7　多边和单边机构的角色

诸多单边、双边和多边金融机构的成立目的，是支持全球范围内不同种类的投资、项目和国家。它们的角色按项目有所区别，在其组织章程中明确了业务范围，第 12 章将更加详细地讨论它们的章程。它们的职责围绕其提供的一系列项目和支持措施。

1. 多边机构
它们通过一系列工具及其履行的职责参与全球各地的项目，且绝大多数支持提供给了发展中国家。除了经济增长和发展倡议，这些机构履行了以下职责。

1）确保相关项目能促进东道国的经济增长或改善社会基础设施。

2）协调发起人与开发商在发起人还没有进入或不存在双边援助的国家开发项目。

3）评估和项目相关的全部环境问题、社会因素，并确保其可持续性。

4）帮助东道国政府通过工作流程来管理项目复杂性，并及时完成项目审批。

5）处理投票权和其他债权人之间的事务，必要时提供贷款。

6）为发起人和东道国的公共机构提供高质量的可选合作方。

7）运用其与东道国政府的影响力，召集各方、缩小差距，并解决问题。

8）培训参与项目审批流程和必要工作的公共部门人员。

9）为平衡不同利益增加合法性和分量；当有挑战性的项目开发问题出现并需要解决时，提供各种选项。

10）在项目评估、结构设计、项目融资等方面，引入自身的专业知识，并动员全球范围内的必要经验。

11）利用它们与东道国政府和全球范围内的金融合作关系，协调多个国家和多个金融机构的资金。

2. 单边金融机构

这个类型中的主要角色是 ECA，它们的授权和项目存在很大的国别差异。通常，它们的特许权是运用设备买方信贷或设备卖方信贷等方式提供信贷支持。它们的项目包括以"补贴式"利率水平提供贷款，政治和商业风险保险，向在 ECA 母国生产的商品和服务的出口商直接贷款。这些政府发起机构向其参与的项目，提供与多边机构一样的服务，为共同参与的项目协调各种工作程序与支持性措施。

其他美国联邦和州级机构，如美国海外私人投资公司（Overseas Private Investment Corporation，OPIC）、美国海事管理局（Marine Administration，MARAD）、美国能源研究开发署（Energy Research and Development Administration，ERDA），为项目提供专项支持，支持特定投资者和项目需求。州立基础设施银行（State Infrastructure Banks，SIBs），交通基础设施融资和创新法案（Transportation Infrastructure Finance and Innovation Act，TIFIA），这些项目只支持美国国内的基础设施项目。所有发达国家都有一些单边机构，服务各国的经济利益，推行其国外政策，提升国际形象。单边机构提供的支持性项目包括直接贷款、贷款担保、针对各类风险的保险。另外，它们提供有关经济、政治和商业环境的指导，并选择本地合作伙伴，协助评估项目可行性的其他服务。

3. 双边机构

有一些区域性银行和其他金融机构，为项目开发和融资提供支持和服务，但主要服务于所在地区，有时存在于自然资源丰富的欠发达国家。在很多方面，双边机构提供的支持性项目和服务仿效那些单边和多边机构。双边机构特别熟悉项目评估、本地和区域性金融市场，精于协调所在区域的私营投资者和政府的活动。

7.8　EPC 承包商的角色

在国际项目融资中，使用成本加成、固定价格、交钥匙和单价等合同类型，不过最常用的方式是工程、采购和建设（EPC）合同。EPC 承包商的通常职责如下。

1）与发起人的工程团队、东道国政府的工程师和外部咨询机构合作，明确项目的技术规范与要求。

2）实施现场踏勘和环境评估，确保项目场地的可进入和适当性。

3）从东道国政府和技术提供商那里获得所有必要的业务牌照和许可。

4）对规划的项目设施的物理空间和网络空间的安全性要求进行调查和报告。

5）监督设备和技术绩效测试，确保完全满足项目要求。

6）确保各类材料的可获得性和质量，及时提供进入项目场地的有关设施。

7）从交钥匙项目的分包商那里获得有吸引力的定价、条款和条件。

8）作为唯一责任主体满足全部性能承诺：提供性能和进度保证，清偿损害赔偿，决定分包商的去留。

9）确保为自己和各分包商的员工获得可接受的住房和其他设施。

10）协调所有技术、设备和分包商行为，管理项目成本变化风险。

11）遵循时间和预算要求，通过交钥匙、固定价格合同实施项目设计和施工，承担项目延迟损失和未能通过项目绩效测试的责任。

12）确认和支持在信息备忘录中提出的各类主张，提升客户和投资者对项目的信心。

7.9　技术和设备提供商的角色

技术和设备提供商通常是 EPC 承包商的分包商，它们与 EPC 承包商的角色和责任紧密联系。它们在引进新技术方面的角色特别重要，须确保项目按设计实施。技术和设备供应商的责任存在重合，通常包括以下内容。

1）用最好的价格、条款和条件，采购合适的技术和设备来满足项目技术规范。

2）确保项目技术的可获得性及随后的更新和升级。

3）为 EPC 承包商获得设备和部件的文件材料及服务支持协议。

4）评估和解决技术和设备问题，提供技术和设备的可靠性和性能保证。

5）监督设备的质量检查、正确安装，按时间和预算要求进行技术交付。

6）解决技术和设备问题，满足项目公司和其他项目相关方的要求。

7）对所使用的设备及其绩效实施持续的评估，确保遵守技术标准、流程和进度。

8）与 EPC 承包商和发起人的技术团队协调行动，帮助其满足 ECA 的文件要求并为项目提供支持。

9）承担技术测试和绩效保障责任，确保项目完工验收。

7.10　项目承购方和供应商的角色

承购和供应合同是将基础设施项目融资整合在一起的黏合剂。在合适的条件下，由客户、主要供应商或东道国政府提供收入和生产保证，因此这些合同发挥关键作用。

1. 购买方或承购方

项目公司要求其产品收入现金流具有可预测性和稳定性。另一方面，承购方坚持要求项目公司满足其义务，以实现平衡。承购方或购买协议是项目融资的关键部分，因为它确保在项目全生命周期或特许期内，在可持续的基础上实现收入流量的可预测性。通常承购方的角色如下。

1）为将项目公司的产品交付给客户或购买方提供无障碍的渠道。

2）与项目公司谈判协商和签署明智的承购协议，让项目具备可融资性。

3）要求项目公司的产出和价格的波动性有限，并同意产品的质量要求。

4）不论项目公司的产品是基于"或取或付"还是"提货与付款"合同，都要进行支付。

5）在解决监管和不合理的干预问题时，提供帮助和支持。

2. 项目供应商

项目公司坚持要求以稳定和可预测的价格，按照合适的数量、质量和时间要求获得物料和生产原料。另一方面，向项目公司提供生产原料的供应商，需要供应合同的条款满足当前的市场价格并及时获得贷款。供应商的职责主要是满足项目公司的如下要求。

1）确保项目公司以可预测和稳定的价格，获得合适的生产原料供应。

2）平等对待项目公司，按照市场价格向项目公司交付原材料和其他生产原料。

3）遵循合同义务，根据合同条款提供生产原料。

4）确保材料的质量和其他生产原料的技术规范满足要求。

7.11 运营管理公司的角色

最后但同样重要的是运营管理公司的角色和职责，它执行项目公司的商业计划，确保其长期可行性。运营管理公司的主要职责如下。

1）为项目公司的运营管理，聘用工程、技术和其他专业力量。

2）外包那些项目公司或指定运营管理公司不易获取的能力。

3）提供强有力的运营保证和承诺以满足合同要求。

4）管理项目公司运营，提供管理支持和训练。

5）监督运营绩效，实施差异性分析，向发起人和其他合法主体提供定期报告。

6）按照谈判达成的协议和限制条件，编制并提供财务报表，管理项目公司的现金流。

7）制订合适的运营和商业计划并调整措施，对冲已经出现的商业风险的影响，确保持续的财务可行性。

8）为编制项目说明书和信息备忘录提供材料，并支持项目推介工作。

项目融资预测：确保合理的决策

预测是所有策划工作的基础，并运用于决策，不论是隐性还是显性，定性还是定量，客观还是主观，基于简单的算法还是复杂的统计模型。因为预测在策划和决策中的使用，在确定重资产资金投资项目的经济可行性和项目可融资性时，预测至关重要。从第 3 章的项目融资历史记录分析中可以发现，项目失败经常源于预测失败。为解决这个问题，我们使用长期策划开发的一种战略性决策预测方法，为重资产资金投资项目决策实施长期预测。

基础设施项目需要跨期 15 年～ 30 年的战略决策预测，这种预测需要各方协作，整合各种定性和定量方法。战略预测的重点是为未来项目运营、不确定性和风险识别及缓释、情景开发等建模，实施成本和收入预测。大趋势、行业趋势、经济环境因素分析、行业与竞争力分析、需求分析、预测权限和流程管理，对于最优预测的产生同样重要。

在大型项目开发中，没有人确切知道 10 年～ 15 年后会发生什么事情。如果我们说不清未来的事情及项目价值创造的结果，那么基础设施项目预测的目的是什么？首要的是，实施预测的过程，需要对项目公司的运营实施独立、批判和客观的评价。预测为项目决策建立了规矩并降低不确定性，帮助识别项目策划中的风险。另外，它帮助识别能促使项目成功的情景，产生一个更加有效的策划和决策环境。更重要的是，预测作为飞行模拟器或工具，用于创造未来。

随后各节介绍服务于项目融资的战略决策预测的基础知识，首先介绍预测的定义。第 8.1 节澄清对好的预测的各种误解。第 8.2 节介绍项目融资交易需要预测哪些东西，以及除发起人以外的预测依据。第 8.3 节介绍与创立预测假设和实施合理性审查方式相关的重要话题。第 8.4 节介绍项目预测流程的错综复杂性。

第 8.4.1 小节讨论条件分析的相关问题及其好处，随后第 8.4.2 小节介绍环境和东道国评估的作用。第 8.4.3 小节讨论评估大趋势和亚趋势效果的重要性。第 8.4.4 小节解决预测管理和问责制问题。第 8.5 节涉及方式、目的、使用项目需求分析和预测方法选择等问题。第 8.6 节简单介绍一些常见的预测方法和技术。第 8.7 节介绍对假设的合理性和所选择的情景实施合理性审查的价值。第 8.8 节的话题是，如果不对预测失败的原因和后果进行审查，对基础设施项目融资做的预测可能是不完整的。最后，第 8.9 节处理对预测的监控和预测实施计划，后者甚至在大多数专业预测中都被忽视。

8.1　何为好的预测

预测有各种定义，其发挥作用取决于使用情况及预测者的能力。以下是关于何为预测的一些观点。

1）基于使用数据、定量和定性工具、历史业绩、行业知识和类似项目推断的系统性方法，对未来业绩的估计。

2）为决策目的使用一个通常错误的数据，对未来进行描述。

3）以识别影响项目的行动和事件的流程为基础的诊断方式。

4）通过模型来预测未来产出，用来转换定性和定量信息的艺术。

5）整合数据、商业经验和预测技术，估计在未来不同日期将要发生的事情。

我们对未来的预测囊括以上全部观点，但是更加重要的是，它是指导决策的、独立的、批判的和客观的对项目机会的评估。它也是提供可靠信息的工具，是有效管理项目的良好决策的基础。在专业的战略性决策的预测者手中，它是在今天创造未来的一种方式，帮助更加有效地实施项目开发，并为项目公司获取竞争优势。

真实性审核

我们的研究（Triantis，2013）提出初步的建议。

1）30% 的商业决策基于公司战略、政策、先例和既有流程。

2）30% 基于人际网络和私人关系。

3）25% 在分析、评估和物质等方面有基础。

4）15% 基于高级管理层的要求和外部影响。

项目收入预测带动收益测算和成本估计，它们是影响投资决策的重要基础。因此，收入预测必须尽可能可靠。不过，何为好的预测？好的预测的特征如下。

1）整合外部运营环境、市场、行业和趋势评估，并量化分析它们对项目业绩的影响。

2）源于对职责归属和管理的良好预测。

3）有清晰、平衡、深思熟虑的预测流程，并容易解释。

4）创立考虑成熟、经过检验和合理的一整套假设条件。

5）基于战略决策预测的 4C 原则：无障碍的 360 度的交流、协调、合作和协同。

6）通过评估替代的未来状态的情景，识别和评估关键的项目风险。

7）与类似项目的经验相一致，有信心使用它们实施管理决策。

8）对于它们的使用、它们的缺点和局限性及其影响，提供指导和指南。

9）得到整个项目团队的支持和负责项目决策的高级管理层的背书。

10）以事实为基础，不受过度乐观、一厢情愿或个人偏见的影响。

有些收入预测使用者和决策者，基于平均绝对百分比误差等指标来判断预测的质量。但是，这些指标在跨期 20～30 年的预测中毫无作用，结果会造成预测变化。当预测包括管理层调整，或数据来自一些模型模拟时，主观判断介入无法真正讨论预测错误或预测质量，只有关于管理质量的判断可以适用。

8.2　预测什么和预测依据

预测的第一项活动，是决定需要预测什么，识别哪些因素会影响需求预测，以及可以利用哪些价格决定因素。基础设施项目开发过程中使用的预测，最开始起步于预可行性研究，随着项目开发工作的推进，经历更新和提升，最终完成于融资阶段。

1. 预测什么

项目评估的两项基础性预测，是成本预测和收入预测。成本预测包括对项目开发成本、资本性支出、融资成本和运营成本的预测，由人工、材料、建设和维护成本构成。对成本的准确预测，依托于稳定的工程和会计关系。另一方面是收入预测，它基于变化的环境、演变的客户和使用者行为，需要对那些变化因素和它们对需求和项目公司提供的商品和服务的价格的影响进行预测。

　　资本性支出是项目成本中最大的一部分，它的主要组成部分是设备成本、土地和施工成本。设备成本从技术和设备供应商处获得。土地和建筑结构成本的估算，来自熟悉东道国不动产市场的项目咨询机构，或参与项目的东道国政府部门。施工成本的估算，来自设计、采购和施工（EPC）类建筑公司或专业项目顾问机构。运营和维护成本的计算，基于对有关设施的特征和规模、计划中或计划外的工厂服务要求、管理团队的人数和熟练与非熟练的工人人数等相关因素的假设。成本估算的流程起步于项目概算，随着项目经历前期开发、可行性分析和尽职调查阶段，项目的技术细节得以固化，成本预测变得扎实。

　　特定开发项目的成本预测，取决于项目的特征，依托于如下一系列与成本相关的假设条件。

　　1）项目定义，技术规范与要求，时间要求和项目范围。

　　2）围绕投标准备和标书提交的项目团队行为。

　　3）东道国环境评估。

　　4）咨询机构、顾问机构和项目代建制单位的参与。

　　5）行业分析和市场研究。

　　6）工程和环境研究，准备技术和项目管理计划。

　　7）可行性研究的成果和准备尽职调查报告。

　　8）项目开发过程长，谈判困难大。

　　9）对不可预知的延迟、风险和成本超支提供缓冲。

　　在某种程度上，这些假设条件很难证实，公司之前或竞争性项目的经验是很好的参考。如果不存在此类经验或可比较的同类项目，可以使用的基准指标有麦肯齐河和卡斯沃斯（Mackinzie and Cusworth, 2007）测算的可行性研究的平均成本，还有对项目开发阶段的平均总成本的估计，占项目总投资的比例为 5% ～ 10%。

　　财务成本是项目成本构成的第五部分，估算依据来自各融资渠道和项目咨询机构。项目融资成本的构成包括以下要素。

　　1）贷款和债券的利息成本。

　　2）给贷款人的各种费用（安排费、组团费等）。

　　3）针对不同风险的保险成本。

　　4）对冲保值合同的成本。

　　5）发行债券的项目评级成本，信息备忘录的编制成本。

　　收入预测要求对项目公司生产的产品与服务的需求进行预测，还要预测项目生命周期内的价格水平。假设有稳定的运营环境，受管制的项目公司的价格预测应涉及对未来法规制度和规则的评价，以及项目公司影响价格变化的能力。不过，在未来定价中应当包括通货膨胀因素。如果预期会有竞争，可以预期最初价格会下降，随后是价格水平的稳定。

成本预测主要由项目设计、工程和绩效要求决定。收入预测取决于诸多因素，如政治、经济、技术、法律、教育和人口环境、行业结构、竞争者行为和价格水平，在随后各小节还会介绍很多其他因素。不过，这些因素是项目财务模型的核心变量，财务模型产生的财务指标用于评估融资需求和可融资性。

2. 预测依据

基础设施的成本预测，通常依托于技术和价格报价、工程和建筑概算、运营和维护合同报价。财务成本来自贷款人的文件及财务模型的分析结果。项目完成的可行性研究和尽职调查报告，在某种程度上算是好的预测。项目收入预测通常由外部机构实施，在大多数情况下，需要项目所在行业的需求预测专家所提供的帮助。

对项目团队编制项目收入预测报告有用的信息来源如下。

1）公司内部对之前的项目数据、信息和经验的记录。

2）单边和多边机构的项目数据、说明和细则。

3）访谈项目所在行业的专业组织的专家。

4）东道国政府机构和不同行业的专家的数据来源。

5）行业研究和咨询公司的知识库。

对项目收入预测的帮助，还来自公司和竞争者的早期项目经验，它们可以作为建立预测并判断其合理性的参考案例。对预测假设和预测情况的洞见，可能来自在项目所在行业有参与经验的贷款银行。另外，投资银行的分析师的研究，通常是过去项目评估、数据和分析的良好来源，可以帮助识别收入预测相关的各类依据可能存在的错误。

8.3 预测假设

开发假设条件是大型项目融资的一项关键活动，因为假设条件支撑和驱动项目策划、预测、预算、决策和融资。由于基础设施项目的特殊性和复杂性，应当基于以下因素给特定项目量身定制假设条件。

1）丰富的项目团队经验，对行业的理解。

2）对商业开发案例进行文献综述，并针对特定基础设施的项目融资问题。

3）收集项目参与方的专家意见和市场研究信息。

4）对早期项目、竞争对手的项目和各类经验进行研究。

5）评估在早期项目合同中商定和使用的假设条件。

6）东道国授权机构人员基于过去项目分享的知识。

7）根据公司的战略目标和财务优先性，管理层和核心相关方做出的有关判断。

8）从过去的项目信息备忘录和复盘分析中吸取知识。

当完成项目定义和公司的运营环境评估后，应开始设定假设条件，项目团队的重点工作应致力于确定以下内容。

1）大趋势和行业趋势对项目公司的客户或使用者需求的影响。

2）需要了解那些影响价格的因素：哪些是可知的或不可知的，哪些是可控的或不可控的。

3）在项目公司生命周期内，项目公司产品的最初定价机制的演进。

4）目前的行业产能，历史增长情况与必需产能。

5）项目公司产品的客户或使用者的数量及其消费模式。

6）项目技术的适当性，满足客户需求和预期的效率。

7）在项目生命周期内，使用者需求模式的变化；

开发假设条件是一个进化过程，需要研究、评估和选择适用于当前项目的各种信息，如果现有信息存在变化，可以设立更加可验证和更合理的假设条件。现在的问题是：如何才能设定经过深思熟虑且合理的假设条件？最先和最容易的反应，是依托聘用的咨询机构和顾问机构所提供的帮助。替代方案是研究同类案例并从行业出版物中获得信息，向东道国政府机构的管理层征求意见，以及从单边和多边机构的出版物和官员那里获得指导。

另一种方法是，使用公开可得的信息、竞争性分析和对行业参与方的访谈，通过设立基准来建立工作基础。这些努力催生最初的整套假设条件，并记录有关假设的名称、来源及日期。但是，对可行性研究和尽职调查的分析和评估，为更新最初的假设条件提供了建议和指导。另外，整合不同来源的输入变量，成为对假设条件的看法，并对这些假设条件进行审查和合理性评审。在任何情况下，当设定的假设条件高度稳定时，至关重要的是要获得项目相关方的共识，对支撑财务模型的假设条件的支持和政治支持。

8.4   项目预测流程

弗林夫伯格、加比欧和洛娃诺（Flyvbjerg, Garbuio and Lovallo, 2014）确认，在预测重资产资本密集型基础设施项目时，存在可能产生认知误差的心理偏差。他们认为，发起人或开发商往往对完成时间过于理想化，这源于最初估计和假设的管理偏差。他们宣称，误导激励机制的存在，导致与高级管理层优先倾向不一致的项目结果。另外，有证据表明，在有些行业存在成本预测被低估的情况，其原因在于部分项目参与方的行为，而不是缺乏洞察力或预测技术（VanWee，2007）。

讨论基础设施项目融资收入预测的一个好起点，如图 8-1 所示。它始于情景分析，终点是用于融资决策的最终预测。在后文中，我们分析流程中的各个环节，但重点是情景分析、环境和东道国分析、与需求相关的大趋势和亚趋势的效果、预测管理和责任制相关的问题。

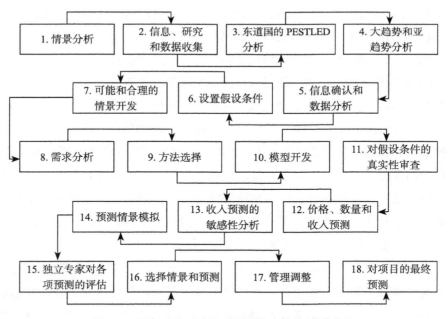

图 8-1   服务于基础设施项目融资决策的预测过程

8.4.1   情景分析

对于基础设施项目，情景分析是一个持续的过程，即确认与评估那些影响发起人或开发商实现其目标的能力的公司运营的当前状况和内外部因素。通常，情景分析是特定项目 SWOT 分析的一部分。情景分析的起点是对项目公司当前运营和财务绩效的评估，随后是对拟建项目的详细介绍，为下一步评估提供基础。对发起人的公司战略的评估，旨在评估其战略是否与项目及其目标相适应，随后是资产配置和运营适当性评估。对项目参与方的动机和目标进行检查，确保不存在重大利益冲突。随后，实施竞争性分析，确认和评估竞争者在这个项目及相关项目的策略、利益及其行为。

需要确认项目的基本原理、目标和成本估算，是否与公司的财务和人力资源相匹配，能否为项目提供合适的能力和经验。更加重要的是，项目目标应当与公司的风险容忍度和决策者应对各类将出现的项目风险的能力相匹配。应当针对项目的复杂性，对内部的项目融资能力和经验进行客观评估，还需要评估 PFO 通过长时间谈判进行项目开发、融资和实施的能力。另外，PFO 在响应投标、合同达成、融资和实施准备等方面的能力，也需要评估，确定需要选聘的合适的外部咨询机构和顾问机构来加强能力领域的薄弱环节。

在不同投资项目之间进行项目选择，需要对这些投资机会进行合适的筛选。为确保所选择的项目是最优选择，并做出正确的决策，需要评估做和不做该项目的成本与收益。再次，实施这些行为的背景是公司的当前与理想化的未来状态的差距，还有竞争性行为的威胁。但是，为何将情景分析作为基础设施项目预测流程中的组成部分？这是因为它有助于建立基础，帮助明确将在需求分析中使用的各类假设，识别在成功的项目开发、融资和实施等方面存在的不足。也就是说，它为实施合理性审查提供了参考点，识别那些支撑预测行为的风险因素。

对发起人实施 SWOT 分析的目的是多维度的，需要处理那些影响项目成功的因素。这类分析中的主要因素如下。

1）确定是否有熟练的、可信任的内部经验，可用于项目开发和融资。

2）识别可用于项目的资源是否存在缺口和不足，并做出适当的改变。

3）探索项目提供的潜在机会，以及如何尽公司所能来充分利用这些机会。

4）检查和隔离项目当前和未来的威胁，寻找方法来规避或消除它们。

项目特定的 SWOT 分析的最后一部分工作属于基础性的项目风险识别与缓释，将在第 10 章介绍。

8.4.2   东道国的环境评估

东道国的环境评估必不可少，因为它直接和间接影响项目成本和收入预测，以及它们的实现。排在第一位的是对东道国政治环境的评估，包括对政治党派、政府职能、选举过程、民选政府的稳定性等方面的评估。紧接着是对商业惯例和政府官员廉政程度的评估。对东道国的政治、经济、技术、法律、教育和人口（PESTLED）分析的第二个部分，是对宏观经济环境的评估，涉及对 GDP 水平和增长情况、人均年收入、收入分配、政府的财政和货币政策、失业数据、汇率、外汇的可得性等其他变量的评估。

PESTLED 表示某个国家的政治、经济、社会、技术、法律、教育和人口等方面的条件，通常指对这些条件的分析。

要了解东道国的社会条件，不只是了解失业率和人均收入，还需要考察：①当前的人口健康和福利状况；②人口年龄结构；③教育水平及项目公司招募合格劳动力的可行性。评估东道国的生活水平，对外派员工及其家庭也很重要。另外，需要评估东道国的技术发展水平，确定其技术水平，以及当地技术和设备的服务能力。

对法律和监管环境的评估也特别重要，需要全面评估合同法和民商法、健康和安全监管政策、税收法律、外汇及汇兑政策。对当地法律和发起人本国法律的差异的评估，不仅仅是看内容，还要看其可执行性。需要对监管环境进行全面评估，确定项目公司将在什么样的环境下运行，是否能够有效果且有赢利地运营，是否能够影响东道国环境的改变。此时，报告要求、限制条件、责任义务、定价能力和劳工要求，是要评估的重要因素。

行业分析和市场分析是东道国环境评估的组成部分，除了对投资所在地的环境条件进行评估之外，还需要对当前的行业结构、存在的竞争者、规制政策、定价和规制弹性、当前能力与必要能力、项目所在行业的趋势与变化进行评估。行业分析要确定：是否会有新的竞争者参与？是否正在准备实施私有化？能否得到项目公司的生产投入品？所在行业是否随时可以招到熟练劳工？

行业分析确立市场分析的背景，后者分析消费者或客户对项目公司的产品或服务的需求、识别其偏好及其支付能力。行业和市场分析，有时还伴随市场研究，是需求分析和预测的基础，随后又作为可行性研究和尽职调查阶段的基础资料。

东道国金融市场和投资环境的评估，对项目团队确定以下事项十分重要。

1）本地市场的发展程度及其参与方。

2）针对弥补现金流缺口的政府政策和金融市场的监管政策。

3）是否存在可以依托且易合作的本地融资来源。

4）本地金融行业提供未来出资的能力。

5）本地可否提供信用增级、担保和其他类型的项目支持。

6）融资合同及其执行的复杂性。

7）政府在当地金融市场的参与程度。

8）单边、多边和开发性结构对东道国同类项目的观点、立场和支持。

9）通过当地金融机构为项目融资的成本，融资条款和条件。

10）向国外发起人和投资者支付红利的政策要求和限制条件。

需要对东道国的环境进行评估，确定外部因素对项目成本和收入的影响，并评估对其中一些因素的可能影响。

8.4.3　大趋势与亚趋势

对大趋势和亚趋势的评估，是每项环境评估的必要组成部分，不论是项目类型还是东道国。审查大趋势和亚趋势的目的，是为了超越通常的东道国环境分析，更好地确定项目背景。对东道国背景的更好把握，可以在以下方面帮助项目团队。

1）识别不可控因素，并搞清楚其对各项预测的可能影响。

2）创建用于预测和情景模拟分析的合理假设条件。

3）开发更有信息价值的敏感性分析并选择分析情景。

4）对各项预测进行验证和合理性检查时，整合大趋势和亚趋势的评估。

5）验证各项假设的合理性，对所选择的情景进行合理性检查。

6）确定大趋势和亚趋势对行业和项目的影响。

7）支持尽职调查工作，为管理层决策打下更好的基础。

大趋势是影响运营环境、国家、经济、政府和社会的全球性持久变化，会推动影响世界未来的其他趋势的变化。亚趋势是大趋势的组成部分，会对机构、行业、企业和消费者造成较低程度的变化。

为了在这里的简单介绍中说明服务于预测目的的趋势评估，我们将趋势划分为四个主要类型，不过需要强调，我们通常讲的趋势实际上是大趋势的各个亚趋势。这四类类型是普遍公认的大趋势，技术趋势，社会经济趋势和人口结构趋势，以及基础设施行业趋势。对大趋势和亚趋势对东道国、行业和项目公司的影响评价，是一个有吸引力的话题，将在第 15 章介绍。一言以蔽之，为了实现更好的成本和收入预测，项目团队需要确定大趋势和亚趋势是否会，以及如何影响项目成本与收入。核心问题是要确定如何将那些影响整合进项目预测，利用有利趋势获利，并规避不利趋势。

8.4.4　预测管理和问责制

在目前的项目开发范式中，很多用于管理层决策的基础设施收入预测在相关方之间，并没有显示出太多交流、协作、合作和协同。预测者理所当然地对预测负责，使用者拥有预测成果仅仅是因为它们给预测活动提供经费支持。另外，流行的预测范式使用高度分散的问责制，因为预测要使用不同机构创设的诸多假设条件，并且还包括管理层对基准预测的调整。

大多数项目团队在可能包括多个决策门槛和涉及不同需求预测的多个项目阶段的长期预测工作中，几乎没有什么经验积累。随着项目沿不同阶段推进，或者环境发生改变时，新的参与者加入项目，项目团队的评估会随时间变化更新，预测使用者会改变那些假设条件。这些环境因素导致对很多年前做的项目预测进行绩效监测变得毫无意义。因此，预测使用者和决策者会根据当前缺口改变预测，而之前的预测者甚至不再参与这个项目。也就是说，在目前流行的预测范式中，没有人真正对预测负责，缺乏有实质性意义的绩效评价，也没有任何有深度和洞见的偏差分析。

为了避免相关方在预测阶段相互指责和冲突，公司应当有涉及预测权限、问责制和项目管理的制度。这些政策可以节省很多精力，用于协调不同的观点并产生良好的长期预测。此外，预测的所有权政策有助于在项目起点做计划，在各种情况下分配角色和职责，在最强势利益主导的领域避免各种混乱。好的预测管理，可以为找外部咨询机构外包提供替代选择，与所有支持预测的机构维持良好的关系。

我们在第 5 章发现，有效的项目融资机构要么依靠内部专业的预测能力，要么将预测任务外包给行业内有经验的咨询机构。不过归根结底，PFO 对预测负责、拥有其成果、管理演进和更新、监控其效果并解释其偏差。在这些情况下，PFO 不仅评估预测的效果，还验证实际数据的有效性，确定有关假设条件和因素的真实性。

8.5 项目需求分析

需求分析是一种多维度的调查，需要有能力去预测需求和项目收入。好的需求分析能够把握如何创造未来需求水平，哪些情景、假设条件和项目公司的商业计划是合适的，需要什么样的计划来实施项目开发和库存控制，以及相关成本和收入。对于基础设施项目，需求分析还用于确定为满足客户或使用者愿意购买的产品或服务所需要的生产能力。在随后的预测流程有关章节中，讨论的话题涉及了需求分析的一些核心要素。需求分析的其他核心要素是研究、确定基准、数据收集、确认和评估。

需求分析的最简单形式，是在保持各外部因素不变的情况下，用于确定价格和其他因素与消费者为满足其需求而计划购买某项产品或服务的数量之间的关系的一项研究。在需求分析的最高级形式中，假定前面那些为不变的因素，通过不同的情景和反馈效应引入其影响，并估计那些外部因素的影响。

需求分析的研究和基础工作，是更广泛的项目开发工作的子集，主要涉及以下内容。

1）回顾基础设施预测相关的文献，包括学术和应用文献，服务于方法和预测技术等方面的创新。

2）获得有价值的数据、项目统计数据和其他有用信息。

3）实施案例研究，识别可用于类比预测的可比较项目。

4）识别特别适合于不同种类项目的最佳预测方法。

5）从以前的经验中获得如何解决项目预测问题的见解，找到最佳解决方案。

6）搞清楚哪些分析可能不会产生好的结果并做好规避。

7）找出竞争对手的预测流程和方法，并向它们学习。

8）评估有关发现并进行归纳总结，设立一系列基准，作为当前项目的预测方案的指南。

需求分析的数据收集、确认和评价工作聚焦于以下内容。

1）明确需要知道什么及不需要知道什么；哪些是可以知道的，而哪些是不可以知道的。

2）识别需要哪些特定的定性数据、时间序列或截面数据信息。

3）明确需求与定价的核心决定因素及其影响方向。

4）分离那些不可控因素，聚焦于可控因素。

5）将不可控因素标记为潜在风险因素，并告诉项目团队。

6）确定那些可以作为丢失的或得不到的重要数据的替代物的数据。

7）使用数据分析工具，确认已经收集到的数据的合理性和性质，及其与可比较的项目数据的一致性。

8）编制截面数据和历史数据的图表，搞清楚异常数据的原因，计算增长率，检查相关性，识别反馈效应。

9）评估项目公司的产品或服务满足消费者和使用者需求及偏好的程度。

10）评估消费者或客户按计划的价格水平支付项目产品的意愿和能力。

11）调查预测出来的需求和价格的影响因素，编制可靠的项目收入预测，确认这些因素的信息质量是否可以接受。

12）准备那些收集起来用于建模和预测需求的数据和信息，整理一份报告汇总数据识别和评估阶段的工作成果。

不同类型的项目，需要不同的预测方法，有不同的数据要求。不过，通常在需求分析、建模和预测中使用如下数据样本。

1）东道国的人口数据和历史增长率。

2）教育水平和人口数据，按年龄、地区等因素的分布情况。

3）人均收入、可支配收入和收入分布情况。

4）东道国政府为项目公司的产品或服务提供的补贴和信用支持。

5）行业能力的历史数据，一家现有下属公司或竞争性公司，或至少一家可比较的公司的使用量数据或购买数据和定价数据。

6）市场规模评估、市场研究数据和观察到的市场变化。

7）项目公司的生产投入、原材料和人力的历史数据。

8）消费者或使用者的需求信息，以及目前的满足程度。

9）关于哪些因素可能减少项目公司产品的未来需求的相关信息。

10）与竞争对手或其他项目相比较，本项目的设备、技术属性、产品质量和可靠性。

11）行业生产能力缺口，即现有生产能力和为满足预测需求的必要生产能力之间的缺口。

12）过去价格变化的证据，行业规制机构对投资收益率（ROI）的容忍度。

项目需求分析的结果，用于确定采取什么样的预测方法，哪种模型特征是合适的，向各模型和情景提供哪些定性和定量数据，以服务于项目预测工作。它还用于尽职调查阶段，确认资金需求及项目的可融资性，还用于管理层的预测展示及协议谈判。同样重要的是，它帮助识别支撑预测的各类风险的特征和来源，并量化它们的影响。另外，需求分析的其他两个重要职责如下。

1）构建方法，将来自于国别、行业和趋势分析的各类定性和定量数据整合进预测模型。

2）协助调整那些可以控制的影响因素，发起行动将未来的项目需求转变为合理的预期。

8.6 预测方法和技术

为项目融资实施收入预测，会使用一些可接受的定性和定量模型，有时还组合运用两类模型。尽管预测模型的种类很多，从简单的确定性关系，到定性和定量模型，再到系统动态模型，但是我们的研究结果表明，大约只有四分之一的商业决策是基于分析、评估和实际情况做出（Triantis，2013）。这是项目未能实现预计业绩和价值创造的主要因素。

简单的确定性模型是一些方程式。如 $y = a \times x$，其基于工程研究、过去经验和财务或会计关系，在实施成本构成预测时有用。对于小型项目，使用有适当假设条件的确定型模型来预测成本和收入，可能是合适的。但是，如果是重资产、绿地和复杂的基础设施项目收入预测，则完全不合适也不充分。

绿地项目是为基础设施项目建设新的设施的新增投资。为了便于讨论，褐地项目指位于发起人和开发商所在国的境外，需要新增投资升级设备和设施来提高产能的存量运营阶段的项目。

定量方法依托于足够的历史数据来建立关系和模型，以预测项目收入。它们是依托公司内部、行业协会和东道国政府部门的历史数据的统计模型，适合拥有足够观察值的褐地项目。定量预测方法包括以下类别的模型：单变量时间序列、多变量时间序列、各种指数平滑模型及各种高度复杂的因果统计模型。定量模型不使用专家观点，尽可能消除了预测中的主观判断。

对于绿地项目，由于缺乏历史数据，有必要使用以下定性方法。

1）行业研究和市场研究。

2）德尔菲法及其变体。

3）销售人员轮询。

4）生命周期类比。

5）专家小组面对面开会。

6）情景构建。

7）系统动力学。

8）远见成熟度模型。

需求和项目收入的定性预测模型，为了中期和长期计划目的，会使用专家判断。行业研究提供有关需求上限的判断，市场研究旨在识别消费者或客户需求和偏好，它们的支付能力和意愿，并获得关于市场规模、潜在需求和项目收入的其他数据。销售队伍和区域性项目办公室的团队质询，是获得有关需求和价格变化及预测相关的有用信息和判断的另一种方式。另外，面对面的专家讨论可以用于产生和验证各种假设并预测项目收入。

当项目团队预期某个 PPP 项目的需求和收入，可能遵循典型的增长、成熟和最后下降的轨迹，此时使用生命周期类比模型，几乎不考虑基础性的需求因素。有时，这种 S 曲线型的模型，可以做基础性的结构调整，以整合各种外部影响和判断来产生收入预测。S 曲线模型广泛运用于新产品或服务介绍的需求和收入预测，且在可用性项目中有一定程度的适用性。

可用性项目指私营融资计划（private finance initiative, PFI）模式下的项目，此时项目公司因为给签约公共机构提供可以使用的项目而获得付款，包括海港、机场、收费公路和桥梁等。

德尔菲法在 20 世纪 50 年代形成，是用于设立假设条件、关系、预测并形成共识的常用方法。它是一种基于专家小组的观点和看法的交互和迭代性质的预测方法。小组成员提供个人有关数据、假设和预测的观点，在每一次迭代后，这些专家根据小组的平均回应情况来修正自己的判断。当满足流程的终止条件时，德尔菲法的步骤结束，通常是当各方的反应汇聚为某个共识时。

　　情景构建和计划法与权变计划相关，当某项新的基础设施项目存在定价和需求等方面的不确定性时，会使用此方法。情景构建的目的是确认几个用于收入产出预测的可能情景，为不利事件的出现谋划或准备应对措施。这种预测方法不仅用于项目开发的各个早期阶段，当项目风险还没有被全面识别和消除，或存在影响项目收入的外部不确定性因素时，也可以使用。因为情景构建和计划在基础设施项目需求预测方面的重要性，在本节后面还会详细介绍。

　　系统动力学模型已经广泛应用于工程、社会科学和军事领域，最近开始应用于基础设施项目（巴拉、艾尔沙德和诺阿，2016）。但是，什么是系统动力学模型？这是一种建模技术，使用假设、数据、数学方程和图表，可以复制项目需求和收入的复杂结构。它们的结构允许引入各种作用于项目公司运营及其收入结构的定量和定性的新的要素、变化和冲击。作者认为，它们应特别适合用于重资产基础设施项目融资的预测和评估。

　　系统动力学模型非常适合用于预测需求和收入，特别是 PPP 项目，因为它们能够将很多不同因素、外部影响、假设、数据和关系整合在一起。它们的结构具有处理诸多需求、价格与影响供应的因素及与这些因素有关的风险之间的相互作用关系的经验。系统动力学模型的情景开发和模拟能力，阐明所涉及的每个因素的影响，它们独特的敏感性分析和模拟能力所产生的收入预测的范围，让高级管理层有更强的把握做出决策。它们还有助于确定与特定风险因素相关的成本和收益，可通过购买保险来防范该风险或自身吸收其影响。

　　系统动力学的发展包括建立需求和收入的概念性表征，具体包括以下重要因素。

　　1）使用上述任何一项技术来识别核心影响因素，将模型建立在扎实的基础之上。

　　2）建立因果循环图，需要了解东道国的环境、项目的行业结构、项目公司的客户和使用者，确定影响的方向和各种反馈。

　　3）通过系统动力学模型的专家分析，以及专家分析和判断所产生的预测，来验证因果循环图。

在复杂的项目结构中，形成预测和做出决策的另外一种开始受到关注的方法是远见成熟度模式，这种方法在指导项目团队实施项目开发的早期阶段特别有用。远见成熟度模型使用数据、定性的输入变量和情景构建，帮助项目团队明确期望的、可能的、计划的和创造性的未来。当存在不确定性时，通过创立基准和可行的情景与限制，远见成熟度方法帮助创立战略和计划来提高项目的成功率。

在最简单的形式中，远见方法的基本结构包括以下要素。

1）收集来自于情景分析、专家看法和项目可行性研究的输入信息。

2）评估汇聚起来的输入信息，帮助了解什么事情看起来会发生，确定项目的未来前景和收入来源。

3）解释评估的结果，确定什么因素真正影响项目收入。

4）探索或预测哪些类型的替代性收入结果可能会实现。

5）要实现未来计划收入，项目团队在这个阶段需要采取的行动。

6）评估结果和结论，随后针对项目团队需要做的事情和如何做这些事情以确保收入预测的实现，提出策略和建议。

在战略决策预测方面有广泛经验的公司，在实施基础设施收入预测时，通常使用多种上面讨论的预测技术和模型。公司可以通过组合源自定性和定量方法的预测，形成更好的收入预测。这种方法的好处是，它整合了不同知识视角的要素，通常会产生更加让人容易接受的预测。

每一种好的预测方法，不论是定量还是定性，均包括构建情景和实施项目预测。情景是按顺序排列的各事件的方案、概念、草图、轮廓、特征和计划，它们的时间安排，以及当决策落定并开始实施时会发生什么事情。为搞清楚它们对特定目标变量的影响效果，它们是决策、投入、行动、反应和事件的假设的或预期的结果。也就是说，它们展示一串假设的事件链条如何以某个结构化模式导向超越当前状态的未来状况，提供对未来状态的介绍和它们是如何演变的。

人们还会使用情景法来探索不确定性事件与"黑天鹅"的可能性，并量化其影响。在明确可能的未来情景时，情景法有助于项目团队成员理解以时间为顺序的事件，从目前阶段发展到项目执行阶段的因果关系。它们创建"飞行模拟器"，通过清晰地阐明影响未来状态的事件和流程，对它们进行模拟，并回答重要问题，形成学习氛围和良好的项目执行策略。好的情景是一些看似可信的、差异明显的但有确定结果的故事，它们吸收了项目团队的意见和不同观点。它们有助于清晰地看到是哪些因素推动了业务的发展，需要哪些条件来实现项目的目标，推动各方讨论，质询有关假设条件和商业运营模型，以及提高项目团队的效率。

情景构建是一种预测项目未来收入的结构化方法，通过假设一系列备选的可能性，而不只是根据历史数据或类比数据进行推断。情景规划，又称为情景思考或情景分析，是一种用于制订战略决策和长期公司规划的方法。它是军事情报部门和战略规划机构所使用的方法的调整，通过模型模拟分析和可控变量来规划未来。

当其他预测方法不合适时，情景开发和规划法是一种用于解决战略决策问题并预测未来状态的实用工具。这种方法通过搞清楚那些驱动业务的最具不确定性和最重要的力量来预测未来。情景开发法基于战略决策预测者不接受命运摆布这个信念。他们使用这种预测未来状态的方法，将其整合进将要模拟的情景。情景开发法的第一部分通常包括以下步骤。

1）始于对项目特征的准确描述，明确项目环境、做决策的背景及其主要目标。

2）明确每个情景的范围，对大趋势和影响项目的东道国外部环境的相关驱动因素实施头脑风暴。

3）确定与时间要求、因果关系及各种关系的强度相关的主要假设条件、收集信息以及评估行业和市场趋势与结构性变化。

4）选聘独立咨询机构，筛选驱动因素和事件并提出建议，确保情景构建的客观性和合理性。

5）确定可以事先决定、预测和锁定各项情景驱动因素的程度，以及它们对项目预测收入的影响力的稳定性。

6）基于各驱动因素和关键性的不确定性因素的效果，编写独特而又可信的故事，并消除相互矛盾的陈述。

7）给故事编制假设和情节，与已经确认的事件和因素相匹配，最多得出三或四个可信的情景。

关键信息

情景创设、分析和规划的最有价值的应用，在于各种情景可以作为飞行模拟器发挥以下作用。

1）帮助项目团队和高级管理层看清楚如何实现项目公司的未来预期状态，以及需要做些什么事情。

2）为实现融资及预期的项目收入目标，帮助搞清楚应当到位的各项条件、承诺、风险缓释和支持措施。

3）在决策制订和执行之前，通过影响当前模型中的驱动因素和输入变量，帮助创建项目的预期状态。

在情景构建的第二部分工作中，承担预测的工作团队对各项假设、行为、反应、事件及其时间要求、产生项目未来状态的流程及其逻辑进行合理性审查，并实施以下行为。

1）基于建模、模拟和德尔菲法，构建决策树和影响图，实施预测分析。

2）着重需求不连续性的趋势分析、交叉影响分析和类比分析，识别非预期的驱动因素和不可控的事件。

3）评估每个情景的财务、人力资源、竞争力、运营和战略特点，评估项目预期的不同点。

4）比较各项情景所产生的预测结果与基准预测的差异，估算每一项驱动因素对项目产生的附加价值所做的贡献。

5）创建一个早期预警指标系统，监控每个情景随时间推进的业绩，对情景进行调整以适应接近现实的环境。

6）使用决策选择矩阵来识别、评估和评级每一个未来情景状态的经济价值，以及实现它们的可能性。

8.7 预测的合理性审查

预测基础设施项目的收入，是一个基于前面提及的各种因素的迭代和交互的过程。预测的合理性审查是工作流程的一部分，需要对以下事项实施再检查、再评估和再确认。

1）项目要求与特征满足东道国政府、消费者或使用者需求的程度，项目享有的政策支持。

2）东道国的 PESTLED 环境评估，大趋势和行业趋势对项目的影响。

3）从项目参与方和可信的外部来源、咨询机构和顾问机构获得的信息和数据。

4）关于竞争公司和项目公司的产品需求和定价的审查，以及与外部未来事件有关的各种显性或隐性假设。

5）从行业专家、咨询机构和内部开发机构获得的关于项目细节的基础信息和指导意见。

6）对项目发起人、开发商和东道国政府授权机构的风险容忍度的调节效果。

7）支撑收入预测的最有可能发生的情景，发生的可能性及其适用性的验证结果。

8）用于实施收入预测的定量和定性模型，与同类项目相比，其逻辑上的一致性。

9）为反映优先目标，管理层或专业咨询机构对基准预测的调整。

10）项目发起人和项目提议人的谈判地位。

由于收入预测对项目评估及其可融资性的极端重要性，按照独立、客观和平衡的方式，实施检查、验证和确认影响预测的上述各个因素，就至关重要。起点是项目特征与政治支持，直至项目参与方的谈判地位，项目团队必须确定预测基础是否牢固，是否经得起贷款人和投资者的审查和时间的检验。实施预测合理性审查的第二步工作，是将预测收入增长率与项目团队的预期及同类项目进行比较，确定预测的合理性。验证预测的第三步是详细审查项目的可行性研究和尽职调查工作，对全部数据、假设、关系、影响、分析和评价进行合理性审查。

项目收入预测审查的第四步工作，是由项目咨询机构和顾问机构或其他项目参与方，进行全面的审查来确定如何对预测达成共识，审查和验证关键的模型和预测。再下一步是预测敏感性分析，考察每个核心因素偏离其基准情况的差异，会如何影响收入预测。不过，对项目收入预测进行真实性审核的决定性行为，是由贷款机构、潜在投资者、提供信贷支持的机构和承担业务风险的机构来实施的。下一个问题就是：当收入预测未能通过一个或多个合理性检查环节时怎么办？如果是因为小的违规导致未通过预测验证，造成的影响也较小，在预测模拟值的分布范围中，挑选一个更加保守的预测值即可。另一方面，如果发现与核心假设和预测调整等相关的重大问题，则需要对重大问题进行重新审视，并对有关风险进行重新审查，确保剩余风险得到有效管理，以及让所有项目参与方满意。如果有证据和令人信服的理由做支持，则应当对预测做合适的调整。

8.8 预测失败的原因和后果

造成项目融资失败的原因多种多样，但错误的收入预测是罪魁祸首。如果预测不可靠，在项目全生命周期内的累计收入差距达到20% ～ 30%，则会导致项目预测的失败。预测失败的原因，是发起人或东道国政府对项目目标抱有一厢情愿的想法，它们只做了肤浅表面的战略、配置、运营适当性评估及最低程度的合理性审查。对项目前景过于乐观的从众思维的流行，加上很差或不存在的预测主导权和管理职责，导致预测仅仅受积极性的影响。缺乏合格的、战略性决策的预测能力和经验，预测机构太晚参加项目评估或受到限制，是项目失败的其他原因。

项目参与方对未来收入的冲突性观点，有时会演变为一致性观点，这样项目才可以向前推进。对收入预测的准备和计划不充分，还有缺乏好的数据和专家建议，会形成不合适的假设条件，进而导致错误的预测。有时，不完整的项目环境因素评估和不恰当的事实和数据审查，会导致合理性审查的不足和失败，造成错误的模型开发，以及选择错误的预测方法。另外，标准化基础设施收入预测流程和模板的缺乏，会引起不必要的迭代，这通常是由于缺乏能力去识别和量化各种驱动因素并预测它们的未来行为。

市场研究和其他定性方法通常被给予过高的重视。但是如果不加以审查，就会导致错误的预测调整。选择不适合的基准情景，缺乏真正的敏感性分析，以及凑合的预测模型模拟，会导致选择价值测算范围中乐观的一面。那些战略决策预测能力有限的机构，往往将预测视为真理。它们被误用，未按照意图用于指导项目的总体价值创造。面对变化的环境和行业机构，大多数收入预测的主要错误是无法判断静态预测的有效性，又缺乏预测的实施计划。关于项目预测的实施问题，将在下一节讨论。

项目收入预测失败的判断依据是预测错误，体现为项目现金流的数值低于预期。不过，在看到现金流之前，就有很多预测失败的影响需要评估，不只是对实际和预测价值创造的估算。糟糕的预测不仅会导致错误的项目选择，还会错失投资其他项目的机会。不论什么原因，项目收入预测失败会导致成本和收益的计算错误，如果糟糕的需求分析未能正确识别和量化那些原以为很容易缓释的风险，其影响就会严重很多。

另外一个耗费时间、人力资源和资金的后果，是将过多资源投入某个项目的开发阶段。这些应当在一开始就被驳回，但是却因为错误的预测而未被驳回。要解决由于糟糕的预测后果而导致的项目风险测算错误，需要额外的时间、项目团队的付出和成本支出。这会增加债务融资和购买保险的成本，如果存在严重的预测失败，还可能存在项目特许权被暂停甚至被吊销的风险。糟糕的项目业绩、还款延迟和投资者的收益率低于预期，会让很多项目参与方不满，这对项目发起人的声誉和未来盈利能力会产生滚雪球效应一样的后果。

此外，项目预测失败会造成融资机构质疑项目的整体信用，要求额外的信用支持和增信措施。预测失败最终会导致评级机构降低项目的评级，产生额外的融资成本。还有，某种意义上，项目的实际业绩与预测的期望值之间的差距，会影响项目团队及项目发起人的信誉，还有批准项目的东道国政府机构的信誉。最后，项目预测失败会导致发起人或开发商在项目融资圈的声誉受损，这需要持久和代价昂贵的补救过程。

8.9　预测监控和实施计划

需要定期实施的预测监控和报告，通常包括对预测收入和实际收入的偏差分析。偏差分析报告涉及预测错误和造成这些错误的因素。不过，过于重视并急于判断预测绩效是不对的，需要考察以下因素。

1）在项目预测期内，最初的项目特征是否仍然是事实。

2）所有项目参与方是否及时提供所需要的人力、资金和实物出资。

3）已经交付的项目设施的质量是否达到技术规范的要求。

4）项目公司商业计划的有效性，业绩目标与目的。

5）项目公司运营管理团队的素质。

正确的预测监控方法，首先涉及创立预测监控仪表板，通常是总体项目监控系统的一部分。设立预测仪表板的目的是以系统和有效的方式，跟踪项目公司的运营绩效，通过预测获得对所出现问题进行纠正的洞察力。随后就需要确认将哪些要素包含在监控仪表板之内，以及如何操作，但是只有关键要素才有必要包含在偏差分析之中。

在将预测错误归咎于特定项目融资团队之前，需要回答如下一系列问题。

- 实施项目预测是否仅仅是为了满足毫无根据的决策，尽管存在对已采用的预测的反对意见。
- 预测是由项目参与方实施，还是外包出去。
- 有关预测是否利用独立咨询机构的专家访谈、基础材料和推荐意见。
- 预测模型是否确认所有关键因素，在预测期内这些因素是否按照预期发挥作用。
- 项目东道国及其运营环境中发生了哪些未在预测情景中说明的变化。
- 预测偏差是否可以归因于弥漫于所有决策行为的过度乐观主义倾向。
- 是否有解决预测失败的策略，已经采取了哪些纠正措施。

我们的讨论来到预测－实施管理环节或适应性－回应计划，它源于这个信仰，即在实际投入运营之前，良好的结构设计、评估和执行工作，可以塑造一个项目的美好未来。预测的实施计划模式和每次方差分析环节都需要评估以下要素。

适应性反应计划

这是一种管理发起人项目团队并预测团队行为的方法，基于行为－反应－行为模式，包括学习、感知、计划、行为和调整。这是一种批判性的思维方式，平衡竞争性的回应需求和项目公司的能力与资源，并利用以下要素。

1）评估不确定性和风险，有时需要通过反复的实验。

2）培养组织适应性的技巧和能力，当事情发生时即能感知，关注项目公司对特定竞争者或环境条件的应对情况。

3）很快识别竞争性信息，正确地解释它，恰当地运用它。

4）测算竞争性回应产生理想化反应效果的速度和程度。

5）启动流程变化和项目团队的积极性以改善4Cs。

1）包括行业、市场和PESTLED分析在内的环境评估。

2）对用于产生预测的流程、假设、模型和情景进行独立的确认和验证。

3）估算项目绩效，要求创立预测仪表板和预警系统，监控和理解预测偏差，决定如何准备更新的风险管理和应急计划。

4）审查和评估项目公司当前的运营状况及其最初的商业计划。

5）评估预测错误的影响，包括识别和量化可见的新风险，确定为准备回应计划需要做哪些准备工作。

6）准备一份战术性的回应计划，包括分配资源以协调项目公司的回应行动，有必要时实施下面所述的 7P 调整，改变项目公司的管理团队，在有保证的情况下提供支持。

7）制订战略性的回应计划，包括发起的各个选项，评估项目公司的结构调整和组织调整，实施新的补充性的支持项目，重新审视公司战略和项目目标，在有需要的地方做出调整。

7P（place, people, product, process, physical environment, price and promotion factors）是一种运用于新公司运营、产品和服务引入的市场营销方式，通过考虑所涉及的地方、人、产品（或服务）、流程、实体环境、价格和推销因素等 7 个 P，为公司运营、新产品和服务的交付制订计划并创造条件。

预测实施计划的编制，始于确定如何认定业绩不佳，是源于预测还是实际数据错误。这要求有好的心态，合适的和正确的方法，采用经过实验和测试的流程，客观地评估计划实施的结果。为了有意义地识别和评估有关结果，形成预测实施计划的过程需要清晰地理解行动的原因和需求，实施有关分析。在这个行为之后，需要重新评估项目的不确定性和预测风险，采取适当的补救计划提出一份变更计划。变更可能包括发起人、开发商或东道国政府机构的行为，行业监管机构的干预，以及重要的项目参与方或第三方提供的其他信用支持。

项目融资合同与协议：对项目融资至关重要

　　项目融资的合同与协议部分属于法律专家的高度专业化领域，本章只是介绍有关由发起人法律团队编制的项目文件的种类和特征的基础知识。本章的内容旨在介绍为构建项目融资框架，所需要的项目合同的数量及其复杂性。为此，图 9-1 介绍主要签署方及常见的经谈判确定的项目融资合同。

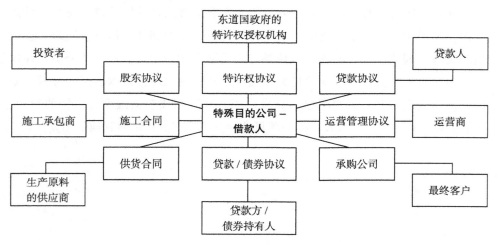

图 9-1　合同签署方和常见项目融资合同
资料来源：Merna, Chu and Al-Thani（2010）。

　　识别项目风险及重要问题后，项目合同和保证措施的目的，是通过落实潜在未来风险的缓释措施，给受影响的项目相关方的满意度提供某种程度的确定性。因此，熟悉项目合同及其谈判，是对 PFO 和项目团队成员的基本要求。它也是通过项目融资获得竞争优势的前提条件。

协议是一方对履行义务的承诺，且该承诺已被另一方所接受。它就像一份合同，但是不具有法律意义上的强制执行力。合同是一种以对价支持的书面的，通常已经登记的协议，由法律保障其执行力。从法律上讲，协议对谁都没有约束力，但是合同有约束力。因此，有必要记录和谈判协商协议，以形成有效的合同。合同是生意的组成部分，它的重要性源于法律体系可以确保所涉及的各方都要履约。它们通过条款和条件明确各方的预期，保护项目建议书的保密性，对涉及的各方提供确定性，并为争议解决提供基础。

在项目融资交易中，合同使用标准化的条款和条件，能够处理很多细节问题，以促成项目融资流程顺利进行。合同的类型和内容因项目而异，但是在所有情况下，都可以保护当事人不受诉讼和反诉的影响，降低其被送上国际法庭的风险。合同要求所有的项目融资参与方对书面的可交付成果、项目技术规范及绩效预期负责，它们将项目整合在一起，促成项目融资，防止合同签署方产生高成本的变更和减少受意外情况的影响。

第9.1节讨论项目合同的结构、前提条件及其编制和谈判成本。第9.2节介绍法律团队通常遵循的工作流程。第9.3节简单介绍项目团队遇到的项目融资合同的常见类型。第9.4节分析关于项目融资合同编制和谈判的挑战。最后一节即第9.5节说明有助于成功完成合同和项目的因素。

9.1　合同的结构、前提条件和成本

法律团队的职责是给项目参与方的问题提供答案，组织编写和协商项目合同的流程，使项目的成本－收益结构达成清晰的平衡，让其可持续。在项目融资文献中，合同和协议这两个术语，可以交换使用，但是在本章我们只使用合同。项目融资合同虽因规模、种类和涉及的参与方而异，但是它们都有类似的结构和前提条件，还涉及不同水平的高额编制成本。合同的结构指规定各参与方的权利和义务的具体内容，而合同的前提条件指在起草、协商和批准合同之前需要具备的条件。

合同的前提条件一旦得以满足，即可成为合同的基础，具体包括以下内容。

1）协调相关方的利益，将各方预期调整到合理水平。

2）通过恰当的项目筛选和高水平的经济评价，确认项目的可行性。

3）恰当的项目技术规范和需求评估以确保技术可行性。

4）全面的风险识别、评估、缓释及平衡的风险分配。

5）彻底的尽职调查以验证项目可行性和利益相关方履行义务的能力。

6）充分的发起人股东权益、保险覆盖和保障措施。

7）良好的项目财务模型结构，有效的输入和输出变量评估。

8）用于财务预测的，合理的和经过测试的假设条件和情景。

项目前提条件还包括项目利益相关方的资质、合格性和提供人力、物力和财力资源的能力。确认项目前提条件的主要工作，发生在项目开发阶段。国际合同与国内合同类似，但是由于不同国家的合同签署方在权利方面存在差异，因此在规范交易条款的项目融资文件中，明确合同语言和适用哪国法律至关重要。为什么？因为合同的强制执行力，发起人与东道国的法律规定都要用一种常用语言来表述，通常是英语，使之具备履行合同义务的强制力。

编制项目文件和协商合同的成本，是项目开发成本的重要组成部分，涉及的时间长达数月甚至数年，包括以下开支项目。

1）法律人员的薪酬，助理和文员的工资。

2）事实调查会议的差旅费用和准备协议的成本。

3）从外部提供商和评估机构得到内部数据和信息。

4）起草、打印、分发和评估协议。

5）更新和修改合同，以包括最新信息和贷款人要求。

6）获得专家背书的研究、评估、观点、独立的验证和确认。

7）项目相关的法律文件和合同的保存以及检索成本。

8）管理和监控合同，确保在东道国得以执行。

9）在东道国法律体系之外产生的法律问题的解决费用。

直到20世纪90年代中期，大型项目融资保存法律文件和合同，可能还需要一间大房子的全部空间，但是现在合同与相关文件是在线保存，且有需要的相关方可以访问获取。人们普遍认为，由于需要很高的法律成本来编制和协商合同，投资规模少于7 500万美元的项目不适合搞项目融资。

9.2　合同编制和协商过程

这里介绍的项目融资合同编制和协商过程，定位于项目发起人的PFO的视角。这是特别粗略的介绍，没有介绍法律团队的中间行为和步骤。不过，它介绍了项目发起人的法律部门所实施的包括以下内容的基本步骤。

1）组建合同编制和谈判团队，与项目核心团队建立工作联系，明确各方角色和责任，启动与其他利益相关方和潜在融资机构之间的联系。

2）识别和评估利益相关方的预期和贡献，确认订立合同的资格及履行当前和未来合同义务的能力。

3）编制发起人合作协议，组建特殊目的公司，最大化发起人的税收待遇。

4）承担东道国的事实调查工作，包括法律与法规制度、环境和行业结构评估，以及税收、劳工和环境法规评估。

5）评估东道国政府的竞争性招标制度，评估商业和行业环境，获得合同信息和项目需求细节。

6）评估发起人的公司战略和风险承受能力，评估可行性研究的结果，明确与项目目标保持一致的合同需求和法律要求。

7）识别项目关键的成功因素、联系和依赖及项目治理问题，确定重要合同的编制和谈判工作的阶段性目标。

8）评估项目利益相关方的组织、价值、能力和经验，与贷款人的法律团队合作，领导尽职调查工作。

9）评估收集到的用于决策的各种信息，编制与项目团队的工作流程相协调的工作流程、评价和控制系统。

10）评估尽职调查报告，确定项目风险，评估风险缓释措施的适当性及改善要求。

11）为合同及其条款和条件的管理建立资料库，识别所需要的工具、系统、数据、分析和评估。

12）收集和编录所有合同信息，开始与东道国的外包机构和融资机构的沟通，为将要做的事情制订计划和时间表。

13）审核财务模型的指标，了解项目团队对合同及其条款和条件、保险合同和其他方面的要求。

14）起草合同并与适合的利益相关方分享，确定贷款人、股权投资者和东道国政府等参与方。

15）协调编制谈判方法、计划和流程，确保将新的条款和条件实时输入财务模型，进行正确的评估，并将结果反馈给法律团队。

16）协商确定合同条款和条件，项目范围内的各工作节点相关的可交付成果（定价、预算、绩效指标），合同语言和合规性条款，财务报告要求，施工成本和提款计划，融资文件、批准手续和融资落实。

17）制订合同绩效监测和控制计划，监督项目竣工验收，整合变更指令，解决各种争议，实施合规性审计。

9.3　常见的项目融资合同

项目融资的性质，决定合同协议是有限追索融资的基础，而有限追索是项目筹集资金的基础。部分项目合同由发起人团队编制或提供，其他合同由东道国政府授权机构、债务和股权投资者、出口信贷机构（ECAs）、单边和多边机构提供。很多合同是量身定制的，为满足特定的项目需要和特点，但是我们的关注点是那些作为融资结构支柱的常见的项目融资合同，具体包括以下内容。

（1）股东协议　由各发起人与项目公司签署。明确项目的出资条款和所有者权益、权利与义务及各签约方的角色和责任。通常，这份合同的前身是一份单独的发起人合伙协议，明确它们最初和随后在项目公司的股权和债务投资。

（2）特许经营协议　又称为执行协议，由政府和项目公司签署，授权项目公司建设和运营该项目。该合同明确特许经营期、项目公司建设和责任、最终的所有权移交和项目业绩。特许经营合同包括授权、合资合同、产品分享合同、建设运营和所有权移交（BOT）合同、公私合作（PPP）合同、承购合同。特许经营合同应当遵循东道国法律和规制政策，这些合同条款通常包括以下内容。

1）东道国政府的目标、预期和对项目提供的支持。

2）完工和终止日期。

3）特许经营者的义务。

4）与东道国政府签署的贷款人介入协议。

5）项目公司的权利保障。

6）不可抗力条款。

7）违约补偿条款和争议解决机制。

8）法律变更和放弃主权豁免。

（3）施工合同　它是主要核心合同之一，应明确项目范围，固定价格、确定日期的交钥匙性质的设计、采购和施工（EPC）合同的条款和条件，承包商和其他项目相关方的责任。它涉及的条款包括承包商对设计缺陷的责任，工程范围扩展，确定施工完工的各项测试，付款流程和价格变更。它还处理以下问题：承包商的履约保函、业绩保证、不可抗力、工程延迟时的违约金、保障措施、争议解决机制。

（4）债权人之间的协议　这份合同协议由项目各贷款人签署，明确相互之间及其与项目公司之间的法律关系，还有当破产或违约等问题出现时的处理机制。它还规定它们的留置权和受保障利益，所涉及的各相关方的权利和义务，可能包括买断条款，即某个贷款人有购买另一个贷款人的债务的选择权。

（5）发起人的保证合同　项目的优先贷款人为降低在项目中的风险，通常要求发起人提供某种形式的信用支持，如项目公司现金流不足，需要提供额外的股东注资或资金注入，在项目公司资产上设置担保权益，提供与项目业绩挂钩的保证措施，针对项目风险购买保险等。

（6）保险合同　因不同的项目风险而异，对风险缓释和项目协商谈判有重大影响，将在第10章更加详细地介绍。保险合同可能包括以下内容。

1）将材料和设备送到项目现场的运输保险。

2）在施工前、中和后对项目资产的保险。

3）在建设期覆盖项目资产和运营的施工安装万能险。

4）第三方责任险，在项目建设期和运营期，由于项目公司、承包商和分包商的失误，针对第三方索赔提供的保障。

5）针对开工延迟和业务中断的间接损失保险。

6）政治风险保险，包括部分风险担保、信用保证、ECA和多边机构提供的保证。

政治风险保险为以下事项提供保障：吊销许可证和牌照，有负面影响的法规变更，税法和商法变更，征用，货币不可兑换，政治暴乱和战争，合同违约，不能接触项目公司设施，资产转移风险。

（7）套期保值合同　项目融资中使用的金融工具合同，旨在通过互换来最小化利率和汇率风险，各方同意以浮动利率交换固定利率，或以浮动汇率交换固定汇率。

（8）贷款协议　项目公司和为项目提供贷款的贷款人签署的协议。贷款协议的主要组成部分如下。

1）贷款提款条款和还款条款。

2）先决条件。

3）积极和消极条款。

4）声明和保证。

5）违约情况下的补救措施。

其他项目融资文件还涉及关于瀑布式账户的协议，如收入账户、运营账户、主要维护准备金账户、债务支付和债务服务账户（Khan and Parra，2003）。

（9）股东支持协议　此时贷款人将完工和放弃风险转移给项目发起人，要求股东为贷款提供 20% ～ 40% 的担保，有时甚至更高。

（10）注资协议　明确为弥补成本超支，发起人的未来运营资金注入义务。

（11）承购协议　明确在整个特许经营期内，承购方将按随通胀率调整的特定价格购买的项目公司产品的数量。针对特定项目和融资要求，有不同类型的承购协议，常见类型如下。

1）或取或付合同。即使承购方不提货，也要向项目公司的产品付款。

2）提货与付款合同。当项目公司提供产品时，购买方收货并付款。

从项目公司和贷款方的角度看，或取或付协议更加有利，因为项目公司的收入与产品产量互相独立。其他承购协议如下。

1）差价合同。项目的产品在公开市场销售，如果价格低于约定价格，则承购方向项目公司补差价；如果价格高于约定价格，则项目公司向承购方补差价。

2）项目公司产品的长期销售合同。

3）输送合同。在管道项目中使用，使用者承诺至少输送特定数量的产品并按最低价格支付。

4）原料供应合同。在垃圾焚烧项目和污水处理项目中，约定特定水平的处理量。

尽管项目合同体系构成项目融资的基础，但其中遇到的很多问题和项目失败，还与承购协议的条款和可执行性相关。

（12）供应商协议　在特许经营期内项目公司和主要原料供应商之间签署的协议，旨在确保项目公司为满足其产品需要的主要原料的不间断供应。该协议明确合同期限、价格变化的条件和不可抗力条款。项目融资中的供应商协议有供或付、投入或付款两种类型，此时供应商支付从替代渠道采购原料的全部成本。

（13）运营和维护合同　明确运营管理公司的角色和责任、合同期限、业绩预期及向运营管理公司的付款。该合同还包括针对运营管理公司是否达到业绩预期的激励和处罚措施。

与项目融资交易有关的很多风险，通过上面介绍的合同得以缓释。不过，债权投资者承担的上述合同之外的风险，还会通过如下各种项目融资协议来缓释。

1）每一份单独的融资协议，即每一笔债务和股权协议。

2）账户协议。

3）每一份保障协议。

4）股东支持协议。

5）每一份介入协议，即每个贷款人与东道国政府签署的介入协议。

6）提款请求时间表。

7）每一份套期保值协议。

除了主要项目合同，编制其他合同协议和项目文件，也是法律团队的工作的一部分。具体包括授权机构的担保协议，项目公司的履约保函，抵押担保，债券与私募融资文件，项目说明书或信息备忘录。不过，请注意，还有很多风险不能通过合同和协议来缓释，如虚假陈述、被操纵的采购流程、腐败和许多其他问题。

一份重要的基于可行性研究和尽职调查报告的项目融资文件，是项目说明书或信息备忘录，这是由法律团队牵头的项目团队准备的，用于向潜在的债务或股权投资者推介项目。它是一份囊括项目可行性分析和评估、尽职调查成果和项目公司商业计划的综述性报告，旨在说明项目有可盈利的价值创造能力。

9.4　项目融资合同的挑战

项目融资合同面临一些挑战，导致合同体系不能防止项目失败，主要因素如下。

1）缺乏可靠渠道提供的实际数据，在成本－收入预测和项目评估中使用错误的假设和方法。

2）可行性研究和尽职调查报告，只是考察了项目的部分情况或提供了错误的报告。

3）缺乏构建有效的项目方案和提交有说服力的分析和评估的能力和经验。

4）企业战略不清导致含混的项目目标，进而形成低质量的合同，特别是法律流程和融资流程没有很好地统一。

5）缺乏足够的资源，为项目文件和合同起草及评估谈判反馈意见，提供基础材料和各方面支持。

6）由于时间压力，导致无效的合同审查，错误地将全部合同并成一份，缺乏对合同的审计和管理。

7）由信用不良的项目相关方根据合同条款来管理项目交易中的资金事务。

8）保障措施涉及不同司法管辖区的主体，项目相关方之间对哪个国家的法庭有管辖权和应当适用哪个国家的法律，存在分歧。

9）针对项目违约的不可抗力条款的强制执行力。

项目融资合同的其他挑战，表现为以下单个或多个因素。

1）由于争议解决机制相关的合同条款不清晰，造成合同误解。

2）前期研究和策划不到位，不恰当的合同编制流程。

3）多个主体、多个方面的合同的复杂性，需要多个主体的审查和批准。

4）在法律团队、项目团队和其他项目相关方之间的工作流程和可交付成果之间存在协调问题。

5）在起草、修改、评估和审查等流程中出现错误。

6）冗长的合同谈判和重新谈判，加上指令变更和时间表延误。

7）项目融资合同中的项目相关方缺乏足够的经验，有时缺乏缔结合同的资质。

8）语言和文化障碍，谈判方式聚焦于最大化发起人或东道国政府从项目中获得的利益，而牺牲其他相关方的利益。

9）不完整和不平衡的协议、未经证实的评估、未经验证的假设和错误的财务评估，导致有缺陷的正式合同。

10）在发展中国家存在的合同执行问题，合同失败，和无法获得救济。

11）由于不可靠的第三方保证或保险，导致未能将风险通过合同得以缓释。

12）被动的风险管理和过度依赖合同来缓释风险，没有对项目经济性和各相关方管理合同要求的资质、技能和能力，给予足够的重视。

13）未通过合同有效管理道德问题和腐败行为，而这些工作应当在项目早期阶段就进行处理。

9.5　项目合同的成功因素

成功的项目融资，依托高质量和有效的合同，其特征如下。

1）表述清晰合理的项目目标，将客户的期望管理到合理水平。

2）明确界定项目范围，确定需要做哪些事情，清晰划分参与方的义务、角色和责任。

3）PFO 和项目团队的尽早参与，在合同编制阶段实现全方位、畅通无阻的交流、合作、协调和协同（4Cs），良好的愿景和合同目标。

4）编制有效的项目合同的前提条件得以满足。

5）PFO 尽早参与合同准备、结构化并确保全方位的 4Cs。

6）全面的合同策划和谈判过程，通过财务模型来评估谈判结果。

7）通过明确的语言和公平、平衡的基于成本—收益分析方法的风险分配，平衡各参与方的利益。

8）合同参与方对项目全生命周期的成功做出可靠的承诺。

9）分配熟练和高素质的法律人员和项目团队经理人，来实施法律文件的编写。

10）由外部法律专家对合同文本进行独立、严格的审查。

11）为合同管理、审计和控制，建立项目合同管理系统。

项目风险管理：对项目成功至关重要

　　项目风险指项目未能实现其目标或某件危害性事件发生所造成的损失。出于估算目的，风险是发生概率及其结果的严重程度的乘积。风险是商业活动和项目的一部分，它的发生会严重影响公司战略和项目目标。对项目发起人及客户来说，项目风险不仅是外部风险，还是内部风险。我们重点关注外部风险，因为内部风险已经通过发起人和客户的 SWOT 分析得以识别并处理。国际项目融资交易存在诸多风险，项目的成功在很大程度上取决于风险管理是否有效。

　　风险管理是项目管理不可或缺的组成部分，项目规模越大，就应当给风险管理越多的关注，还需要得到各相关方机构的项目团队和决策者的支持。有效的风险管理是致力于获得项目融资竞争优势并形成成功交易的前提条件。风险管理是识别、分析、优先排序和缓释各种风险以最小化其对项目价值造成的负面影响的过程。为了帮助读者了解现有风险的种类和频率，强调风险管理的重要性，表 10-1 展示了现有多种类型项目风险的发生可能性。

　　第 10.1 讨论项目风险管理的目标和重要性，第 10.2 节介绍外部风险的分类法。了解项目风险的起源或来源，对制订合适的风险管理计划很有必要，第 10.3 节针对这个问题进行讨论。第 10.4 节综述与风险管理有关的责任和行为，以及各类相关主体。第 10.5 节介绍分析、优先排序和缓释风险的过程，帮助人们确定流程步骤涉及的行为。第 10.6 节介绍一些经常使用的风险管理工具和缓释措施。第 10.7 节作为本章的结尾，讨论风险管理的好处和成本，成功因素，和通常遇到的挑战。

表 10-1 现有多种类型项目风险的发生可能性

项目未能按时完工	24%	成本变化	43%[①]
平均时间超限	17%	设计和工程问题	51%[①]
项目的平均值有争议	11%	政治环境风险	31%[①]
有下述情况的项目所占的平均百分比		合同风险	31%[①]
预算超支	19%	缺乏合作	77%
变更指令	15%	缺乏风险缓释知识	74%
项目存在争议	11%	缺乏项目风险意识	71%
设计变更/范围变化	17%	不接受风险管理文化	60%
进度变化	49%[①]		

①公共项目数据。

资料来源：McGraw Hill, Construction; Mitigation of Risk in Construction: Strategies for Reducing Risk and Maximizing Profitability, *Smart Market Report*(2011)。

10.1 风险管理的目标和重要性

风险管理的目标是在项目开发阶段，识别潜在威胁或问题的来源，以便采取风险缓释措施来最小化其负面影响。也就是说，项目风险管理的目标如下。

1）基于所拥有的经验，为项目团队成员明确和分配主导权及具体职责。

2）把项目风险管理放在最优先的地位，提高项目参与方的认识，提供对确保项目可融资性所需要的行动和支持措施的共识。

3）持续使用发起人项目团队的风险管理能力，确保项目可盈利，确保招标是竞争性定价的。

4）设计和执行项目风险管理流程，将该流程与战略规划、新业务开发和融资规划职责完全整合。

5）确保风险缓释措施与公司风险承受能力相匹配，并被发起人公司和客户所接受。

6）向所有项目相关方传达关于风险的共识和有效的风险管理策略。

7）制订项目团队需要遵循的流程规则，并建立风险管理绩效的度量规则。

8）开发系统来监控主要风险因素，评估风险管理计划与团队管理能力之间的差距。

9）有效地平衡发起人的风险管理目标和其他项目参与方的优先事项。

10）监控给决策者提供的信息，帮助他们做出正确的决策，即何时识别风险，如何缓释风险，当风险变为现实时如何做出反应。

当项目风险管理成为战略规划、新业务开发和融资计划的不可或缺的一部分时，它的重要性来自于它能够帮助项目团队完成以下任务。

1）将风险管理纳入所有发起人和参与机构的全部计划和决策流程。

2）保证各情景、假设、目标和决定的规范性、现实性和合理性。

3）使用成本－收益分析方法分配风险以平衡项目相关方的利益。

4）客观地确定项目的优势、劣势、机会和威胁。

5）为负面事件的发生准备应对措施，最小化它们对项目价值的影响。

6）保护项目的财务可行性和发起人与客户的声誉。

7）通过适当的策划、准备和项目计划执行，实现项目目标。

8）向项目所有参与方分享共识并清晰地阐明项目成功的机会，给决策者提供良好的建议和推荐方案。

9）通过满意的证据，证明风险管理计划足以避免大的灾难，为决策者提供更强的信心支持。

10）防止在项目生命周期内出现现金流的意外冲击，确保有效的项目竞争。

11）更好地理解对发起人的竞争优势地位的风险影响。

12）帮助发起人公司更有效地配置资本投资。

10.2　项目风险的种类

项目风险因项目特征、东道国的特点、项目所有权和涉及的参与方而异。项目风险通常按项目阶段进行分类，或划分为完工前、完工后和政治风险。我们的方法是按风险种类将项目风险划分为 10 个主要类别，涉及以下领域和情况。

1）项目施工和完工。

2）东道国的宏观经济条件。

3）东道国的政治局势。

4）东道国的社会和环境问题。

5）东道国的商业或市场条件。

6）东道国的法律法规环境。

7）项目融资的结构化。

8）项目公司经营情况。

9）项目管理问题。

10）不可抗力。

每个类别下的多项风险，是第3章介绍的项目失败背后的因素。因为风险类别很容易理解，在识别每个类别中的具体风险时，并没有详细说明其性质及潜在影响。上面的每一个类别都涉及其自身的风险因素，以下是相关风险的列表。

1. 项目施工和完工。

1）因项目审批问题及其他牌照要求造成项目延误。

2）项目现场条件差，进入现场的准备工作不足，其他施工现场问题。

3）发起人和贷款人的工程师受限或不被允许进入项目现场。

4）技术、设备和施工承包商的物流问题。

5）项目设计和工程的缺陷，技术和设备故障。

6）项目成本构成和完工时间估计的可靠性存在问题。

7）施工承包商糟糕的采购方法，时间和成本超限。

8）施工、劳动力和材料成本的增长超出预期。

9）隐蔽的施工缺陷导致的高额设备替换和维修成本。

10）项目资产的性能不符合标准和技术规范。

11）承包商未能履行其保证。

12）施工承包商或交易对手倒闭。

2. 东道国的宏观经济条件

1）东道国经济停滞，生产能力差。

2）东道国经济状况不断恶化。

3）工资、生产投入和原材料的价格上涨超出预期范围。

4）货币不可兑换，不能将红利转出东道国。

5）本地货币大幅度贬值，跌出预期的汇率区间。

6）东道国的资本管制和外汇控制。

7）项目公司原料和产品的进出口限制。

3. 东道国的政治局势

1）东道国政府和地方政府频繁变换。

2）项目干预，撤销协议、许可和牌照。

3）东道国政府无法履行合同义务。

4）项目公司的财产和资产被征收。

5）项目公司国有化。

6）没收或逐步征用项目资产。

7）经常性的罢工和内乱。

8）东道国政府项目责任的下放。

9）政治不可抗力。

10）东道国政府的腐败行为。

11）不履行部分风险担保。

4. 东道国的社会和环境问题

1）东道国环境法的非预期变化。

2）遵守环境方面的监管规定的成本太高。

3）项目公司违反赤道原则。

4）对本地居民的生活质量造成负面影响。

5）地方官员的腐败。

6）要求提供协议未约定的服务。

7）废物、碳排放和噪声污染。

8）当地社区反对该项目。

9）法律变更让该项目使用的技术过时。

赤道原则是一种最早由世界银行开发的风险管理方法，后被多个国际机构所采用，可用于识别、评估和缓释基础设施项目的环境和社会风险。

5. 东道国的商业或市场条件

1）行业或当地市场状况恶化。

2）对项目公司产出的需求减少。

3）由于竞争加剧或客户发生变化，收入增长的前景被压缩。

4）非预期的高通胀率导致经营成本上升。

5）社会对项目公司生产的产品或服务的接受程度低于预期。

6）与东道国政府和客户的关系不佳。

7）交易对手违约。

6. 东道国的法律法规环境

1）随意撤销项目公司的许可证和执照。

2）商业和税收法和相关制度的改变。

3）无法执行项目合同。

4）不遵守项目批文的要求。

5）新的竞争者得以进入。

6）关于项目公司的生产投入或其产品的关税税率的不利变化。

7）财产所有权和所有权转移问题。

8）东道国的采购法发生变化。

9）合同重新谈判，比最初的条款和条件更差。

7. 项目融资的结构化

1）发起人为开发项目提供足够股权出资的可能性有限。

2）发起人机构缺乏项目融资能力和经验。

3）项目相关方无法提供股权资金和未来出资。

4）项目成本估算和收入预测的可靠性。

5）对项目经济性、融资需求和可融资性的不恰当评估。

6）贷款人提供必要债务资金的能力低于预期，组建银团贷款存在困难。

7）现金流不足，存在流动性问题。

8）项目参与方的信誉。

9）贷款人和其他参与方缺乏能力来识别和评估隐藏的项目风险。

10）对项目全生命周期的风险缓释和控制不够重视。

11）贷款人对项目相关方控制项目风险的能力缺乏信心。

12）建设期发生未对冲的利率上升。

13）建设期发生不利的汇率变化。

14）东道国税收法和税率结构的改变。

15）项目将短期债务转换为长期债务存在困难。

16）交易对手的信用风险和部分风险担保问题。

17）对项目公司的严格偿债要求。

18）与筹集资金有关的项目延迟。

19）现金流不足以支持持续运营，导致项目弃置。

20）项目公司资产以低于预期的解约价值进行转移。

8. 项目公司经营情况

1）项目公司的治理问题。

2）本地无法提供足够的熟练劳动力。

3）供应不可靠，缺乏生产投入和原材料。

4）生产投入品的价格发生大幅度、空前的上涨，还存在供应质量问题。

5）外派人员在东道国的恶劣生活条件、文化和生活方式。

6）糟糕的管理和项目公司商业计划的不力执行。

7）缺乏合适的项目公司管理和激励机制。

8）项目公司在多个方面出现生产质量和绩效问题。

9）承购方未履约购买产品。

10）项目公司的资产维护不充分。

11）技术和设备陈旧。

12）安全和工作条件。

13）非预期的大幅度工资上涨。

14）项目公司运营和管理成本的大幅度上升。

15）工人罢工和停工。

16）项目寿命短于融资期限的两倍。

9. 项目管理问题

1）缺乏有效的流程来管理相关方的预期。

2）缺乏足够的接受度和东道国政府机构上下的政治支持。

3）项目相关方之间糟糕的沟通、协调、合作和协同。

4）发起人虚弱的风险管理文化，高级管理层对项目不够明确的支持。

5）项目风险的监控、报告和回应存在缺陷。

10. 不可抗力

1）造成灾难性破坏的地震。

2）项目现场发生严重洪水事件，造成运营中断和导致维修延误。

3）东道国发生内战或与邻国发生战争。

10.3　项目风险的来源

每个重资产基础设施项目都有风险。有些风险可以被识别而有些不可以；

有些风险可以被投保而有些不可以；有些风险可控而有些不可控。不可识别的
风险、不可投保的风险和不可控制的风险，通常被总体归类为项目不确定性，
按权宜方式来处理。上面一节介绍了可识别的风险，本节介绍可控制和可保险
的风险。我们发现，项目风险的起源与造成项目失败的根本原因相同，但是值
得回顾。

　　项目风险起源于诸多不同因素，但是这里我们只讨论主要来源。第一组风
险来源是：发起人的公司文化和东道国的官僚作风导致其不接受健全的、基于
项目全生命周期的风险管理，以及未能投入足够资源使风险管理有效。缺乏项
目融资能力和经验以及风险管理专业知识和能力，再加上不愿意聘用高水平的
咨询机构和合格的顾问机构，是风险的其他来源。误导和不一致的项目目标和
工作流程，相互冲突和不协调的相关方利益，也是项目风险的其他来源。如果
有适合的组织文化接受全生命周期风险管理，且拥有项目融资和风险管理的能
力和经验，这些风险源头是可以控制的，其影响也有限。

　　部分相关方组织的投标和采购流程不规范，导致对各项要求的误解及参与
方之间的困惑。还有错误的投标或项目选择，及拖延开发项目和得出结论。这
些是可控制风险，但是由于项目相关方未能切实遵守多边机构和贷款人的要求
和指导，这些风险也会发生。发起人股权缴款的不足是一个主要的延迟因素，
会导致项目成本上升。它的根源在于项目可行性的不确定性，不能完全满足发
起人的要求，发起人不愿意将资源和合格的管理人员配置给该项目。

　　错误的项目设计、工程、技术和设备选择，源于对项目需求的误解、糟糕
的项目评估、过度压缩的时间表和过分的成本节约。有时，选择新的、未经检
验的技术，同样会带来完工延迟和成本上升的风险。这些风险对有效整合专门
为当前项目开发的工作流程，确保相关方的参与和承诺，和将项目推进至成功
完工的影响，没有项目管理失败那么严重。

　　有些未能涵盖重大问题或部分条款并不合理的不恰当合同，源于以下两个
理念：一是在风险管理方面进行合作不符合每个相关方的利益；二是合同是一
个零和游戏。在第一种情况下，风险管理处于次要地位，摆在异想天开之后；
在第二种情况下，人们显然忽视了风险管理原则。东道国薄弱的法律框架和不
恰当的规制体系，是重要的项目风险，特别是合同的可执行问题，在合同不恰
当时更加难解决。低效的法规体系和薄弱的法律框架，源于东道国低水平的经
济发展程度，多边机构和发展性机构正在致力于提升其发展水平。

由于缺乏对项目融资要求的理解，只是想凑合着按时推进项目，项目团队只是选用了未经核查的事实、信息和数据，而没有仔细检查和进行合理性审核。更重要的是，他们以没有根据、不合理的、未经测试的和错误的假设条件，来推动项目的财务评估。这是错误的可行性研究、失误的决策和项目失败的主要来源。这种风险的来源是：对预测原则的无知，对东道国的市场条件不了解，过于乐观的想法，错误的动机和被误导的项目目标。有时，高级管理层对假设和预测的指令和调整，也会引发此类风险。

有些决策仅仅是为了满足高级管理层要承接并完成一个项目的愿望。高级管理层对一个项目的热情会转化为过于乐观的预测，并为模拟分析选择情景。过于乐观的项目收入预测，通常会导致错误的项目经济性评估和对项目可融资性的错误预期。这些风险背后的原因是，对需求分析和预测的基础工作不够重视，糟糕的可行性研究，由于缺乏能力和经验产生的不可靠的尽职调查，以及缺乏恰当的工作流程和良好的项目管理。最后，不稳定和无效的项目公司业绩监控，不恰当的偏差分析，缺乏早期预警系统和业务实现计划，意味着缺乏能力控制风险的发生，只是假定风险已经得到恰当缓释。

10.4　风险管理任务

在大多数项目中，发起人的风险管理责任在于项目经理。在那些将风险管理责任与战略和融资规划、业务发展职能整合在一起的公司中，由一个负责所有项目的风险管理经理实施风险管理职责。在这两种情况下，风险管理职责实际上是同样的，除了建立和实施风险管理计划外，还包括以下职责和活动。

1）对项目的成功的理解，取决于风险管理部门识别和管理所有重大项目风险的能力。

2）遵循行业惯例和趋势，与保险顾问机构和经纪人建立和维护关系，维护一个与风险信息相关的数据库。

3）制订和指导项目的风险管理计划，将合适的职责分配给合适的人。

4）创建有效的信息系统，协调风险管理、应急计划和预防行为。

5）针对特定项目、客户需求、债务与股权投资者的要求，量身定制风险管理计划。

6）确保风险管理计划的透明度、迭代性和升级频率，并对变化做出回应。

7）在识别和评估项目的风险暴露后，向高级管理层提出建议，优化风险缓释措施。

8）作为项目和法律团队的风险管理资源，给项目参与方的问题提供答案。

9）面谈和选择保险经纪人，洽谈套期保值和保险合同，审核、更新和改变政策。

10）制订和管理风险管理预算，向保险经纪人和保险机构付款，收取保险赔付。

11）持续监控损失控制问题，开发风险防范计划和流程，并与项目团队的计划和流程保持一致。

12）获取外部专业知识，识别和处理未知风险和黑天鹅事件，并找到应对它们的方法。

13）制订正确的控制措施和应对策略，以满足高级管理层的审核和批准。

14）通过系统性地解决那些明显的不确定性因素，保持在决策流程中发挥作用并创造价值的能力。

10.5 风险管理流程

风险管理流程有四种基本类型：被动应对型，仅关注部分项目风险型，提前计划直至项目完工型，和精心设计的全生命周期风险管理型。可以通过以下特征区分好的和差的风险管理流程。

1）在发起人与东道国政府机构及其他项目相关方之间，存在有效的交流、协调、合作和协同。

2）有效的项目全生命周期风险管理，还是局部的、薄弱的风险管理。

3）深入的研究、验证和确认，基于严谨的项目经济评价进行分析。

4）深思熟虑的、平衡的和公平的风险分配或分享，还是临时的、不平衡的。

5）风险管理深植于项目筛选、可行性研究、尽职调查和融资流程之中。

6）由熟练且有经验的管理团队负责业务和风险管理计划的实施。

7）密切跟踪、审计和报告风险管理的进展。

8）持续的、深入的偏差分析可以帮助项目团队理解变化的原因，评估项目公司的绩效。

9）建立早期预警系统，商业计划，业务收入预测计划和威胁应对计划。

10）对良好的项目经济评估和风险管理流程，给予同等程度的关注和重视。

风险管理流程的第一步，是项目团队在项目开发的早期阶段，识别和描述全部项目风险。这项工作在项目筛选和选择阶段开始，随后继续，贯穿项目全生命周期。准确识别风险的关键，是确保项目可行性研究基于已经得到验证的准确的数字和信息，各种假设的合理性已经过测试确认。对可行性研究的评估可以确定哪些风险是由于项目前期工作的不充分所引起的，哪些风险可能是可以管理的。这样就可以将注意力引到风险的其他来源上。

识别出来的风险可以划分为六[⊖]个类别：可识别且可知的、不可知的、不可识别的、可疑的、可控的和不可控的风险。不可知的或不可识别的风险因素被归入不确定性，以应急计划应对。将已经识别的事件和因素与所有项目相关方分享，这一点很重要。需要向外部专家确认的事情有风险清单的完整性、风险发生的可能性和影响的严重性，这些事项需要记录在风险登记表上。

项目风险登记表是一种工具，用于描述项目风险，识别其原因并量化其影响，随后将特定风险的管理主导权分配给最有能力应对该风险的主体。项目注册表应当根据项目进展定期更新和沟通。

将潜在风险的清单划分为几个部分是一个好主意，可以将各部分分配给合适的当事人，以便更好地管理风险的相互作用，如第 10.2 节中的风险分类。经过深思熟虑并达成共识后，风险管理和项目团队需要编制一份关于每类项目风险的发生概率区间的表格，如表 10-2 所示。

表 10-2　项目风险的发生概率区间

可能性→ 风险因素↓	很低；< 10%； 不太可能	低；10% ～ 20%；很少	中等；大约 50%；偶尔	高；60% ～ 80%；可能发生	发生；> 80%； 肯定发生
风险 #1					
风险 #2					
…					
风险 #N					

风险管理流程的下一步工作，是评估项目风险的潜在影响的范围，如表 10-3 所示。如果有可能，随后即要估算其金额。

　　⊖　原书为五，疑有误。——译者注

表 10-3 项目风险的潜在影响的范围

影响→风险因素↓	很小或无关紧要的	不重要的	中等的	严重的	灾难性的
风险 #1					
风险 #2					
…					
风险 #N					

为了按照可能性和影响严重性来对风险进行排序，聚焦于最为严重的风险，我们使用风险矩阵，如表 10-4 所示。在该矩阵中，不同的风险按照它们的影响的严重性程度进行排列。

表 10-4 项目的风险矩阵

影响→可能性↓	很小或无关紧要的	不重要的	中等的	严重的	灾难性的
肯定发生	Q	C	MC	MC	MC
可能发生	SC	C	C	MC	MC
偶尔	NC	SC	C	MC	MC
很少	NC	NC	SC	C	MC
不太可能	NC	NC	Q	C	C

那些标示为最严重（most critical, MC）的风险，必须马上进行分配或缓释；标示为严重（critical, C）的风险，需要有好的方法来处理。这两种风险类别有很高的优先性，排在其后的是标示为有些严重（somewhat critical, SC）的风险。在需要优先处理的风险得到处理后，剩下的被标示为不严重（not critical, NC）或存疑（questionable, Q）的风险，发生的可能性较低，优先性比较靠后，但仍需要采取某种类型的应对措施。

风险矩阵，又称为发生概率和影响矩阵，是一个评估发生概率和排序风险事件发生后的影响的实用工具。该表的各行为风险事件，各列为发生概率及其影响。

风险优先排序分析有助于确定哪些风险因素和事件需要优先处理，其准备工作和风险缓释计划包括以下不同选项。

1）通过事先找出其来源来避免风险，这是最有效的选择。

2）将特定风险转移给最有能力管理该风险的相关方。

3）找到方法降低某些重要风险的影响，以最小化风险的影响。

4）接受那些发生概率较低和影响力较小的风险。

5）从 ECAs 和多边金融机构那里获得风险保障。

6）为最适合通过保险转移的风险投保。

7）按照风险与特定项目相关方从项目获得的收益相一致的原则，与该相关方共同分担风险。

8）对源于特定项目相关方的风险，要求该相关方提供担保和保障措施。

风险管理流程的下一步工作，涉及持续地监控、跟踪和评估每一类风险的状态。当一个项目沿着开发、建设、融资和实施阶段往前推进时，有些风险的影响得以消除或减少。其他风险可能是相反的情况，还有一些风险可能持续时间更长，需要缓释。因此，风险监控和跟踪事项再次成为风险识别事项，此时还需要记录各种威胁的后果。

风险管理流程的最后一部分工作是应对或缓释策略。这是由项目发起人或联合东道国授权机构共同制订的，特别是在公私合作（PPP）交易中。各类风险缓释和应对选项，通常以不同的组合来应对特定的项目情况。

经验借鉴

1）很准确地估计风险发生的概率很难，应当从专家咨询机构那里获得帮助，听取金融机构和保险机构的意见。

2）使用德尔菲法评估风险发生的可能性，以及行业专家和项目融资专业人员的影响。

3）如果对项目前景过度乐观，对风险发生的观点就会脱离现实。

4）研究和分析其他项目和竞争者在风险管理方面的经验，学习它们如何成功缓释风险。

5）当选择现实的情景来进行模拟分析时，对风险发生的可能性范围，进行风险影响的模拟分析，很有价值。

6）无法缓释、发生概率很高的风险，通常使项目失去价值，是项目失败的重要原因。

7）当风险发生时，尽可能避免诉讼。相反，要将金融机构、ECAs 和相关多边机构聚在一起，通过协商解决问题。

10.6　风险管理工具和缓释措施

最先和最好的风险识别，是早期和系统性的项目可行性研究。其次是在较好地确定项目细节后，实施可靠的项目经济评价。在尽职调查阶段，风险缓释得到很多关注，项目的潜在贷款人特别重视尽职调查。风险缓释要实现其应有目的，发起人应当将风险管理嵌入其公司文化。另外，需要有一支专业过硬且经验丰富的项目团队，在高水平的外部咨询机构和顾问机构的支持下，从项目筛选阶段就开始推荐合适的风险管理解决方案。

针对第 10.2 节列举的各类威胁，本部分对风险管理和项目团队经常使用的风险缓释措施进行简单介绍，包括根据不同风险类别分类的以下措施。

1. 项目建设完工

1）由第三方专家独立验证和确认的项目技术规范和要求。

2）基于测试有效性和合理性的各项假设条件，准备一份可靠的可行性研究。

3）选择一家知名的、经验丰富的、有信誉的和值得信任的 EPC 建筑公司。

4）使用经过验证和测试的设备和技术，应当满足投标规范和要求。

5）交钥匙设计、采购和施工合同。

6）供货商和供应商提供的技术和设备保证。

7）施工承包商支付的违约赔偿金。

8）项目相关的基础设施保障风险完全由东道国政府承担。

2. 东道国的宏观经济状况

1）进行全面的前期宏观经济分析，确认东道国的经济环境的稳定性。

2）合同中明确项目产品需求和价格调整条款。

3）合同中明确约定的工资水平和其他劳动力成本调整条款。

4）针对当地货币法定贬值或汇率下跌的套期保值合同。

5）政治风险的保险应当涵盖针对本地货币可兑换性风险的条款。

6）东道国政府保证项目公司的进出口自由。

7）在东道国之外设立项目公司的应急账户。

8）修改项目公司的商业计划，以对冲东道国不利经济状况的影响。

3. 政治风险

1）广泛的政治、经济、社会、技术、法律、教育和人口（PESTLED）评估，报告发现的可能影响其他风险管理领域的风险因素。

2）发起人与东道国政府的利益和目标的持续一致。

3）足够的政治支持，与东道国的各级政府维持良好的关系。

4）东道国政府的政治风险保证和反担保措施。

5）多边金融机构和私人保险公司提供的政治风险保险。

6）ECA、OPIC 和其他机构提供的担保和保险。

7）建立适当的项目公司境外托管账户。

8）ECA 和多边机构介入和干预以解决有关问题。

4. 环境和社会风险

1）由专业的环境工程师和专家实施现场勘察。

2）深入的环境尽职调查和现场风险评估。

3）提前对社会条件、劳动力市场条件和劳资纠纷问题进行评估。

4）作为充分的项目可行性研究的组成部分，验证有足够合格的供劳动力和外派员工生活的合适条件。

5）持续监控环境和社会条件，确保遵守当地和国际的法律和标准。

6）获得足够的保险以覆盖环境问题的负面影响。

5. 商业和市场风险

1）对行业、市场和竞争对手进行全面分析，确保所处行业的结构为项目公司提供足够的经营空间。

2）通过市场研究确定客户或使用者需求，即他们购买、接受和吸收项目公司产品的意愿和能力。

3）完整的承购合同和长期供应合同，包含价格保护条款。

4）设立原材料库存，针对短期气候干扰建立投入品的供应安全垫机制。

5）为项目公司的生产投入和原材料供应签订期货合约。

6）选择合适的技术，防止技术过时，阻止竞争者进入。

7）与东道国政府机构和规制机构保持密切合作关系，帮助减少对项目公司运营的各种负面影响。

6. 法律和规制风险

1）东道国的中央政府、授权机构和各层级的地方政府提供的政治支持。

2）从项目启动到向东道国政府转移所有权，与授权机构和规制机构保持密切的合作。

3）仔细评估可行性研究和尽职调查报告的成果，处理合同谈判中悬而未决的问题。

4）审查尽职调查和风险管理报告，发现尚未得到妥善解决的风险。

5）当发生不利的法律变更时，承购方和供应商有向项目公司提供补偿的合同责任。

6）ECA和多边机构提供充足的法律和法规风险保险。

7）ECA和多边机构的介入和干预，确保公平的竞争环境。

7. 项目融资风险

1）使用广泛的数据和信息，形成可靠的经济可行性评估，验证和测试在成本–收入预测中使用的假设条件，验证预测的合理性。

2）项目的风险水平与发起人和项目公司的风险承受能力保持一致。

3）验证财务模型的输入和输出的一致性和合理性，各财务比率的适当性。

4）对一些可能的情景进行蒙特卡罗模拟，确定预测的重点。

5）为可能导致合同和协议再谈判的项目延迟事项投保。

6）由反担保机制支持的，发起人和东道国政府提供的保险。

7）贷款机构为满足运营资金需要提供的信用证。

8）提前谈判获得按市场利率将短期债务转换为长期债务的承诺。

9）在偿债责任和瀑布账户等方面设立可接受的弹性。

10）ECA和多边机构提供的信用担保和保险合约。

11）期货合约，套期保值，利率和货币互换。

12）使用适当的契约和限制条件设立瀑布账户。

瀑布账户是一组账户，用于分离和优先排序项目公司的现金流，明确按照优先性次序偿还债务和利息，只有在高层级的贷款人得到完全偿还后，才开始偿还低层级的贷款。

8. 运营风险

1）有效的项目公司商业计划、运营目标和面对威胁的应急调整机制。

2）发起人给项目公司委派的管理团队，能够有效执行其商业计划。

3）选择信誉良好、经验丰富和值得信任的运营管理公司。

4）有产出数量和质量等业绩要求的可靠运营管理合同。

5）恰当的基于业绩激励机制，并有工资福利控制措施的运营管理合同。

6）与授权和规制机构的密切合作和持续的关系管理。

7）运营管理公司的绩效保证和保险合同。

9. 组织风险

1）技能熟练且高效的项目团队，优秀的项目经理和一支经验丰富的项目公司管理团队。

2）全方位且畅通无阻的交流、协调、合作和协同。

3）发起人的风险偏好与项目风险相匹配，项目全生命周期风险管理嵌入其公司文化。

4）完整和有效的工作流程，向发起人和项目公司的项目负责人分配明确的角色和责任。

5）密切监控项目公司业务和风险缓释计划的执行。

10. 不可抗力

1）获得充足的不可抗力保险，即使在发展中国家投保成本很高。

2）项目的时间安排允许在工作进度和时间延期等方面有适当弹性。

3）建立足够的偿债准备基金，最好是在东道国境外。

4）让多边机构参与，帮助解决与不可抗力相关的问题。

5）从保险公司获得财务保障，再谈判债务偿还安排。

下面的四项重要风险缓释措施值得详细介绍，因为它们对所有风险类别都有效，在项目风险管理、项目可融资性和项目可行性研究等工作中都发挥重要作用，具体内容如下。

（1）项目经济评价　项目可行性研究完成后，一份优秀的经济评价可以降低风险的数量和潜在影响，通过验证合同的技术参数和各项要求及项目成本估算。验证需求和价格模型用于成本—收入预测的假设条件。另外，确认所选用情景的合理性，是减少风险的种类、发生的可能性和影响的另一条途径。优秀的项目经济评估，还要求构建一份完整和结构良好的财务模型，通过分析模型的输入和输出，最小化项目风险。

（2）项目尽职调查　从实务角度看，项目尽职调查工作是对可行性研究及风险识别、评估和缓释方案的独立验证。在尽职调查阶段，项目相关的所有环境、设计和技术问题都要经过审查，并寻求专家建议来最小化完工风险。随后，审查项目公司结构、招标和采购、业务资格和行政许可等方面的法律问题，以及为项目融资提供坚实基础的必要的全部合同协议。必要的保险和保障措施也需要评估、变化和补充，以确保项目的可融资性。财务方面的尽职调查在最低程度上应当包括验证项目的经济评价、合同的完整性、财务模型的充分性、现金流的充足性和融资结构方案。

（3）东道国政府的保证　在大多数情况下，这些保证应当跨越项目全生命周期，绝大多数保证应当在执行协议中明确。从审批和许可证期限开始，东道国政府的保证应当涵盖项目场地、环境条件和不受限制地进入场地和配套公用设施。东道国政府的其他保证可能扩展至项目拨款、当地货币贷款和监管机构的不干预和项目公司的某些运营问题，如有必要还要提供股权出资和信用支持。

（4）ECA 和多边机构的参与　ECA 和多边机构参与特定项目融资交易有助于最小化项目风险。这是因为这些机构给项目结构设计带来规范性，有助于调和东道国政府的预期和发起人的乐观主义。它们还明确了为获得贷款、保险和信用支持的最终批准并落实项目融资，所要遵循的工作流程和需要完成的必要分析工作和书面文件。ECA 和多边机构的参与，有助于成功且快速地解决由项目风险所引发的存在于项目相关方之间的冲突。

10.7　风险管理的好处、挑战和成功因素

项目风险识别最基本的优点是告诉项目相关方潜在的威胁和这些威胁出现后的损失。风险识别的分析逐步走向深入，审查这些风险的来源及原因，并对如何从根本上有效应对这些风险提供指导。风险管理评估过程的优点是，它使用发起人的内部技能和外部建议，明确风险发生的可能性，估计不同风险的相互作用和影响。风险缓释工作综合前期风险管理工作的全部成果，按照公平和平等的方式，有效地实施筛选、排序、规避、分配、分担、投保或吸收等工作，按照最有能力原则，将各项风险的管理责任分配给项目的各相关方。只有风险缓释工作执行到位，预期的项目价值才有可能实现的合理性。

监控、追踪、审计和报告等风险管理工作也同样重要，因为它们有助于在风险萌芽时即发现有关风险。这有助于理解触发风险的各种原因，准备有效的应对措施和做出合理的改变，以最小化风险的影响。综上所述，有效风险管理的优点体现在降低额外的资本要求，更迅速的合同谈判和融资落地，较低的融资成本，还有实现项目目标。在讨论风险管理时，另外一个经常被忽略的优点

是：通过不同的项目结构、融资、合同和商业计划优化，有助于识别各种不同的机会，来改善项目的价值创造。此时，对新的机会的识别，可以开辟额外的收入来源，提升预期的项目价值，总结经验并应用到后续项目。

有效的风险管理对于构建项目融资的基础很有必要，但是成本也很高。需要考虑风险管理的成本的原因在于它们可以指导决策，即确定何时不实施风险缓释措施而准备自身吸收风险，何时进行项目结构的重构，或者索性放弃该项目。项目风险管理的成本涉及以下成本要素。

1）来自发起人的不同部门的人员均被分配了风险管理责任。

2）外部咨询机构和顾问机构提供研究、数据和信息收集、验证和证实和准备专家意见报告的费用和开支。

3）为了改善项目经济评估和尽职调查报告，进行更加深入的项目全生命周期分析和评估的边际成本。

4）各种类型的融资，机构和私人的保险合同和保障措施的成本。

5）编制和协商各类平衡的、可持续的合同，支持有效的风险管理。

6）制订应对计划，修改项目公司的运营计划，提供对于将要出现的风险的备选缓释方案。

7）针对不可知或不可控的各类风险的应急计划，这些风险对项目的影响，即使不是灾难性的，也会很严重。

8）为项目评级、项目说明书和信息备忘录，准备可支撑有效管理风险的证明材料和可信证据。

在项目融资工作中，团队经常忽视的一项重要因素是机会成本。也就是说，由于投资了这个项目，发起人放弃的其他投资计划。而且，对于项目融资，这一点是千真万确的。一个经过深思熟虑的，在不同相关方之间实现利益、成本和收益平衡的风险分配方案，需要经过很漫长的历程，才能成为在长期内具可持续性的合同与协议。它还有助于避免成本高昂的诉讼和项目价值损失。

风险管理在项目融资中特别重要，但是有时却被交给外部咨询机构或法律专家去处理，因为它包含合同和协议。我们还发现项目团队单独承担这项任务，在工作过程中会不知所措，最终还是将这个任务转交给咨询机构、贷款人团队或保险代理机构。经常，在风险评估中使用的数据，并不总是反映项目背景的实际情况，项目背景总是发生变化。如未能很好地监控项目背景，这一点会尤其突出。另外，风险取舍难以评估，因为存在很多软性的、定性的信息，这些信息不总是可以通过谈判协商解决。

风险管理通常只处理那些已经识别和掌握的项目风险，而很多其他风险汇聚在应急计划之下。通常，将应急计划视为超出项目团队的责任范围。包含应急计划的风险管理，只属于发起人机构，它基于情景模拟和情景策划。即使在这些情况下，为不可预知的事项做准备，大多数情况下也是交给外部专家或项目公司未来的管理团队。最后，缺乏早期预警系统或应对能力和实力，也是对风险管理工作的挑战，特别是当缺乏预测实施计划和应对计划时。

介绍更加有效的项目风险管理方法的简图如图 10-1 所示。这种方法的主要特征如下。

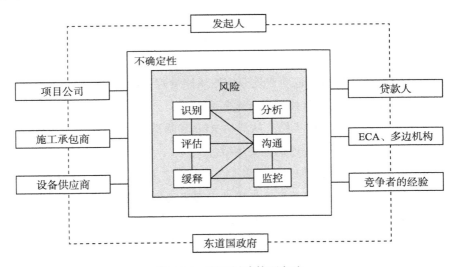

图 10-1　项目风险管理方法

1）项目风险是所有相关方面对的不确定性的一个子集，有不同的清晰程度。对不确定性的总体评估，有助于缩小风险的范围。

2）从来源和影响来看，某些不确定性可能与所有风险都没有关系，而特定风险必定涉及某种不确定性。

3）沟通很关键，用于不同项目参与方交流在不同时间接收到的风险管理的不同部分的分散信息。

4）风险管理不只是发起人关心，它还由各参与方分担，通过合作和协调各主体的风险管理行为，它们的利益可以更好地实现。

5）通过搜集项目各参与方甚至竞争者之前的经验并加以学习，可以提升风险管理水平。

6）当利用同一个公共平台时，关于风险分配和分担的协议可以更快达成，也更加有效。

风险管理的成功因素指那些确保项目有效实现其目标的行为和工作任务。从这个领域学到的经验和教训表明，成功的风险管理具有以下要素。

1）在项目发起人组织中，风险管理文化和理念深入人心。

2）将风险管理职责和工作流程与 PFO、战略规划、融资策划和业务开发职责整合为一体。

3）高级管理层的明确支持，确保在机构范围内为实现有效的风险管理提供资金支持，这是获得竞争优势的前提条件。

4）发起人具备风险管理能力，有足够资源分配给项目团队进行培训，开发一个系统持续监控风险。

5）项目经理明确地将各项责任分配给风险管理的团队成员，关注其所使用的工作流程，确保他们知道如何执行这些流程。

6）尽早启动风险管理工作，从评估 RFP 和筛选项目的预可行性分析开始，聘请合适的专业领域专家来评估相关领域的风险。

7）风险管理要求问"如果这样做会怎么样？""为什么做？""为什么不做？"。搞清楚风险的特征，确定需要采取的行动来缓释风险的影响。

8）风险管理的基础是组织内部以前项目的经验，学习得到的经验，研究工作的成果，和作为比较基准的其他公司的有足够广度和深度的经验。

9）所有项目相关方的行为会在一个共同的基础上受到风险管理工作的影响，从而优化其行为，并就风险分配达成一致。

10）以高发生概率和高影响力为评估基础，对所有风险进行排序。

11）信任和依靠风险管理专家并做出良好的风险管理判断，对于经过确认的正确决策，要确保行动能跟上。

12）密切监控项目开发、融资、施工和项目公司运营。

项目尽职调查：可行性和可融资性的支柱

项目评估的主要工作在项目开发阶段，汇总于项目可行性研究。随着项目沿着评估过程推进，会获得新的数据和信息，实施其他类型的分析和评估，当要做出下一阶段的决策时，就开始尽职调查。尽职调查由发起人付费，主要服务于贷款人利益，但是发起人和其他项目相关方也从中获益，并可能在某种程度上参与进去，确保提议的项目交易结构能够满足其目标。

可行性研究的目的是为各参与方提供关于项目特点的共识，明确它们在落实融资之后承担的具体任务。项目尽职调查是一种彻底的调查工作，在达成以融资落地为目标的项目协议之前，确认数据、信息和所做的各种表述。它是可行性研究的扩展，聚焦于识别遗漏的信息，验证各种已经实施的分析和评估，确定风险管理和保障措施的完整性，力争确保项目的可融资性。

实施尽职调查，是为了给各融资机构提供关于项目可行性的独立且客观的评估，以及提供风险评估和缓释措施有效性的合理水平。为此，尽职调查首先要评估某个相关方履行当前和未来义务的能力，并进一步评估它们分享项目收益的资格。尽职调查被视为某种形式项目风险管理确认工作的原因如下。

1）确认所提供的技术和财务数据的准确性，项目的工程、技术和经济等方面的可信度。

2）确认那些用于评价项目的技术和财务可行性和项目价值创造的工作流程、分析、方法、工具和技术。

3）测试和确认那些支撑成本 – 收入预测以及项目财务可行性的假设条件和基准情景。

4）证实已经基于公平、合理、由最有资源的主体承担剩余风险等原则，实施了彻底完备的风险识别和缓释。

5）确认谈判达成的合同充分解决了相关方在各个方面的关切事项，这些合同在东道国可以执行。

6）确认和验证项目财务模型的构建，对其输入和输出进行测试，保证其结果可以接受。

项目尽职调查对于确定项目融资需求和项目的可行性和可融资性至关重要。它的方法、深度和要求，因项目规模、范围和潜在风险影响而异。项目融资尽职调查的特征如图 11-1 所示。该图展示尽职调查的各个方面及它承担的职责，将在随后各节具体介绍。第 11.1 节介绍尽职调查的主要成本，由于其产生的诸多好处，承担这些成本完全是合理的。尽职调查工作的第一部分针对东道国和行业，确定有关条件是否足以支撑实施某个项目。第 11.2 节和第 11.3 节两节对技术方面的尽职调查做了一个简单的介绍，确认工程和设计方面是否满足项目技术规范和要求。

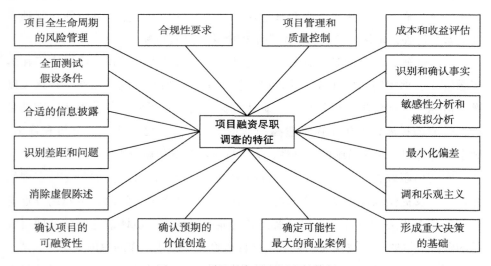

图 11-1　项目融资尽职调查的特征

环境尽职调查是第 11.4 节的话题，确认项目不会产生负面的社会和环境影响，而第 11.5 节讨论商业方面的尽职调查内容。法律尽职调查确认项目合同和协议的适当性，这是确认项目融资可以合理实施的重要工作内容，将在 11.6 节介绍。各种财务要素将在第 11.7 节介绍，并在第 13 章和第 14 章更详细地讨论。

运营方面的内容在运营尽职调查中确认和验证，在第 11.8 节介绍，旨在确认运营的可持续性。然而，尽职调查的关键，是第 11.9 节介绍的风险管理部分。如果其风险过度负面，项目就需要调整结构，采取其他支持措施，甚至直接终止。不完全属于上面分类的其他尽职调查内容，将在第 11.10 节介绍。最后，第 11.11 节讨论尽职调查报告以及它的评估和质量特征。

11.1　尽职调查的成本和收益

项目融资尽职调查通常由贷款人的咨询机构与发起人的项目团队合作实施，由发起人付费。不过，对于那些拥有或希望获得竞争优势的公司，项目团队会承担项目尽职调查，从概念阶段和预可行性研究开始，直至项目开发阶段的结束和项目经济评估的完成，之后会进入项目建设阶段，然后是不同目的的项目运营和维护阶段的尽职调查。

当发起人的项目团队的尽职调查工作基本完成时，贷款人的咨询机构才开始参与，这样可以降低成本，毋庸置疑它的有效性更好。尽职调查的前端内部成本，包括为尽职调查过程和相关行为开发系统和培训项目团队。外部尽职调查成本是经常性成本，包括贷款人的咨询机构的费用和成本。经常性的发起人成本，是参与尽职调查的发起人项目团队的成本。尽职调查是风险管理的一种形式和延伸。尽管做出了所有努力，由于存在虚假陈述、错误的后果估计和基于错误信息的决策，还是可能存在错误，其成本无法被提前预估。

从彻底的尽职调查中所获得的好处，远超过它的成本和局限性，主要包括以下方面。

1）对发起人运营状况的更深入的理解，减少高成本的危害防治和补救活动的发生。

2）有助于为项目活动和工作流程设定更加现实的时间安排，形成更好的各相关方预期。

3）提高获得更好项目成果的预期，当其与战略和财务计划和新业务开发职能整合起来时，效果更好。

4）聚焦发起人、客户、施工承包商及债务和股权投资者关注的重要威胁，提供高水平的信心。

5）解决项目绩效、经济可行性、可融资性和交付等问题，通过一个公共平台向各参与方交流有关成果。

6）如果所有相关方在流程早期就都参与进来，就可以在决策之前，一起优化项目评估范围和策划方案。

7）识别并帮助减少侵蚀各相关方满意度的潜在项目威胁，最小化成本、交付时间偏差和意料之外的问题。

8）使用风险登记表和风险监控系统，创建更好的协同平台，供相关方交流、合作、协作和协同。

9）更高的项目经济性透明度，发起人形象和声誉的提升，更多的行业分析师推荐和更低的资金成本（经济合作和发展组织，2016）。

10）提高项目可融资性的效率和效能，提升项目成功的机会。

11）为增强发起人在项目开发和融资方面的竞争优势做贡献。

11.2　东道国和行业尽职调查

尽职调查工作的第一个和最早的部分，是对东道国的政治、法律、经济和投资环境等方面的评估结果的验证。因为东道国政府和授权机构在项目的交易结构、相关法规和支持等方面发挥关键作用。重要的是尽职调查为决策者提供了足够的信心，具体涉及以下因素。

1）对东道国的宏观经济进行评估，确认超出承保范围的国内生产总值（GDP）、通货膨胀率、收入分配、贸易和外汇管制等因素不会形成潜在威胁。

2）东道国的中央和地方政府的政治环境足够稳定，如果有突出的威胁，可以通过政治风险保险来解决。

3）本地合作伙伴都经过审查，已经确定可以有效且快速地提交投标文件。

4）东道国政府和授权机构有能力履行当前财政和其他方面的承诺以及未来的义务。

5）招标和选择流程透明公正，在东道国政府各部门获得足够的政治支持。

6）监管机构对当前行业结构、竞争、定价和制度的弹性已经得到确认，不会对项目公司的运营造成威胁。

7）在对项目公司产出的需求评估中，已经考虑大趋势和亚趋势对行业和项目前景的影响。

8）对于已经确定的项目范围没有保留意见，能够满足东道国政府、客户或客户的需求，弥补行业现有能力的不足。

9）对政治、经济、社会、技术、法律、教育和人口（PESTLED）的分析和评估结果是正确的，且已经整合进设计、能力、业绩要求和成本、需求、收入预测之中。

10）东道国政府和发起人的核心利益和目标，总体上已经达到协同并减少分歧，少量的突出问题已经被识别出来并成为谈判议题。

11）已经确认东道国的经济风险转变为政治风险的可能性很低，如何应对这些问题已经通过法律文件解决。

12）基于过去的项目历史，发现东道国政府与各出口信贷机构、多边机构和其他融资机构的关系，总体上还可以接受。

11.3　技术尽职调查

技术尽职调查处理从征求建议书（RFP）起，到项目完工阶段为止的各种问题，涉及设计、工程和所使用的技术和设备。它的目的是识别这个领域产生的风险，并采取缓释措施满足发起人的需要。技术创新和提高生产力的需求，可以加速新的工程、技术、设备和施工运营技术的引进。因此，重要的是通过尽职调查确保在这个领域不存在问题、争议和高代价的调整，具体任务如下。

1）确认在合同中已明确规定项目使用的技术是经过验证的成熟技术，设备和工程技术也经过认真测试。

2）检查项目建议书的设计、技术和工程规范是否满足项目实施或特许权协议的要求。

3）确认与技术相关的流程和各种可交付成果，与项目管理的主要流程完全融为一体。

4）确认预计的资本支出及其合理性，确保项目公司的运营成本被包含在财务模型评估之中。

5）确保设计、采购和施工（EPC）合同的技术问题完全得以解决，且施工进度监控系统已经到位。

6）确认EPC承包商有足够的项目经验、能力和财务实力。

7）确保施工进度安排和预算估计的合理性和可行性，允许轻微的偏差和延误。

8）确保项目公司的协议和合同中的技术和工程方面的内容都已经得到项目

相关方的审查和批准。

9）确保在施工和运营阶段，工程、技术或设备问题不会成为风险来源。

10）验证项目公司商业计划包括的各类运营假设的合理性，如投入和产出要求、业绩标准等。

11）证实运营管理公司的经验和声誉，验证运营管理成本估算的准确度。

12）确认独立的工程和技术专家已认可项目设计、工程和设备方面的技术规范和性能要求。

11.4　环境尽职调查

重大环境污染问题和大型工业和基础设施项目对健康、经济和社会的负面影响，已经引起社会公众的关注，人们应当采取措施确保在新项目中不再发生此类事件。因此，环境尽职调查通常由专业的环境问题咨询机构实施，不过仍有些任务由发起人的技术和法律团队来实施。为确保项目没有负面的环境影响，尽职调查必须包括以下内容。

1）确认全部许可证都已经到位，权益归属和责任都已经根据各自的贡献，分配给项目发起人和其他股权出资者。

2）确认已经通过现场踏勘，证实场地、地形和其他相关因素的适应性。

3）确保有可行的道路进入项目现场，并且可以不受干扰地使用电力、通信和其他公用设施。

4）由外部专家实施的环保调查未发现负面问题和缺陷，场地之前的占用者没有留下后遗症。

5）项目在各个方面都遵守东道国的法律和赤道原则。

赤道原则是一种在项目融资业务中使用的，确定、评估和管理环境和社会风险的风险管理方法，其作用是为尽职调查提供一种工作流程来帮助团队做出负责的决策。

6）确保项目场地不是历史遗址，不会有可能导致项目延误的考古发现。

7）确定项目现场和项目公司没有会影响员工、污染环境或对当地经济产生负面影响的排放物和噪声。

8）通过环境研究确认，项目不会对当地居民和相邻社区居民的健康、安全或其他方面产生负面影响。

9）确保相关方已经评审、批准和认可独立专家实施的环境评估结果的有效性。

10）确认东道国已经走完流程，准备好应对项目建设和运营对财政的未来潜在冲击。

11.5　商业尽职调查

商业尽职调查对项目经济可行性分析所产生的证据进行确认，并为可融资性提供更多的证据。它对项目公司的市场、客户和使用者需求、行业结构和竞争、费率和关税监管及政府补贴进行全面的分析与评价，并提供验证和确认。商业尽职调查的目标如下。

1）确认东道国政府对客户和使用者需求的识别和量化的准确性，并确认它们与发起人市场研究的发现一致。

2）验证市场研究和行业研究的成果，即项目公司产品是否有足够强大的市场和不断增长的需求。

3）确认项目投资在东道国享有所有相关机构充分的政治支持，因为项目能满足它们的需求且物有所值。

4）确认当前的行业和监管结构不会对项目公司的运营和前景产生负面影响。

5）确认预期的行业和监管机构的变化和趋势，在总体上对项目的成功有利。

6）提供证据证明项目所在行业的当前产能和所需产能之间存在巨大的缺口。

7）确保获得独家经营牌照，如果需要发放另一张牌照，项目公司有优先取舍权。

8）确保过去的规制价格规则表明规制机构对价格调整的态度是积极的，能确保项目公司通过运营赢利。

9）证明需求和收入预测中使用的数据、信息和假设条件的有效性和合理性，并已经通过压力测试和合理性检查。

10）证实所选择的基准情景和可行性情景符合实际情况，确认它们发生的可行性，并考虑黑天鹅事件；

11）确保已充分理解各项驱动因素的影响，即使各项假设条件和需求并没有完全实现，项目的价值实现计划也是恰当的。

12）证实项目公司的商业计划包含一份合理的项目价值实现计划。

11.6　法律尽职调查

法律尽职调查是项目相关方之间的协作性工作，有助于为准备和协商项目文件确立框架和确认工作流程的有效性。它的范围与其他尽职调查领域有重叠，但是它引领工作流程，并为解决僵局和悬而不决的谈判问题提供解决方案和建议。法律尽职调查提供与以下方面相关的确认、同意或否定意见。

1）保护项目设计、工程、操作流程和程序和专有投标内容的保密信息等方面的知识产权。

2）证明项目定义和技术规范，满足运营牌照和项目许可证规定的条款和条件。

3）确认已从东道国政府机构获得法律授权，且东道国有足够的财政手段来落实对发起人和其他私营方的各种保证。

4）确保项目开发、融资和标书的提交，符合外国反腐败法和本地法律、法规和监管规定。

5）确认涉及的政府机构，验证和项目合同取得有关的东道国政府招标、采购和选择流程的透明度和公平性。

6）确认在项目公司的经济寿命内，项目公司的特许经营权或牌照是独家的。

7）确保发放的牌照和许可证的范围，可以保护项目公司，使其免受未来不利的监管规定的影响。

8）确认牌照或特许经营权的条款和条件，为经营环境的盈利性提供了东道国政府保证之类的支持。

9）确保在项目的全生命周期内，对发起人无追索或有限追索的条件受到项目合同和协议的保护。

10）证明政府的实物出资的估值合理，在项目协议中明确其承诺交付时间。

11）验证发起人和其他参与方的债务或股权出资承诺，得到充分的保证措施支持。

12）确保项目公司合同中的业绩和价格保证措施，为未来现金流和投资者回报提供了充分的保护。

13）证明由 EPC 承包商提供的关于成本超支、完工和绩效的保证措施的适当性和充分性。

14）确认所有的环境、技术、商业和运营风险都已经被识别，并得到适当缓释，确认并记录各项或有负债。

15）确认所有合同的完整性，保险保障措施的充分性，项目的盈利性。

16）证明项目风险基于最有能力管理的原则，平衡且公平地分配给了项目相关方。

17）确保项目公司的交易结构最大化税收待遇，优化融资机构，以最大化项目价值。

11.7　财务尽职调查

项目财务尽职调查的重点主要是验证项目的经济性、评价项目财务模型及其输出、保障措施和项目支持措施的充分性。因此，财务尽职调查的目的是建立坚实的事实基础，确定可行性研究及随后更新所产生的财务数据和信息是真实的，可以持续地用于项目成本估算和收入预测。因为财务尽职调查的重要性，与财务数据、分析和评估有关的议题，将在第 13 章和第 14 章进一步讨论。

项目财务尽职调查通常基于 4 个基本原则：独立性、审慎地使用专业的质疑方法、全面性、根据风险水平的重要性。因此，财务尽职调查是依托对以下领域的调查，证实对上述原则的遵循情况。

1）确认项目相关方履行债务和股权出资，各项保证措施和其他已达成一致的出资义务的能力。

2）确保税收效率的最大化，基于财务模型参数的交易结构最优化。

3）确认发起人和其他项目参与方的股权出资和应急股权出资承诺，已经在合同协议中适当地明确。

4）反复核查市场规模和估算行业增长，证实用于项目成本和收入预测的方法和技术。

5）调查、检查、测试和验证数据和假设的合理性、可靠性及与行业规范、基准实务、发起人或竞争者的早期经验的一致性。

6）验证、压力测试和证明用于预测项目公司的产品或服务的需求和收入的分析结果和情景的合理性。

7）确认项目公司商业计划中列入的用于物理和虚拟空间保护的资产和技术的成本是足够的和不断增长的。

8）确认项目公司商业计划的适当性，以及需要成功实施该计划所需要的手段。

9）验证项目公司财务管理和报告系统的有效性和准确性，财务报表遵循发起人母国和东道国的会计标准。

10）确认在项目成本估算中包含了足够的物理和虚拟空间保障措施的成本，及其有效性。

11）确保项目风险识别、评估、分配和缓释措施的彻底性和完整性。

12）确定覆盖全部项目风险的保险措施的可得性和充分性。

13）揭示那些影响项目价值的因素的变化，会如何影响项目的经济可行性和可融资性，如何通过引导这些因素产生积极的变化。

14）显示项目公司经济的健康性及其发展前景，即使比基准情景要差的实际情景成为现实，也不会产生实质性的负面影响。

15）提供证据表明那些能提高协同效果和改进项目公司绩效的领域已经得到考察，并包含在商业计划之中。

16）确保项目公司的借款能力已经得到偿债覆盖比率和其他财务模型指标的充分支持。

17）确保项目公司商业计划中的或有负债没有遗漏或不当记录。

18）确保项目公司有足够的内部控制措施，确保在牌照持续期内的运营可持续性。

19）提供可信证据证实项目的预期价值创造在收入预测的保守和可实现的范围之中。

11.8　运营尽职调查

运营尽职调查是对项目公司运营领域的范围广泛的评估，包含监管政策的合规性、运营管理公司的经验和资质。它是一种补充性的、注重细节的工作，使用个人访谈和发起人内部交流等方式，揭示项目公司商业计划未提及的弱点。发起人也看重这方面的尽职调查，旨在揭示项目财务方面没有包含而在进入运营阶段后可以利用的潜在协同效应。根据项目流程安排和参与方的需求，运营方面的尽职调查要求实施以下行为。

1）确认项目公司的商业计划没有潜伏的内部风险，明确提升营运绩效目标的各种机会。

2）证实发起人对项目公司运营和财务报告系统的管理控制体系的有效性。

3）从发起人和项目公司管理层的视角看，项目公司商业计划的构成和财务业绩目标的合理性及一致性得到验证。

4）确认有合适的项目公司管理能力、资质和经过充分培训的劳动力。

5）确认商业计划的人力资源部分考虑了运营经验和能力的要求，给培训分配了足够的资金。

6）确认在重要的劳动合同中，在合同有效期内安排了市场化的薪酬机制。

7）确认在股东协议中明确约定，当有需要时从发起人抽调或吸收外部管理人才。

8）确定运营管理公司在之前项目中的良好历史记录、声誉和工作质量。

9）确保项目公司的政策遵循《反海外腐败法》和当地健康、劳工和安全等方面的法律规定。

10）确认项目公司商业计划包含了足够的和逐渐增加的涉及物理和虚拟空间保障的资产和技术成本。

11）确认发起人能够对项目公司提供持续的支持，有能力履行债务和股权出资责任。

12）确认项目公司的现金流管理计划满足相关方的需求、超额现金流配置和报告要求。

13）确认项目公司生产投入和原材料供应的可用性、交付要求和质量水平，并在供应协议中明确规定。

14）确认在不同的运营、经济和监管环境下，承购协议的可靠性。

15）确保项目公司关于运营绩效衡量、人力资源和财务数据报告的要求的适当性。

16）确认当项目公司的商业计划的假设没有按照预期实现时，项目公司的纠偏能力。

17）确认在东道国或所在地区的范围内，项目公司与其他项目相关方在运营方面有潜在协同效应。

18）验证运营管理公司具有工作流程和程序，确保项目公司对关键的运营决策保留合适的内部控制。

19）确保项目公司与股权出资者的利益保持高度一致，建立起争议解决机制。

20）确保项目公司与授权和监管机构、发起人群体和融资机构的关系管理的适当性。

11.9　风险管理尽职调查

风险管理尽职调查包括这些工作：确保确认了所有风险要素，定义了它们之间的关系，估计了其发生概率，客观地评价了其后果。它还包括如何使用项目风险矩阵来优先排序风险事件，如何制订风险缓释计划并推动实施，以及对其他方面的尽职调查工作的审查，确保没有明显的遗漏、错误计算和未发现的威胁。风险管理尽职调查的内容，包括对以下事项的确认。

项目风险矩阵是一种常用的风险管理工具，用行来表示不同层次的风险的发生概率，用列来表示其影响，旨在凸显高发生率、高影响力的事件，并按照这两个要素的结果进行排名。

1）确认所有可识别的项目风险得以评估、排序和缓释，那些可识别但不可量度的风险可以假设其影响不大。

2）确保在项目管理阶段得到各专业领域专家、项目团队和外部咨询机构的支持。

3）揭示哪些项目的威胁性因素需要何种集体行动，何时需要，需要哪些项目相关方参与。

4）验证风险矩阵分析的结果，表明哪些风险得到合同和保险的保障，而哪些风险还没有，及其对项目价值的影响。

5）揭示各类决策和负面行为的回应计划的有效性，以及所使用的回应策略。

6）确认项目合同和协议体系如何管控风险、提供有效保障并确保项目的可融资性。

7）确认独立的外部咨询机构和专家已经评估和通过项目的风险管理措施。

8）由第三方、独立和客观的主体证明，包含在最终尽职调查报告中的成果的有效性。

9）确认项目公司雇员的道德风险得以识别并已购买相关保险。

10）核实合作伙伴、中介、代理和交易对手遵循《境外反腐败法》和经济合作和发展组织、世界银行处理腐败和欺诈问题的要求。

11.10　尽职调查的一般领域

一般领域的尽职调查工作包括那些不适合被归入上述领域的风险因素，具体要素如下。

1）确认发起人和项目公司的 SWOT 分析的客观性和彻底性，确保项目团队有能力成功执行项目。

2）确认项目的外部认可度良好，从东道国政府和当地社区所获得的政治支持是可以接受的。

3）确认项目强大的内部支持和管理承诺，与发起人的风险承受能力相匹配。

4）展示对网络空间威胁的充分理解，将对可能威胁的评估作为安全保障和危机应对计划的组成部分。

5）验证网络空间应对计划是否足以检测和确认某项危机，有效管理该危机并修复对网络空间的威胁。

6）确保已经按计划建立、测试和认证一项成熟的、基础的，用于缓释特定项目安全风险的信息安全计划。

7）证实用于应对危机和绑架的安全管理的培训费用包含在项目公司的运营成本之中，还有各项实体性安全成本。

8）证实在项目开发和项目融资过程中，对项目参与方的技能和经验进行了评估。

9）通过独立项目融资咨询机构的联系促进和指导，落实各参与方和多边机构对项目的支持。

10）确认项目尽职调查已经考虑情景模拟分析中的黑天鹅事件，通过合适的应急计划对如何管理风险矩阵分析之外的风险种类的发生，给予了足够的考虑。

11.11　报告、评估和质量特征

为了从尽职调查中获益，需要做的前一半工作是信息收集和核实。另一半工作是评估尽职调查的结果，并提出是否继续推进项目的建议，还是为了让项目公司有更好的结构、机制和可持续的经营进行改变。这是尽职调查工作的特有贡献，在这方面投入越多，就会有更大的能力来成功实施该项目，实现业绩的提升，以及产生潜在的未来协同效应。

为了有效地交流，应通过尽职调查分类法对尽职调查收集的信息和成果进行梳理。一个适合所有项目相关方的好的展示方式，如表11-1所示。每一个尽职调查领域的主要要素列示为：所获得的新数据和信息，核实和引用的事项，不寻常的交易和事件，积极和消极的发现，保证和保险，实施事项。尽职调查报告和评估矩阵的一个重要特征是清晰地描述责任，并分配给不同业务领域，有相关经验的团队成员。

表 11-1　尽职调查报告和评估矩阵

尽职调查的领域	新的数据和信息	核实和引用的事项	不寻常的交易和事项	积极的发现	消极的发现	保证和保险	实施事项
东道国							
技术							
环境							
商业							
法律							
财务							
运营							
风险管理							
客户或使用者							
供应商							
其他							

按照尽职调查的工作步骤，随后应对获得的信息、材料和输入数据进行分析，验证项目公司的发展前景和整体情况。分析完成后，尽职调查报告应概括所产生的各类影响的评估结果、汇总结果、分析及研究相关结果的含义，并可以为决策者提供一系列建议。尽职调查报告必须简明扼要，显示的评估结果及其对项目和所有受影响的相关方的影响，所提出的建议应当非常明确，并可以清晰地向项目团队表述。一旦贷款人和项目团队消化该报告及其推荐意见，就会给其他项目相关方提供一份简报。此时，项目团队和贷款方就会得出自己的结论，即基于它们对调查结果的评估，确定如何继续参与该项目。通过改变项

目结构和从不同相关方获得支持，可以实现意见的调和。

尽职调查报告中包含的具体项目因项目特点而异，但是至少应当包含以下内容。

1）与项目的技术可行性、经济可行性、偿债能力和担保协议有关的尽职调查结果的总结列表。

2）展示贷款人对尽职调查报告的评估，及其对项目经济可行性的评估。

3）概述需要进一步分析和评估的领域，揭示更多信息，识别至今还没有识别的风险。

4）建议项目团队需要解决、获得进一步支持和保险保障的具体行动。

5）为优化项目公司的融资结构，提升项目公司的盈利性，提出有关改变的建议。

6）提出问题及其他可行情景供项目团队成员考察分析，并为解决不利因素提供工作计划。

7）对项目财务模型的架构、假设条件、输入变量、输出变量和评估的有效性提出意见。

对于基于扎实基础做出继续推进某个项目的决策，尽职调查阶段至关重要，并有助于促成项目的成功。有经验的项目团队在全面评估开始之前的预可行性研究阶段就开始尽职调查工作，并借用外部专家和贷款人的专业力量，在谈判工作结束时完成尽职调查工作。然而，缺乏经验的项目团队却直到谈判阶段才开始尽职调查工作。在这个时点，项目团队缺乏足够的时间对项目风险进行彻底的调查，验证其他相关方提供的各类陈述，并为制订决策提供所需要的信息。

对结果的分析和解释维持客观性，是有效的尽职调查的另一个关键质量特征。这需要项目团队有充分的经验和行业知识，对有关问题进行正确的评估。在以并购和共同出资方式实施的项目中，尽职调查工作还涉及很多其他问题，但是任何有效的尽职调查都必须迅速为有关问题提供结论。尽职调查报告还应该包含对风险管控能力，如何获得潜在的协同效应等方面的推荐意见。

项目尽职调查质量的最后两个要素是尽职调查的完整性，以及报告签发过程中或后进行的有效沟通交流。尽职调查的建议必须有事实做支撑，所使用的术语应当可以清晰表达，所使用的语言不会产生过于负面的印象。项目经理与贷款牵头人进行内部沟通，外部沟通由有经验的公共事务团队、投资者关系团队和外部咨询机构在合适的时间进行。

第 12 章 Project Finance for
Business Development

融资渠道和计划：必要的知识和联盟

大多数大型基建项目不是纯粹的项目融资交易；相反，它们涉及多项融资渠道的参与和多种融资安排和工具的使用。因此，对国际基础设施项目融资渠道的计划和工具的介绍，是对实用性的项目融资工作的导论。在随后各节，我们从官方和私人两类渠道简单介绍可以利用的主要融资机构。

多边和双边机构在国际项目融资交易中发挥着重要作用，它们与政府的紧密合作关系，有助于它们管理复杂的信用问题并为项目协调融资。除了帮助项目落实融资，融资机构还提供一些重要的非融资性服务，如给项目的前期开发提供专业知识和经验技能，协调东道国政府推进项目。

融资渠道的角色是为可行的项目提供融资，但是为了落实融资，它们会实施合理性审核，推动工作流程并动员有关资源。不过，由于它们的特定的审批流程所要求的规范性，其带来的这些优势同时也会导致项目流程的延长。如图 12-1 所示，本章将介绍多种在国际性项目融资交易中经常使用的官方融资渠道。在第 12.1 节，我们简述多边、双边和单边机构的融资计划和工具。第 12.1.1 节将简单介绍世界银行集团、国际货币基金组织（International Monetary Fund, IMF）、新开发银行（New Development Bank, NDB）和应急储备安排机制（Contingent reserve arrangement, CRA）的项目和工具，而第 12.1.2 节介绍区域性开发银行。美国进出口银行给出口商或进口客户提供的与资本性产品和服务有关的支持性项目，是发达国家这个类型的产品的典型代表，将在第 12.1.3 节中介绍。世界上有很多国家有自己的政府性项目来支持经济发展和基础设施项目。不过，出口信贷机构的贷款条款和支持水平在不同的国家差异很大。因此，第 12.1.4 节仅介绍美国国内的联邦和州级融资项目。

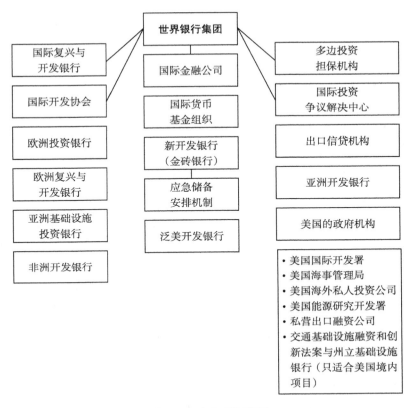

图 12-1　官方融资渠道

　　第 12.2 节介绍各种各样的私营部门的融资渠道和工具。首先，第 12.2.1 节介绍私募股权的渠道和产品。项目的债务渠道和产品是第 12.2.2 节的话题。第 12.2.3 节介绍其他常用的私营和公共部门的项目融资工具。由于多边金融机构、出口信贷机构和区域性开发银行融资的重要性，第 12.3 节介绍它们在基础设施项目融资中的角色，它们的要求，以及它们的参与可以给项目带来哪些有差异性的好处。

12.1　官方项目融资渠道

　　本节介绍的是提供资金和产品官方项目融资渠道，包括世界银行集团、国际货币基金组织（IMF）、新开发银行（NBD）及其应急储备安排（CRA）、区域性开发银行、出口信贷机构和美国的其他政府机构。相关介绍基于各机构网站的材料和经济合作与发展组织（2015）。需要指出的是，不是所有国家的全部基础设施项目都可以获得全部项目融资和融资工具的支持。

12.1.1　世界银行集团和 IMF

世界银行集团和 IMF 是根据布雷顿森林协议而创立的，旨在促进经济发展，支持国际货币合作以及其他重要议题。它们在融资过程中的角色和参与方式一直在发生变化，目的是满足新的经济挑战和发展的要求。

1. 世界银行集团

世界银行集团的使命是促进长期经济发展并减轻贫困。它使用成员国出资和发行债券筹集的资金提供技术和融资支持，帮助低收入国家实施社会需要的基础设施和社会性项目。世界银行集团在国际项目融资中发挥着关键的作用，在世界银行提供融资支持的项目中，大约有三分之二是私营部门开发的项目。世界银行通过其三大下属机构为项目提供技术建议和融资支持。

（1）国际复兴开发银行（International Bank for Reconstruction and Development, IBRD）该银行投资经济发展项目，同时提供技术援助和培训，确保提供了充分的项目支持。IBRD 按照市场利率提供贷款，满足项目的部分融资需求，余下的部分由区域性开发银行（Regional development banks, RDBs）提供共同贷款。

（2）国际金融公司（International Finance Corporation, IFC）该公司给可盈利的项目提供咨询服务、直接贷款和股权投资，旨在填补私营部门的融资缺口。IFC 的贷款是成本导向的，并采用浮动利率。

（3）多边投资担保机构（The Multilateral Investment Guarantee Agency, MIGA）该机构为在发展中国家的投资提供政治风险保障，与 IBRD 和 IFC 密切合作，为基础设施项目提供融资方案。

世界银行集团的另外两个分支机构是国际开发协会（International Development Association, IDA）和国际投资争议解决中心（International Centre for Settlement of Investment Disputes, ICSID）。前者给那些最贫穷的国家提供发展性支持，后者为项目问题和争议的有效解决提供帮助。

2. 国际货币基金组织

IMF 的使命是促进国际货币合作，为建立更加有效的市场经济提供建议和技术援助。IMF 通过政策性项目帮助成员国解决财政赤字和国际收支平衡等问题。IMF 并不直接给特定发展计划或项目提供贷款，但是它确实间接地提供帮助。IMF 给政府提供贷款，帮助政府管理其赤字，这些赤字可能是重要基础设施项目借款的累积。不过，IMF 的贷款是有条件的，为获得 IMF 的贷款，接受贷款的国家需要承诺按 IMF 的要求实施经济政策和指令。

世界银行集团和 IMF 密切合作，以确保项目的有效协同和协调，并对世界经济、金融发展和趋势提供咨询，为低收入国家的发展性融资提供其所需要的资源。

12.1.2 新开发银行和应急储备安排

新开发银行，又称金砖国家开发银行及其应急储备安排，是在 2016 年由 5 个金砖国家创立的，即巴西、俄罗斯、印度、中国和南非，旨在成为世界银行集团和 IMF 的替代性选项。世界银行集团和其他多边开发机构愿意在基础设施项目上与 NDB 合作。

1. 新开发银行

NDB 的使命是动员各类金融资源，支持金砖 5 国和其他新兴和发展中国家的私营和公共的可持续性的基础设施项目。它的关注重心是新能源、电信、交通、灌溉、水处理和环境卫生项目。NDB 提供贷款、担保、股权出资和其他金融工具。2016 年，它批准了 15 亿美元的贷款；2017 年，它将批准 25 亿美元的贷款⊖。

2. 应急储备安排

CRA 的使命是通过为其成员国提供流动性和贷款支持，帮助成员国应对短期国际收支平衡问题，以加强成员国金融的稳定性。CRA 的职责和支持的项目和 IMF 类似。

12.1.3 区域性开发银行

区域性开发银行（RDBs）由其成员国组建，已经具备专门满足其所在区域需求的专业能力，可以作为成员国政府信任的咨询顾问和合作伙伴。它们有足够的资金，可以通过发放低利率贷款为经济发展和社会需要的项目提供资金支

⊖ 原书出版于 2018 年，该数据为作者估计值。

持，并通过促进创新和提供资金支持满足大型基础设施项目的需求。

（1）欧洲复兴和开发银行（European Bank for Reconstruction and Development, EBRD） 它的创建目的是在中东欧地区促进私营经济发展和推动市场经济。目前，它的业务范围已经覆盖东南欧地区、地中海南部和东部地区和俄罗斯。EBRD 为满足以下条件的项目提供支持：有发起人的大量股权出资、符合其严格的标准、有利于东道国的经济发展。它的投资工具包括固定利率的优先级贷款、次级贷款和夹层贷款，以及项目公司针对可保风险的保险产品。EBRD 还对可盈利的项目提供少量的股权投资，为信用证付款提供担保，开立投标保函和履约保函，并提供其他金融工具。

（2）欧洲投资银行（European Investment Bank, EIB） 它是由欧盟成员国所组建的银行，为符合欧盟目标的可持续发展的项目提供专业支持和融资支持。它为可行的项目提供高达 20% 的首次损失支持、夹层债务融资、备用融资、贷款保证工具和资本拨款。EIB 作为金融机构的催化剂，通过发展欧盟国家的资本市场来推动项目融资。

（3）亚洲基础设施投资银行（Asian Infrastructure Investment Bank, AIIB） 它是由中国发起，总部在中国的基础设施投资银行，成立的目的是促进亚洲国家的经济发展。它为可持续的基础设施和经济发展项目提供私营和主权融资，它所提供的支持类似其他区域性开发银行。

（4）中国国家开发银行（China Development Bank, CDB） 它是一家中国的投资机构，成立的目的是为大型基础设施项目筹集资金，并支持中国企业"走出去"。它与中国进出口银行合作，为境外投资提供中长期融资。它提供的产品包括贷款发放、债券发行，利率工具、大宗商品和汇率风险的管理。

（5）中非发展基金 它是由中国国家开发银行发起的一支股权投资基金，用于支持中国公司在非洲开展相关领域的投资，即自然资源、制造业、发电和交通运输等。它对公司和项目提供直接投资和准股权投资，后者类似于优先股和可转换债券。

（6）丝路基金 它是一家中国的国有控股公司，成立的目的是促进中国和丝路经济带沿线国家的发展和繁荣。它是陆地上的丝绸之路，与海洋上的海上丝绸之路共同构成一带一路。中国政府发起这一经济发展倡议的目的是整合亚欧大陆的贸易和投资。它的重点是在丝路经济带沿线建设港口、公路和铁路连接线、城市交通、林业和能效项目。

　　丝路，又称为丝绸之路，是一条古老的连接中国和西方的贸易通道，在历史上曾作为罗马和中国之间传播货物与思想的桥梁。中国向西方出口丝绸，而从西方进口羊毛和贵金属。

　　（7）亚洲开发银行（Asian Development Bank, ADB）　这是一家重心在亚洲的机构，旨在促进全球最贫穷国家的发展和合作。它与政府和金融机构合作，为基础设施项目、金融市场发展和教育培训提供技术和金融支持。ADB 提供项目开发赠款，或以 Libor 为基准利率提供硬通货或本地货币贷款，还与 ECA 和商业贷款机构提供共同融资。它名下的亚洲发展基金（Asian Development Fund, ADF）按照优惠条件，对金融中介机构给开发性项目提供的融资和信用增级产品提供补助。

　　（8）非洲开发银行（African Development Bank, AfDB）　它的职责重心是提升所在区域的成员国的经济发展状况，为成员国提供技术援助和政策建议。AfDB 使用资源支持开发性项目，通过为公共和私营部门的项目提供资金来消除贫困。它提供弹性的多货币加强型可变利差贷款，定制债务偿还方案，还提供一些风险管理产品，如指数贷款、商品保值和利率互换。它还帮助借款人获得商业性融资提供贷款担保。

　　（9）美洲开发银行（IDB）　它的目的是为拉丁美洲和加勒比地区的经济和社会发展类项目提供融资和多种金融产品，如灵活融资安排贷款、本地货币融资和本地货币担保。IDB 为公共和私营部门的借款人提供政治风险和部分信用风险担保。它还用它的特别业务基金和普通资金构成的混合贷款提供优惠融资，特别业务基金的利率是 0.25%，普通资金的利率基于 Libor 的利率。

12.1.4　出口信贷机构

　　大多数出口信贷机构（ECAs）是政府设立的公共机构，旨在支持国内厂商生产的用于基础设施项目的产品和服务的出口。它们提供的资金占 2009 ～ 2010 年全部项目融资贷款金额的 5%。2011 ～ 2014 年，美国进出口银行新增的出口支持额为 793 亿美元。2011 年，经济合作与发展组织（OECD）成员国的 ECA 所提供的项目融资贷款总额为 2 135 亿美元。所有发达国家都有自己的 ECAs，不同国家的 ECAs 职责差异很大，不过 OECD 成员国的 ECAs 都依照《OECD 共识性协议》运作。该协议提供了一个公平竞争的机制，即竞争应当基于出口产品和服务的价格和质量，而不是所提供的融资条件。

美国进出口银行是基础设施项目适用的产品和服务出口融资领域的重要机构之一，提供一系列支持性产品，这些产品是其他 ECA 的典型范例。它提供多样化的产品来支持项目融资交易，具体包括以下内容。

1）给外国买方提供有竞争力的、直接的固定利率贷款，期限长达 12 年～ 18 年，要求至少包含 50% 的美国出口成分，最高可涵盖项目总投资的 85%（包括本金和利息）。

2）涵盖 85% 的出口金额，加上 30% 的当地成本与 15% 的买方预付定金的中期和长期贷款担保。

3）营运资金贷款担保，即给提供备用信用证或投标与履约保函的银行提供 90% 的贷款支持担保。

4）给国外应收账款提供出口信用保险保单，为买方不付款的风险提供保障。

5）为政治风险提供 100% 的保护，为商业违约提供 95% 的保护。

主要的商业违约风险因素包括恶化的经济状况、降低的需求、不利的关税变化、意料之外的竞争、过时的技术和进出口限制。

在项目融资领域，美国进出口银行可以为总投资超过 5 000 万美元的新项目提供贷款和担保，其中 25% 为股权，75% 为债权；也可以给私营借款人提供占其出口价值 85% 的融资贷款，涉及以下选项：①政治风险的保障范围仅限于完工之前的阶段；②完工前提供政治风险保障，完工后提供全面风险保障；③完工前提供政治风险保障，或完工前无保障而只是在完工后提供政治风险保障。

美国进出口银行还提供其他产品，如工程乘数项目，它涉及国际项目的建筑设计、工程设计和工程服务。此外，医疗计划可促进以美国为基地的公司的医疗设备出口，支持那些缺乏美国进出口银行的支持就不能获得融资的借款人。还有一种产品是捆绑援助融资，是在政府对政府基础上的项目，包含一大笔赠款和长达 10 年期的标准出口信贷，或者偿还期为 20 年～ 30 年期，利率低于市场利率的贷款。

12.1.5　其他美国和州级政府机构

多家私营或美国政府机构的设立目的是为美国境内和海外的项目提供长期融资。这些机构的融资和支持的规模相对较小，美国国际开发署（US Agency for International Development, USAID）和美国海外私人投资公司（OPIC）除外。

（1）美国国际开发署（USAID） 它的重点任务是消除贫困和促进海外民主社会的发展。USAID 的开发性信贷机构通过使用风险共担协议动员本地私营资本填补融资需求，在 1999～2016 年促成了 40 亿美元的私营融资。首先，它为 50% 的贷款本金提供由美国财政部支持的担保，并为私营部门的债务资金提供长达 20 年的担保。另外，USAID 提供赠款用于项目前期开发工作，具体包括确认项目需求、市场研究、商业预测、招标和评标、谈判等。

（2）美国海外私人投资公司（OPIC） 这家美国政府机构与金融机构合作，动员私营部门资金支持开发性项目。OPIC 为在发展中和新兴市场经济国家的投资行为提供长期融资和担保，并与私营融资渠道合作提升它们的贷款能力，它一般占 1/3 的股权或债权，最高可至 2/3 的总融资资金。OPIC 还因为提供几种政治风险保险而闻名，具体针对货币不可兑换、征用、政治暴力、管理风险和其他东道国政府的干预。

（3）私营出口融资公司（Private Export Funding Corporation, PEFCO） 这是一家美国的私营机构，由商业银行、工业公司和金融服务公司出资组建。它给那些不能获得私营部门贷款的外国借款人提供中长期的固定利率贷款，这些贷款有很长的使用和偿还期限。它在政府支持机构的名单之中，因为它支持有美国进出口银行提供担保的商业银行资产证券化。

（4）美国海事管理局（MARAD） 这是美国交通部下属的政府机构，负责确保商业船队妥当地处理国内外水上商业活动。美国海事管理局和美国进出口银行有一项安排，即为涉及出口的海洋运输领域的船运、物流和其他公司提供由美国进出口银行提供担保的营运资金贷款。根据此项安排，美国进出口银行给悬挂美国国旗的船只的出口货物提供占其运营资金 95% 的担保。

（5）美国能源研究开发署（Energy Research and Development Administration, ERDA） 这是美国能源部（US Department of Energy, DOE）的下属机构，支持使用 DOE 技术的能源商业化项目，以及有时间表、预算控制和绩效要求的项目管理业务。ERDA 所支持的项目还需要符合环境、健康和安全等方面的标准。它独立实施项目评估和成本估算，帮助和能源相关的项目获得资本性资产。此外，ERDA 还提供担保，帮助投资者论证能源项目的商业可行性，促进此类项目的前期开发工作。

（6）交通基础设施融资和创新法案（TIFIA） 美国交通部下属机构的这类项目只支持大型国内交通基础设施项目，包括高速公路、客运铁路、港口和机场、智能交通系统和其他相关项目。TIFIA 与私营部门共同投资 PPP 项目，给那些有全国和区域重要性的项目提供直接贷款、贷款担保和备用信用证。它提供的信贷支持通常不超过合理估算的项目总投资的 33%，且必须达到优先债务和 TIFIA 贷款的投资级别。

（7）州立基础设施银行（SIBs） 它们是由美国交通部设立的，面向各州发起和管理的地面交通项目的循环性基础设施投资基金。SIBs 很像私营银行，它可以给高速公路项目、管道运输项目和铁路项目的公共和私营发起人，提供一系列贷款和信用增级产品。SIBs 以有弹性的条款，按市场利率或低于市场利率，给项目的全部或部分成本提供短期的建设期融资或长期融资资金。它们还提供信用证，债券保险和贷款担保，以及债券或债务融资工具担保。

12.2　私营融资渠道和工具

私营融资渠道和工具有多种形式，我们只是集中介绍最常使用的融资渠道和工具。本节主要参考 OECD（2015）和杜瓦（Dewar, 2010）。图 12-2 是对项目融资领域使用的私营融资渠道和工具的总结。不过，不是所有的融资渠道和工具都对所有项目和东道国开放。

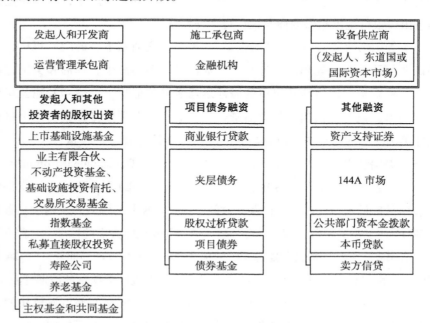

图 12-2　私营融资渠道和工具

为了吸引私营部门的债务出资，所有项目融资交易都需要发起人或开发商提供一定的股权出资。债务／股权比率通常被视为发起人对特定项目的承诺标志。发起人希望债务／股权比例很高，意图获得股权投资的高收益率。而贷款人希望债务／股权比例较低，以保证发起人可以在项目公司业绩不佳时提供一些保护。

12.2.1　项目股权出资

在项目融资交易中，以普通股形式的股权出资主要来自于项目发起人或开发商，有时还来自施工和运营承包商、设备供应商和金融机构。通常，项目发起人的股权出资比例占项目总投资的20%～30%。但是项目风险越高，要求发起人或开发商的股权出资比例也就越高，因为这样才能吸引贷款人为项目提供贷款。

（1）发起人的股权出资　从本质上讲，项目融资交易需要发起人提供部分股权出资，以持有项目公司的股权。发起人的项目股权出资采取普通股的形式，是长期资金。股东的次级债务是债务形式的临时性股权出资或准股权出资。有时，东道国政府也提供股权出资，在一些PPP项目中，还会有实物出资。在其他情况下，项目施工承包商或运营管理承包商也会给项目公司提供股权出资。股东的附属债务或次级债务的偿还，排在作为优先债务的商业银行贷款之后。

（2）其他投资者的股权出资　随着项目融资市场的拓展，那些有长期投资能力且对稳定现金流感兴趣的其他投资者的股权出资增加了。这部分股权投资者由那些有能力和经验评估基础设施项目投资潜力的参与方构成，如下。

1）上市基础设施基金。这些基金投资那些从基础设施资产中获得稳定现金流的公司，通常按不同的基础设施行业和地理区域进行分散化投资。

2）业主有限合伙（Master Limited Partnerships, MLPs）。这类主体为合伙制，它的股份在股权市场交易，享受只须在股东层面缴纳所得税的待遇。它们投资基础设施项目，并给投资者分红，其流动性类似上市公司。

3）不动产投资基金（Real Estate Investment Trusts, REITs）。基础设施类REITs主要持有但不仅持有与项目相关的不动产资产的公司，至少须分配90%的当期利润给其股权持有者。

4）基础设施投资信托（Infrastructure Investment Trusts, IITs）。ITTs类似

共同基金，主要投资基础设施项目来获取稳定的收入，在有些情况下，它们是 REITs 的改良版。

5）指数基金。这是一种共同基金，其资产组合由那些拥有或投资基础设施资产的公司的股票组成，按照各公司的市值确定权重，旨在跟踪基础设施股票市场的走势。

6）交易所交易基金（Exchange-Traded Funds, ETFs）。ETFs 是被动管理型基金，像普通股一样在股票交易所交易。它们跟指数基金一样，追踪其所持有的一组基础设施公司的资产价格的走势。

7）私募直接股权投资。它们投资那些还没有在公开市场交易的，新建的基础设施项目的股权。因为其交易结构的特征，它们被视为高风险的投资。因此，它们只作为那些能规避基金和基金经理成本的、大型的、复杂的投资者的投资标的。

8）寿险公司。寿险公司遵循一些严格的股权投资限制和公司债券投资限额。不过，寿险公司有大量偿付期限很长的准备金。部分财险和意外险公司也是如此，它们寻求高于国债收益的投资收益，可以投资一些好的基础设施项目。在美国，它们通常是永续债类信用市场工具的主要投资者，它们的绝大部分资产投资于稳定的、可交易的金融工具。

9）主权基金。主权财富基金有多种类型，它们是国家的政府性基金，资金来源于税收和贸易盈余，由于存在不同的目标，它们按不同比例投资于不同的资产类别。因为目前全球处于低利率环境，它们开始投资有前景的基础设施项目，这些项目有可预测的现金流，这类投资工具有能力持续性地分配红利。

10）养老基金。它们是政府和私营公司出资，给雇员提供确定待遇的养老金计划。待遇支付取决于基金投资池的收益率。就像主权财富基金，大多数养老基金实行保守的投资策略，尽管它们对基础设施项目的资产配置和风险偏好，在不同国家差异很大。

12.2.2　项目债务融资

项目债务是项目融资的重要组成部分，采取的形式可以是贷款、债券和次级股东债务。项目债务占融资的最大份额，通常是项目总投资的 70% ～ 80%，其中的很大一部分来自商业银行。

（1）商业银行贷款　在项目融资交易中，商业银行贷款的常见形式有施工融资的循环信贷、建设期的定期贷款、支持发行商业票据的备用信用证和期限长达4年的过桥贷款。它们还提供综合信贷计划以满足项目的全部贷款要求。在大型项目中，它们可能包含多个贷款人，按比例共同提供某笔贷款。辛迪加贷款和优先债务融资工具依托于项目公司的资产抵押和现金流提供风险保障。

（2）夹层债务　这是一种类似次级债务或优先股的金融工具，通常是筹集项目资金的理想化渠道，它的偿还层级仅优先于普通股。这类贷款是无担保的银行贷款，当项目公司进行资产清算时，只有在有担保债务全部清偿后，才能偿还夹层债务。夹层债务是一种混合型工具，当出现违约时，贷款人有权将债务转换为股权。由于夹层债务承担更高的风险，因此享有比商业银行贷款更高的利率。贷款人对夹层融资的最重要的要求，是项目公司有能力产生足够的现金流。

（3）股权过桥贷款　这是短期贷款，又称为资本调用机制，通常采用循环信贷模式，直至项目获得长期融资，资本募集机制可以偿还过桥贷款。这种类型的贷款以项目公司的资产作为抵押，承担更高的利率和费用。

（4）项目债券　它们通过私募方式配售或在公开市场发行，用于为特定基础设施项目筹资。它们是一种长期资金来源，尤其适合褐地项目。机构投资者是褐地项目债券的主要购买方，它们有较高的经风险调整后的收益率。绿色债券是一种特殊类型的免税债券，由政府机构发行，用于开发已经废弃或未充分开发的地块。

12.2.3　其他融资渠道和工具

除了前面介绍的融资渠道和工具之外，还有一些私营和公共融资渠道和工具可以给可赢利的项目提供融资。最重要的渠道是144A市场和资产支持证券。

（1）资产支持证券　这种项目融资工具是以基础设施贷款资产池为基础发行的分层债券，通常销售给公开市场的投资者。

（2）144A市场　这是受证券交易委员会监管的市场，按私募配售债券的规则，旨在促进机构投资者之间的产品交易。美国国税局第144A条是发行项目融资债券的依据。它们是受限制的证券，只能由基础设施项目公司私募发售，而不能向公众出售。

（3）卖方信贷　它又称为供应商融资，是一种延迟付款，偿还期为 7 ～ 10 年，支持项目公司购买设备、商品、技术和其他服务。它是供应商所在国银行的信用延伸，采取的形式是信用证。卖方信贷通常配套以供应商所在国为设备、商品和服务提供的出口信贷。

（4）公共部门的支持　公共部门支持的主要组成部分是给基础设施项目提供的，用于采购本地资源并弥补项目的融资缺口的本币贷款。公共部门支持的常见形式有实物出资、税收优惠、出口支持、补贴或其他支持项目。

（5）资本金拨款　它们是公共部门机构或支持经济发展的单边和多边机构提供的出资，通常享有优惠条款或不需要偿还。它们为急需要开发的基础设施项目或可行的、建立新技术的商业化项目提供融资。不过，资本金拨款要求项目完全满足指定评级机构提出的各项要求。

12.3　利用官方融资渠道的好处

一旦完成用于优化项目融资的其他合适决策，项目融资的核心要素就是从各类融资渠道中选择一组融资工具，最大化项目所创造的价值。融资工具的选择在很大程度上受 ECAs、区域性开发银行和多边机构对该项目参与度的影响。ECA 通过为海外工程提供担保或贷款，给国内企业提供支持，这种支持要求提供资本性资产的供应商满足文件、价格和所交付的产品和服务的质量等方面的规范。另一方面，区域性开发银行要求配套的技术援助、项目监控和对批准过程的指导，以确保项目成功地实施。

多边机构的主要角色是支持基础设施开发项目的融资、影响技术转让、培育东道国在项目融资等方面的经验、帮助东道国政府开发和管理项目。这些机构在项目中的参与要满足如下很多条件。

1）与东道国政府保持良好关系，负责基础设施项目的政府部门有足够的工作经验。

2）中央和地方政府的上上下下给该项目提供充分的政治支持。

3）对项目的经济性进行适当筛选，确认有充足的财务资源支持项目开发工作。

4）东道国授权机构的工作人员有足够的、必需的项目融资能力和经验。

5）招标采购流程和项目选择标准有透明度。

6）私营部门给项目提供足够的股权出资，落实项目发起人和开发商对项目的承诺。

7）正面的项目可行性研究，平衡的风险分配和有效的风险缓释，有利的尽职调查结果和推荐意见。

世界银行和 IMF，以及现在的 NDB 和 CRA，均致力于通过合适的税收支持和规制制度，改善成员国的金融环境。它们与 ECA 和区域性开发银行一起，与各国政府建立有效的合作关系。它们通过为好的经济类和社会类基础设施项目提供融资，帮助政府实现可持续的增长目标。但是，为何发起人或开发商会邀请这类机构参与项目？因为它们给项目融资带来的好处对得起由于它们的参与而可能造成的拖延，这些好处如下。

1）它们对项目的参与可以增加谈判权重和合法性，它们还有解决挑战性问题的特殊能力。

2）影响东道国政府建立有利于外国机构投资基础设施领域的法规制度，还应有利于解决项目面临的问题与争议。

3）引进高水平的专业经验、组织知识和能力，从全世界动员各类资源。

4）提供独立的、批判的和客观的项目评估，它们的批准得到政府和投资者的信任的认可。

5）在没有政府或双边机构的援助或融资支持的情况下，推介发起人未参与投资过的国家的项目。

6）通过协调项目与其他资金来源提高融资效率，分享从它们参与的其他项目中所学到的知识和教训。

7）利用与各咨询机构的关系，提供技术支持和融资，由此提升项目可信度和参与方的承诺水平。

8）引入创新性方法，帮助准备征求建议书（RFP），动员全球资金。

9）管理项目各个阶段的工作流程，直至最终融资的批准。

10）提供资源和指导，当冲突或风险出现时解决各种问题。

项目融资结构化：将一切组合起来

项目融资结构化是一种框架，包括所有权结构、项目结构、风险结构和融资结构等方面的决策，均在项目法律结构之下，后者反过来构成在有限追索的基础上进行项目融资的基础。所有权结构指如何组建特殊目的公司（SPC），即公司、非公司制合伙企业、有限责任合伙等。另一方面，项目结构指明确 SPC 的责任和权利与所有权转移的协议，比如建设、运营和移交所有权（BOT），建设、拥有、运营和移交（BOOT），建设、租赁和转移（BLT）等。

风险结构是在识别、评估和分配流程完成之后，对各项风险的优先排序和缓释措施。项目的法律结构指通过谈判达成的，让融资成为可能的合同与协议体系。融资结构指用于为特定项目筹集资金的融资方式的组合，包括股权、短期和长期贷款、债券、贸易信贷等，以及分配给股权出资者和贷款人的现金流。

注释：融资结构和资本结构交替使用，但存在差异，即资本结构 = 融资结构 − 短期债务。

图 13-1 介绍了简化的项目融资结构案例，这是一家工厂的项目融资结构的简化版本。它的核心要素是各参与方、将它们组合在一起的协议和用箭头表示的现金流流动。项目融资结构化是一种适用变化环境的递归方式，在相互影响的决策背景下，需要专业和能力来实现平衡的解决方案，力求让全部项目相关方满意。在全球范围内，公私合作关系（PPP）或私人融资计划（PFI）中的很多工作流程、评估和做出的决策，与私营项目融资交易中所做的事情相同。完全私营融资的项目的特征如下。

1）东道国政府不是项目的利益相关方。

2）没有多边组织的参与或区域性开发银行提供的融资。

3）项目的成功不依赖于承购协议，但是依托于运行良好的市场。

4）对合同的依赖性较低，而对项目的经济性评估、风险管理和尽职调查的依赖性较高。

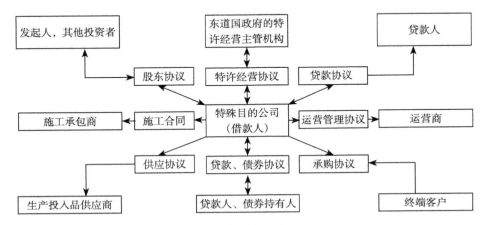

图 13-1　简化的项目融资结构

资料来源：Adapted from Merna, Chu, and AI-Thani(2010)。

在随后各节，我们将研究股权和债权投资者的要求、结构化和融资的选项、合同基础、项目融资的决定性因素以及如何将项目融资计划中的各个部分融合起来以指导各种选择，最终目的是成功落实融资。第 13.1 节介绍前提条件和融资结构化的各项要素。第 13.2 节介绍股权、债权投资者和其他融资渠道的要求。

第 12.3 节讨论项目融资的结构框架，必须做出的各种决策，以及从组建SPC 到形成融资结构的具体项目推进工作的流程。第 13.4 节再次介绍项目融资的决定性因素。第 13.5 节综述如何通过项目融资计划实现可持续和高效率的项目融资。

13.1　项目融资结构化的要素

项目融资结构化的目的是识别参与融资活动的各个主体，评估项目的融资选项，以及确定特定资金来源的占比和所需要的合同和协议。因此，融资结构的要素不仅包括需要做出的各项决策，而且还包括融资方法和渠道的选择。

首先，东道国政府针对 PPP 交易的一种常见融资方式是各种形式的土地融资，如以土地作为对项目的出资，出售开发权利，对因项目建设而提升了的物业价值征收的一次性税收的土地增值税。PPP项目的另一种融资方式是私营发起人在签订特许经营协议后，利用该协议在协议的持续期内筹集资金，建设和运营该项目。

最为常见的项目融资方式还是银行贷款，基于承购方购买项目产出的合同承诺的支持。从本质上说，这让承购方成为项目收入流的担保方。对于资源开采项目，可以建立一种产品支付计划，此时各发起人提供资金来建设一个项目，回报是分到一定比例的石油、天然气或矿产储量。另一种方式是提前付款法，即某个发起人为要建设的项目提供资金，且该发起人在项目生产时购买对应的产品。在某些情况下，会使用租赁融资，即以项目设施为依托，向发起人之外的其他投资者融资，投资者拥有项目设施并享受相关税收待遇，随后将项目设施按无追索的方式回租给项目公司使用。

与股权结构化相关的决策围绕项目公司的组织设计和资本金构成，对项目公司的管理和控制，以及在项目公司生命周期结束时的所有权移交。其他决策包括引入其他股权投资者，如何解决发起人和其他股权投资者之间的争议。在债务结构化方面，为得出合适的债务融资解决方案，还必须考虑很多问题。贷款人的考虑要素包括设备和服务的采购来源国，开发性机构的参与，本地货币的债务融资，政府拨款和贷款的使用，商业性的建设贷款，以及如何使用覆盖运营期的长期贷款来进行再融资。项目融资结构化的要素和概述如图13-2所示。

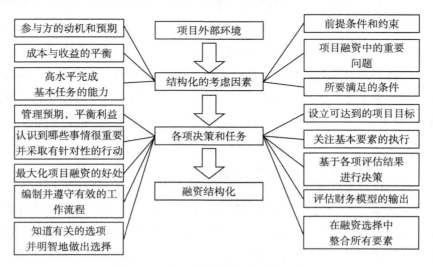

图13-2　项目融资结构化的要素和概述

项目融资是一种很好的衡量风险管理方法的标准，它建立起一个系统，将各项风险分配给不同的项目参与方，并最小化项目公司现金流的波动性。通过谈判达成的执行协议或特许经营协议，减少了融资选项和可用的融资方法。这些协议将项目结构整合起来，成为一个好的融资计划，并让其具有可实施性。

13.2 股权和债权投资者的要求

融资结构化的起点是充分理解股权和债权出资者的目标，以及需要做些什么事情来协调它们的不同需求。成功的融资结构化的一项核心要素是融资策略，即阐述 SPC 如何实现最优融资，并与项目相关方在多元目标基础上达成的共识保持一致。融资策略概述了发起人选择融资渠道和选项的工作流程和步骤，并确保在施工完工后有足够的资金，项目可以顺利进入运营阶段。它还明确项目相关方与融资相关的角色和责任，有关介绍应足够详细和清晰，让其可以被有效地实施。

融资结构化不仅是不同融资工具的组合，还包括投资退出时间表、债务偿还安排、股权分红安排、债权和股权投资者要求的信用支持和风险保障措施。对于私营部门的发起人，判断融资策略是否成功的标准包括足够的项目内部收益率（IRR）和净现值（NPV）、各种债务比率和较短的投资回收期。对于公共部门发起人，判断融资策略的标准是最佳的价值回报，具体包括最低成本的融资、有效的项目前期工作、与付出的钱相符的有效项目产出和项目收益的平衡分配。

在融资结构化分析中，股权投资者通常注意从财务模型得出的一系列指标，衡量投资回报的指标如下。

1）内部收益率（IRR）：指让项目现金流的 NPV 等于零的贴现率。

2）项目净现值或风险调整后的净现值：指根据每个运营期的风险发生概率进行调整后的项目净现值。

3）投资回收期：用项目现金流收回投资所需要的时间。

4）利润投资比率或赢利能力指数：指现金流的净现值除以初始投资。

5）债务覆盖比率：衡量项目公司产生的现金流履行偿债义务的能力。

6）债务偿还计划：指债务本金和利息的偿还时间安排。

除了提供足够的前期股权出资和为了让项目实现可融资性而对未来股权出资做出承诺之外，项目贷款人还会仔细审核融资结构化的情况，寻求和偏爱以下事项。

1）经验丰富的发起人和项目公司管理团队，专业和能力可靠的项目团队。

2）确定的完工日期和合同价格，有合适的保证和保险，没有技术风险，设计、采购和施工（EPC）承包商提供保障。

3）针对项目延迟的违约补偿金，项目公司业绩和产出的保证措施。

4）重要的运营成本项目已签署利率和外汇套期保值合同。

5）有竞争力的项目公司产品定价，东道国政府的补贴，阻碍新的竞争者的进入壁垒。

6）强有力和可执行的承购和供应合同，不存在不利的监管干预。

7）充分的风险缓释措施，所有相关方都可以接受的保障措施。

因为不同相关方对成功的定义不一样，所以需要实现私营和公共部门的利益和目标的平衡。在其他条件相同的情况下，各发起人对融资结构化需求的看法，应当与贷款人的要求保持一致，这一点决定项目的可融资性。另外，有一些适用于所有项目的项目可融资性的前提条件贯穿项目融资的所有阶段，需要一直对它们进行如下密切审核和监测。

1）东道国的政治和社会环境稳定，有能力履行出资义务。

2）项目风险可识别，可以通过合同和协议来缓释风险。

3）基于项目财务模型的分析结果，验证项目的经济可行性。

4）可以得到本地和国际的债务融资，以及 ECA 和多边机构的支持。

13.3　从 SPC 的所有权到融资结构的决策

项目融资结构是为了实现融资落地所要做的一系列决策。融资结构化框架的核心流程如图 13-3 所示。项目相关方包括发起人、东道国政府机构、发起人之外的债权和股权投资者，以及参与项目的 ECA 和多边机构。当考虑完所有相关决策后，主要的决策事项包括 SPC 结构、项目结构、风险结构、合同结构和融资结构。

在做出这些决策后，项目融资结构化的工作流程包括确定正确的融资渠道，起草和谈判协商合适的合同和协议，在多个选择中挑选最合适的融资工具。这些工作的成果是项目融资计划，用于指导建设期融资和长期融资的具体行为。图 13-4 介绍结构化流程的具体行为，这是对项目融资结构化框架的补充介绍，涉及四个方面的重要行为。

1）融资结构化行为。

2）融资任务的发起。

3）融资选择和谈判的评估。

4）融资落地的步骤。

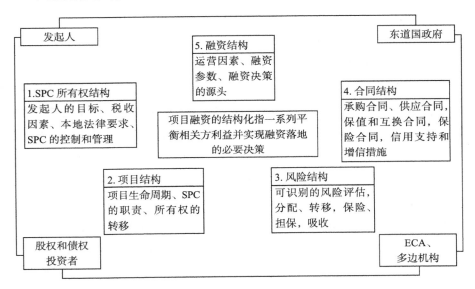

图 13-3 项目融资结构化框架

融资结构化的具体行为

确认项目的经济可行性；风险评估和缓释；高水平的尽职调查；构建融资模式；独立测试项目的可融资性；明确项目投资者的利益；评估财务模型的分析结果；调整融资结构以最大化投资者的收益

融资行为的发起

与潜在的融资渠道联系；准备项目文件；梳理出理想的条款与条件；从债权和股权出资者处获得建议书；私募股权基金；大型金融机构；主权财富基金；养老基金；其他融资渠道

评估和谈判行为

融资条款、利率和费用；覆盖比率和偿债安排；方案评估的及时性和有效性；为改善融资条件的谈判；选择牵头行或安排行；关于最终条款清单的谈判

融资落地的步骤

确认金融体系的运行情况；项目相关方的背书；完成融资合同

图 13-4 融资结构化流程的具体行为

资料来源：Adapted from Yescombe(2014)。

1. 所有权决策

在对以下事项的效果进行评估并得出结论后，可以做出关于项目所有权的决策。

1）各发起人预期从投资该项目中实现的战略、财务、竞争和其他方面的目标。

2）前期投资要求、未来出资、SPC 在东道国的税收待遇和所获得的支持。

3）东道国的法律和规制要求的限制或条件。

4）项目的性质、预期义务、项目公司的控制和管理。

2. 项目结构决策。

项目结构的决策基于项目公司运营的有效期限、责任和义务以及项目资产所有权的条款和条件。将要谈判确定的项目结构对所有权结构决策有反馈效应，后者反过来又会影响项目结构。当 SPC 的所有权结构和项目结构决策落定后，如果可行性研究表明项目具备经济可行性，则项目风险结构会成为工作重点。当然，项目的可行性同时也以风险结构为条件。

在完成以下工作步骤后，管理项目风险结构的决策即可提上日程。

1）确认项目的各项风险及其根本原因，分为可控制和不可控制两大类。

2）按照发生的可能性及其潜在负面影响，对各种可控风险进行评估。

3）将各项风险分配给最有能力处理的相关方，按照与其从项目获得的好处成比例的原则分担风险。

4）实施风险规避措施，最小化或减少风险的数量。

5）对于那些不可保风险或发生可能性很低的风险，做出风险吸收安排。

6）从可能发生风险的参与方处获得担保措施，从东道国政府、ECA 和多边金融机构获得保险、信用支持和增信措施。

7）制订应急计划应对那些不可知、不可控和黑天鹅类的风险。

黑天鹅是罕见的、随机的、不可预见的和难以预测的事件。在环境、政治、商业、技术和其他领域，它们被视为异常值，但是它们有很大的影响力。

3. 合同结构决策

项目的合同结构要求编制可执行的合同和协议，让项目具备可融资性，并为股东利益提供充分的保护。当东道国政府机构参与项目时，执行协议或授权协议是法律框架中的重要组成部分。这些协议涉及与它们相关的各个领域，在谈判时需要明确以下事项。

1）项目的合同期限，所需要的牌照和许可，以及终止条款。

2）相关方的角色和责任。

3）项目实施安排，包括投标与采购资质、项目技术规范。

4）东道国政府的财政和实物出资、拨款、担保和其他类型的支持措施。

5）法律、融资规定和之前项目的条件。

6）在项目协议终止时，项目公司的资产价值。

项目合同的其他要素包含几个重要部分，每个部分都需要就可接受的期望结果做出决定。

1）签订的 EPC 合同有恰当的完工日期、价格、业绩担保、延迟和未完成业绩的违约赔偿金。

2）签订可靠的承购合同，有数量目标和价格增长机制来对冲通货膨胀、设备升级、税收待遇改变或税率增长造成的影响。

3）针对生产投入品、物资、电力和其他公用设施，签订范围广泛的供应合同，有价格稳定和质量保障条款。

4）针对那些未分配或未吸收的风险，有私营、ECA、多边机构和商业机构提供的保险合同。

5）信用支持协议、担保、反担保、对冲合同和其他信用增级措施。

6）有业绩、产出和质量条款的合适的运营管理合同。

4. 运营决策

在融资结构决策中发挥重要作用的运营因素包括合同期限、项目成本与收入预测、项目现金流和税收待遇。影响融资的其他运营因素有项目公司产品的预期价格、通货膨胀预期、利率环境和融资成本。影响融资来源和融资工具决策的因素如下。

1）项目发起人的股权出资及其出资时间。

2）用项目净现值或投资者的内部收益率衡量的股权投资收益率。

3）债务偿还安排和偿债比率。

4）发起人和其他项目相关方提供的保证措施。

5）对项目公司贷款的保障措施。

在充分考虑运营和融资因素并完成针对有关因素的决策之后，就应进行关于选择最佳融资渠道和融资工具的决策。

5. 融资结构决策

项目融资结构的决策基于对可行性研究和尽职调查报告的分析和评估结果，还有上面讨论的各类与结构相关的判断和决策。项目融资结构化考虑这些因素，试图平衡利益、成本和收益，以达到最优的结构。也就是说，实现各相关方均能接受的最好的可能结果。最后要考虑的因素包括运营因素、从项目财务模型的分析结果中得出的各融资参数、融资来源和种类。

在项目融资交易中，在招揽其他投资者投资项目或落实商业贷款之前，发起人或开发商的股权出资是前提条件。股权和优先股决策受以下因素的评估结果的影响：SPC 如何组织和计划如何筹集股本金，对 SPC 的管理和控制，各股权参与方的争议解决机制，以及 SPC 终止运营的条款和条件。另一方面，债务融资决策涉及对以下因素的评估结果：融资来源及其可获得性、条款与条件、合规性要求、保证、保险、成本和不同债务融资工具的优缺点。

对于新兴国家的项目，第一笔资金的来源可能是多边机构和区域性开发银行，随后是东道国政府的实物出资。在大多数发展中国家的项目中，东道国政府的拨款提供最初的资金，通常是以本地货币出资。在这两种情况下，政府补贴、税收减免、土地和资源出资、政府担保和反担保，会给项目融资的资金池增加来源。另外，作为参与项目的前提条件，EPC 承包商和技术与设备供应商也可能按照与金融市场差不多的成本向项目提供股权或债权资金。

从东道国政府补贴中获得的融资，在融资来源清单上的排位靠后，因为在大多数情况下，它是间接融资，通常需要与官僚机构的打交道。不过，通过东道国政府补贴获得融资可以带来如下实质性好处。

1）项目公司的税收优惠、税率降低、免税期。

2）加速折旧扣除、免进口关税、出口补贴。

3）如土地出资、补贴房产和公用设施之类的实物补贴。

4）设立自由贸易区和生产补贴。

5）现金拨款、受补助的贷款、贷款担保、按优惠费率的政府保险、信贷补贴和免税债券。

优先级商业银行贷款有多种不同用途，如在建设期和运营期中可以有不同的期限，即短期和长期贷款。在许多情况下，有 SPC 的资产背书的商业票据为持续经营的成本提供资金。夹层贷款适用于股权投资和优先级债务不足以支付全部项目成本的情况。初级银行贷款是无担保或附属的贷款，没有担保的债务通常利率水平很高。这些贷款用于应急融资的目的，如施工成本超标。项目债券是通过公开发行或私募配售债券等方式筹资，是用于大型项目融资的长期融资工具。项目债券涉及以下几个方面的高额成本：获得信用评级、准备债券发行材料、法律成本和推介成本。另外，对于评级为 BB 或更低评级的债券和贷款，一般需要通过购买保险来防范违约风险。

出口信贷融资和政治保险是国际项目融资中不可或缺的组成部分，在项目融资结构中发挥着重要作用。出口贸易融资由设备、技术和服务来源国的 ECA 提供。ECA 为技术、设备和服务的供应商提供贷款，或为其购买方提供贷款，ECA 还可以提供信用保险和融资担保。另外，OPIC 提供的政治保险为资产、投资价值或收益损失提供全面的保障。

13.4 项目融资的决定因素

对项目融资的决定因素的说明，如图 13-5 所示。第一项决定因素是发起人提供足够的股权出资，还有私营和公共利益相关方对项目的参与，但是 SPC 的各家股东适用无追索或有限追索。

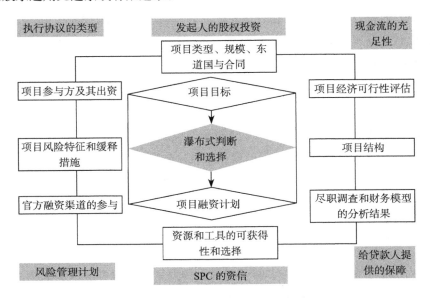

图 13-5 项目融资的决定因素

一旦主要决定因素得以满足，另外一组因素将决定有效的项目融资结构，具体包括以下因素。

1）东道国的经济和政治状况、项目规模和融资需求。

2）更新发起人和其他投资者的分析、评估和股权出资要求，与其他项目相关方的预期保持一致。

3）验证各相关方目标的连续性和协同性，以及与更新后的发起人目标的一致性。

4）通过审核和测试各假设条件和基础性情景，确认成本和收入预测的合理性。

5）健全的项目管理流程和保障措施，有效整合与项目融资计划相关的各项决策。

6）通过可靠、独立和客观的评估，验证项目的经济可行性，并得到尽职调查报告成果的支持。

7）再次评估项目的风险缓释措施，具体包括将风险分配给最有能力处理风险的主体、保险合同和反担保等。

8）验证和确认由贷款人聘用的专业团队提供的尽职调查结果。

9）确认 EPC、承购、供应、对冲、运营管理等方面的合同，以及担保、融资支持和增信措施的充分性。

10）强有力的东道国政府的政策支持，可执行的承购和供应合同。

11）发起人与潜在的债权和股权出资者建立联系、关系和合作，理解它们的流程和要求。

12）可以获得成本适当的融资、以本地货币和硬通货提供的支持、利率和汇率套期保值合同。

13）ECA 和多边机构的参与、支持和增信措施。

14）通过对替代的可行情景的模拟分析，测试对各种偿债比率的满意程度。

15）根据贷款人的约定和限制条件，正确地管理项目公司的账户。

13.5 融资工作的整合

在前面各节，我们讨论了融资结构化的要素、债权和股权投资者的要求、项目开发阶段的各种决策和项目融资的各项决定因素。沿着从确立项目目标到完成融资决策的工作流程，可以很自然地引出下一步，即编制项目融资计划。之前的相关介绍缺乏一个非常重要的要素，即整合不同融资工作流程的要素，它们是编制项目融资计划的必需要素。本节的话题就是如何将所有不同的片段和决策整合起来。图 13-6 简要说明了如何整合项目融资的流程，该图是辅助性工具。

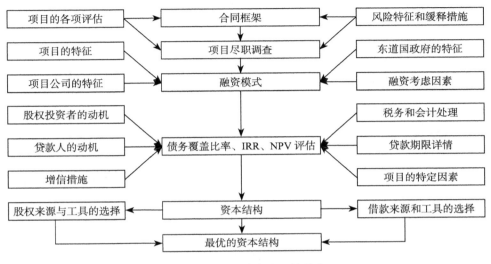

图 13-6　项目融资流程的整合

完成构成项目合同和协议基础的项目评估、风险特征识别和风险缓释安排后，应在尽职调查报告中整合和综述这些组成部分。可以通过整合源于项目特征、项目公司特征、东道国政府特征、融资考虑因素和尽职调查报告验证等方面的数据，输入变量和参数，以更新财务模型。基于这种更新，财务模型得出债务覆盖比率、内部收益率和净现值等估计值。通过在模型中纳入以下方面的详细情况，可以对这些估计值做进一步的验证。

1）股权投资者的动机。

2）贷款人的要求。

3）债务的税务和会计处理。

4）贷款的详细情况。

5）增信措施和信用支持。

6）项目的特定因素。

精细化后的财务模型的输出结果，可以显示项目是否有能力产生足够现金流来偿还债务和满足股权投资者的要求，也指引项目资金结构的确定。此时，可以形成阶段性的项目融资计划，如图 13-7 所示。除了前期的发起人股权出资、及时的新增出资和应急融资要求，还需要考虑和评估其他股权出资来源和融资工具。

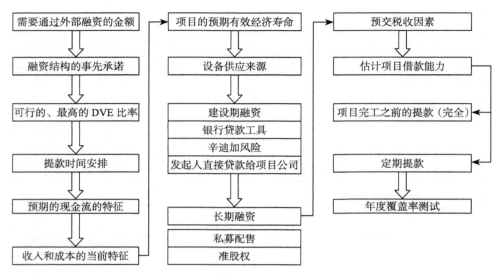

图 13-7　项目融资计划的说明

应评估各种股权和债务融资渠道和工具，更新还款安排和贷款费用，并输入财务模型。只有这样，才能优化确定资金结构，并采取行动落实融资。应优化整合各部分的工作方式，建立竞争优势，证明团队拥有卓越的项目管理技能、能力和经验，在有效实施融资结构化方面的重要性。不过，在大型项目中，有经验的外部融资顾问的帮助和指导，对于促进融资工作流程和确保顺利落实融资，也很有价值。

图 13-7 介绍了优化建设期和长期融资所需要的一系列要素。做出最终决定的基础是年度覆盖比率和测试，如果其不够充分，则需要迭代流程，直至达到优化状态。项目融资计划是一个重要的里程碑，因为它不仅指导融资结构化流程，它还为编制得到各方认可的信息备忘录提供关键性的支持。项目财务模型的极端重要性，体现在其应形成股权和债权投资者均能接受的融资结构，因此下一章聚焦项目财务模型。

项目财务模型：评估和测试可融资性

项目财务模型是重要定性和定量信息的表示。它包含假设条件、项目进度安排和用 Excel 电子表格这类确定性的数学模型表述的运营和财务关系。随机项目财务模型用于那些存在不确定性的项目，由于其复杂性，它只用于大型项目融资。财务模型计算各种关系，并模拟有关预测变量的效果。它的分析结果帮助计划和指导在项目所有阶段都要做的财务分析和决策制定。因此，在评估可行性研究的结果和在项目开发阶段的决策时，它都是关键的工具。项目财务模型的主要作用，如图 14-1 所示。

在项目评估阶段的起点就应构建项目财务模型，随着更多信息、数据、分析和评估的完成，它被不断地扩展、更新和改进。由于它的复杂性和其维护要求，项目财务模型通常由发起人的项目团队和财务顾问机构共同开发，并使用牵头行提供的数据。它的开发是一个过程：首先是项目定义和需求信息、数据和定性评估、专家意见、技术和财务关系方面的假设、未来的运营环境以及模型的驱动因素的变化；随后，它要做大量的计算，为项目的每个阶段进行多情景的现金流模拟分析，提供财务信息。

财务模型很重要，因为它的输出结果是回答以下问题的基础。

1）在启动项目评估时，项目看起来是否有足够的前景，对得起大量的开发性支出？

2）项目具备可融资性吗？适当的投资收益率是多少，比基准利率高 5、8、10 个百分点？内部收益率要多高才够？根据特定项目的风险特征应当是 10%、13%、15%？

3）财务模型的结果与项目相关方的预期、尽职调查结果是否一致？

4）财务模型的结果是否能证实基本假设的逻辑一致性和合理性？

5）如果在特定的条件或情景下，项目的可融资性存疑，如何让项目具备可融资性？需要做出哪些变化和改善，才能提高融资机会？

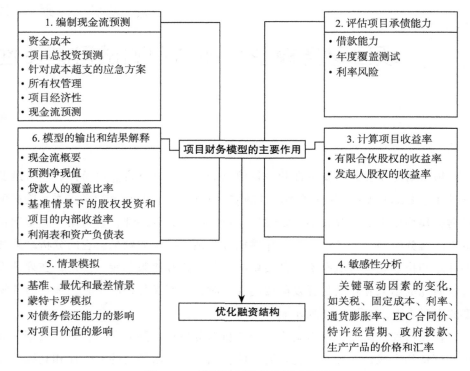

图 14-1　项目财务模型的主要作用

资料来源：Adapted from Finnerty(2013)。

良好的项目账务模型对于项目融资结构化工作至关重要，但是它们不能确保会有令人满意的项目实施和项目公司管理。因此，它们只能保证项目在财务上的成功，即所有财务比率和指标都处于特别理想的范围之内。在随后各节中，我们讨论项目财务模型的用途，财务模型的输入、输出和优秀财务模型的特征。但重要的是，关于财务模型的讨论要回溯以下因素。

1）战略和项目目标及其发展。

2）风险管理和尽职调查结果。

3）融资结构化过程和其间要做出的决策。

4）项目融资计划的要素和分析。

5）外部融资咨询和顾问机构的基准和评估。

随后各小节讨论作为项目融资关键要素的项目财务模型的最重要的因素。第14.1节介绍项目财务模型的功能和用途，以及它们如何决定项目融资结构。第14.2节分析项目财务模型的一系列输入变量。那些影响力较小的输入变量也会对模型的输出值造成很大的差异并给出错误的指令。

财务模型的计算和输出在第14.3节介绍，讨论的内容必须从无数的模型结构化和计算细节中进行提炼。为了完成对项目财务模型的介绍，我们在第14.4节考察优秀项目财务模型的特征。对项目财务模型的讨论以一个普适性的结论来收尾，即项目财务模型是融资结构化的重要支柱，缺了它就无法编制项目融资计划。

14.1 财务模型的用途

项目财务模型的主要功能是指导融资结构化决策。它作为一种工具，解释和审核所有的项目成本和收入预测，确定项目所需要的债务融资数额，并评估项目公司偿还债务的能力。因此，它是展示项目盈利性的手段，从全面的视角展现项目的价值创造能力。如果进行适当的包装调整，它还可以用于信息备忘录、演示材料和路演，以吸引债权和股权投资者。项目财务模型的功能包括以下方面。

1）接收和处理项目技术规范、数据、假设和修正，作为这个时点所有信息的收集、筛选和验证的知识库。

2）支持高杠杆分析、敏感性分析和情景测试，改善持续且准确的财务参数估算。

3）实施迅速且可靠的分析、评估及回应项目团队的请求与问题，支持合同谈判。

4）针对不同相关方的请求或看法提供项目评估，报告由于输入因素的变化而造成的项目评估的变化。

5）评估和帮助控制与债权和股权投资者的合规性要求相关的项目风险与成本。

6）帮助对未来某个时点可能出现的未缓释风险和黑天鹅事件制订应对计划。

7）为项目公司的运营提供意见，确认其商业计划的适当性。

8）作为交流工具，在所有项目相关方之间传递一套共同的项目财务预测和评估结果。

　　项目财务模型是项目融资计划的基础，因为它整合所有主要的原数据、处理它们，并得出在融资计划中用途广泛的输出结果。它从一些项目的实际情况开始，随后明确地表明发起人的预期、目标和贷款人的要求，使用以专家观点为基础的假设条件及收入与成本预测，建立起项目经济性的可视图景。因此，在发起人的分析和评估及贷款人对项目的评估工作中，它是一个重要的工具。它还服务于贷款人的尽职调查，因为它显示如何满足它们的要求，并评估项目的可行性。这是因为该模型采集项目成本与收入的详细情况和项目公司的现金流预测数据，并扩展到决定项目可融资性的项目公司的资信和借款能力。

　　财务模型的分析结果有助于识别和评估项目风险，确定或建议有必要实施的其他风险缓释措施，最终给出指令并影响借款成本。财务模型的输出结果指导项目融资结构化决策，同时是项目融资计划的输入因素。它确定可行的融资结构化方案，指导多个重要的融资工作流程。另外，项目财务模型的一个最为重要的用途是它能够测试在构建各种模型中所使用的假设条件的合理性，对项目结构及其结果做合理性审查。

　　项目模型产生的现金流估计和财务比率，在分析项目可行性和可融资性时至关重要，也让对股权和债权投资者的投资回报率的评估成为可能。项目财务模型的另一个重要功能是编制项目公司的财务报表和定期财务报告。实际上，所有的重要项目谈判都要基于项目财务模型的结果。财务模型的结果决定谈判立场和决策。在合同谈判的准备工作中，发起、撤退、修改和离开等谈判立场的效果，取决于财务模型的结果。在谈判过程中，为了指导谈判中的决策，需要评估各种提案的结果，还有各类反提案的影响。

　　项目财务模型的另一个有价值的应用，是它们有能力实施敏感性分析，测算单个模型驱动因素的数值变化，对成本和收入等输出变量的影响。当模型的各驱动因素随机变化时，蒙特卡罗模拟法的模型输出是对各种影响的模拟，这些变化形成不同概率水平对应的可能结果的范围。模型模拟是开发可行情景及观察它们如何影响输出变量的必不可少的工具。模拟法也是针对各种经济条件和金融条件的有效风险评估和评价工具。

　　财务模型的输出结果是准备项目信息备忘录的必要条件，因为它是投资者分析和项目评估的基础。并且，因为项目财务模型可以用于对极端情景的黑天鹅模拟，它还是制订应急计划的有效工具。另外，如果特定事件发生，或者项目公司在为实现预期结果的运营过程中需要做一些改变，它也有助于项目公司采取行动并进行适时调整。

14.2 财务模型的输入

项目财务模型应当是全面的、结构良好的、对于决策制定有价值的。这要求它包含与成本、收入和现金流有关的所有核心驱动因素。它还要准确地界定各种关系和反馈效应。在任何情况下，项目生命周期和各项事务的时间安排都是最早的输入要素，随后是涉及的各种成本的估算、收入预测和东道国的因素。不过，最终模型的很多输入要素包含基于前期项目财务模型和其他因素的决策判断。换句话说，项目财务模型的输出结果所引起的一些变化，又会成为新版财务模型的输入要素，按照递归方式一直推进到稳定状态，相关方对项目可行性达成共识。

资金成本是重要的成本因素，由项目要求和项目规范决定。反过来，项目要求和规范由发起人和东道国政府的目标和预期决定。除了资金成本，项目开发成本是另一个重要的成本要素，随后是项目公司生产投入、原材料和公用设施的成本。项目公司的运营费用是另一项重要的成本要素，还有与运营管理相关的各项成本。有时，为了将风险管理的成本分配给合适的主体，如保单成本和保值合同成本之类的各种风险管理成本，会将其与其他成本分开核算列示。在所使用的技术快速变化的特定项目中，设备和技术更新的成本也应单独处理。其他的重要因素还有折旧与摊销时间表及相关成本。

现金流量方程收入侧的项目模型输入要素因项目不同而差异很大，取决于编制收入预测的咨询机构的经验判断。收入预测仅要求对项目公司的产品需求进行预测，即项目生命周期内销售的产品数量，以及该期间内的产品单价。然而，数量和价格预测需要考虑和以下因素有关的各项假设所产生的各项输入要素。

1）东道国的宏观经济变量，如国民生产总值（GNP）增长率、通货膨胀率、汇率等。

2）行业结构、生产能力和竞争的变化。

3）大趋势，政治、经济、社会、技术、法律、教育和人口（PESTLED）趋势和特定行业的趋势。

4）客户与客户基础、对项目公司产出的需求的增长率、在预测期预期的市场变化。

5）对于受管制的行业，为维持特定收益率所需要做出的价格改变，以及对于不受管制的行业可能发生的价格调整。

债务提款安排由施工进度安排决定。出资安排由贷款人的要求和项目的承债能力决定。另外，债务还款安排由项目公司的债务负担及其净现金流决定。贷款的约定和限制条件是财务模型的输入因素，影响项目公司可用现金流的使用和现金流的分配安排。贷款利率和费用、股权融资成本和适用税率结构、再融资成本和长期债务的需求，是项目财务模型的重要输入因素。

项目财务模型的输入要素需要持续更新，而不是固定不变，应按照递归和迭代方式进行有关计算。因此，除了那些在早期某个时点已经确定的要素，还需要明确一些模型输入要素来启动模型的计算，如计算净现值时，需要有贴现率、发起人的股权投资的内部收益率的目标值，但有些要素还无法明确。当执行必要的分析、评估、核对和验证工作后，项目模型的计算和产出参数得以稳定。模型的计算结果应作为融资计划、项目公司财务报表和项目信息备忘录的输入要素。项目财务模型的计算和输出是下一节的话题。

14.3　财务模型的计算与输出

项目财务模型的相互作用的特征，以及其在项目融资中的核心作用，如图 14-2 所示。这有助于展示为实现最优的融资结构及所需要实施的任务和行为。成本与收入预测的年度数据用于计算项目公司年度现金流和偿债能力要求。在项目财务模型中，排在第一位的输出是为了满足资金需要的债务和股权的提款金额。

当完成全部计算后，项目财务模型的输出明确项目债务偿还的能力状况，后者用于还款时间安排的谈判。计算过程中产生如下参数和比率。

1）项目资金的来源和用途、可分配的现金流和为设立项目公司瀑布账户提供的方向性指导。

2）项目的净现值：指以项目公司的加权资金成本作为贴现率的项目公司的年度现金流的贴现值之和。有时会使用利润投资比率替代净现值，该指标的定义是净现值除以初始投资。还有些时候应考虑每年现金流的不确定性，计算经风险调整后的项目净现值。

3）项目股权投资的 IRR：指让项目的净现值等于零的贴现率。发起人的最低 IRR 要求是用于评估特定项目是否可行的门槛值。低风险国家的中等风险项目的股权投资 IRR 的范围是每年 12% ~ 15%，发展中国家的则高达 20%（Yescombe，2014）。

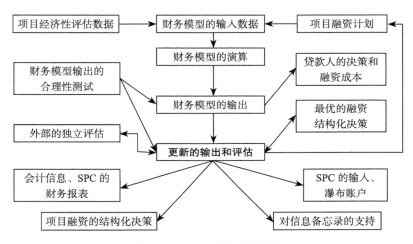

图 14-2　项目财务模型的作用

4）年度偿债覆盖比率（annual debt service cover ratio，ADSCR）：测算项目公司至少运营一年之后的数值。该比率的定义是：ADSCR= 年度净运营现金流 / 年度偿债金额，而年度偿债金额是指在该年度内要偿还的本金加利息。ADSCR 是在特定时期内项目公司筹集资金满足利息支出和本金还款的能力的概括性指标。但是，它是 SPC 可以筹集的债务水平的一个决定性因素。ADSCR 要求的最低范围，从可用性基础上的合同的 1.2，到缺乏承购协议或价格对冲的商业发电厂项目的 2.0（Yescombe，2014）。

可用性基础上的项目，指学校、医院、监狱、养老院和体育馆等社会基础设施项目。

5）贷款的终身覆盖比率（loan life cover ratio, LLCR）= 经营性现金流的净现值 /（债务余额 – 偿债准备金金额），其中的债务余额通常指计算时的优先级债务余额。这个比率告诉贷款人，项目全生命周期的现金流是要偿还的债务余额的倍数。对于平均风险的项目来说，最低要求应比 ADSCR 的最低要求高 10%。

6）在项目运营年度内的平均年度 ADSCR 和 LLCR，是较好的关于偿债覆盖率的长期指标，因此在贷款决策中应给予其较高的权重。

7）项目全生命周期的覆盖比例（project life cover ratio，PLCR）= 在偿债之前的项目全生命周期净运营现金流按照计算净现值的贴现率进行贴现后的现值 / 计算时的债务余额。当现金流存在波动性，可能影响偿债及时性时，可以使用这个比率。贷款人通常要求任何时候的 PLCR 都比 ADRCR 的最低要求高 15% ~ 20%。

8）在开发自然资源类的项目中，使用两个指标来评估其可融资性和储备覆盖比率。第一个是：PRR（production-to-reserve ration）= 生产量 / 储备量，决定储备是否会因生产而枯竭。第二个是：RLI（reserve life index）= 储备量 / 生产量，显示储备的可用年限，假设项目公司有能力开发储备资源。

9）债务股权比率（D/E）决定 SPC 的财务杠杆，显示公司资产有多高比例是通过债务融资支持的。它被视为项目公司的长期偿债能力指标，显示其长期财务政策的稳健性。债务股权比率因项目而异，从可用性项目的 90 : 10，到资源开发项目的 50 : 50。

10）项目公司的财务报表来源于对财务模型的测算，除了用于税务测算、财务分析和报告目的外，还用于审核项目财务模型的输入和输出的有效性。

11）项目财务模型的一个有价值的输出成果，是由于单个模型驱动因素或输入因素的变化，影响不同的决策参数而实施的敏感性分析。通过敏感性分析，可以识别出改变哪个单一模型输入变量，有助于改善项目的经济性并确保其长期可行性。

12）只有依托项目财务模型，才能有效地开发构建、模拟分析和评估不同的情景。针对模型假设和输入要素的随机变化，实施合理的情景模拟很有价值，因为它们界定在不同的发生概率下各类财务参数和比率的变化范围，尤其对项目公司运营阶段的罕见和极端冲击的黑天鹅事件的情景模拟特别有用。

因为账户协议、瀑布账户结构、各种先例和条件可以在项目财务模型中详细说明，收入账户下列出的各种各样一揽子支出，是基于贷款人和发起人要求的模型输出，因此必须对其进行测试和验证。另外，对项目财务模型的其他输出的评估，承担其他有价值的功能并可获得如下收益。

1）理解项目公司承债能力的数量变化的效果和影响。

2）评估基于成本因素实施的各种短期项目融资工具的价值。

3）在长期融资决策中，整合各种不同再融资渠道和工具的效果。

4）确定适当的项目生命周期，确保足够的贷款偿还能力并满足股权投资者预期收益。

5）创建合适的增信措施，确保项目公司的可赢利性。

6）验证财务模型的输入和输出的合理性并确保其一致性。

14.4 好的项目财务模型的特征

对项目财务模型输出结果的分析，用于决定项目可融资性、项目公司的借款能力和筹集资金的种类。不过，模型输出的质量受那些看起来不重要，但最终产生重大影响的输入因素的影响。通常，针对输出结果的分析是重点，其重要性超过情景分析。对项目发展所处的环境和相关因素的描述，决定项目财务模型的质量。

参加大型项目财务模型开发的专家坦诚地承认，这类模型已经变得很复杂，当详细情况输入模型时，很容易出错（Bodmer，2015）。另外，因为输入变量的相互作用和反馈效应，不是每次模型都能做出正确的计算。财务模型输入因素的不一致经常会导致大型模型的输出错误，导致其不宜作为决策基础。因此，在本章剩下的部分，我们介绍项目财务模型的绩效和从这个领域中学到的经验。

可靠的项目财务模型的第一个要素，是正确地将定性信息转换为定量的模型输入，如基于外部咨询机构的观点对项目风险发生的可能性和影响的严重性的评估基于全面的分析评估进行的正确判断和观点与假设的平衡，是可靠的财务模型的另一个的特征。在这样的模型中，应通过独立审查和尽职调查的结果来制衡过度乐观的假设。全面囊括可知和可量化的模型输入和驱动因素必不可少，因为遗漏输入因素会导致错误的模型输出。因此，应在任务开始时编制输入因素、数量和假设条件的全面核查清单，并进行全面审查，确保没有重大影响因素被不当考虑或遗漏。

对最初的项目要求和技术规范的合理性验证必不可少，因为应在合理的成本与收入预测的基础上，基于可行性研究的建议推进项目。这些导致项目可行性和额外的发起人股权出资变化的成本决定要素经常成为谈判工作的组成部分。另外，情景规范要求的完整性和合理性是构建项目财务模型的环境结构的基础。

如产业结构发展的影响、大趋势和亚趋势的影响、客户或客户的接受度和支付能力和未缓释风险的影响，这些既是定性也是定量的因素，需要整合进收入预测，而收入预测是项目现金流测算的关键组成部分。

应当始终牢记奉行基于成本－收益分析的保守方法，构建合理的项目财务模型，在平衡项目参与方的利益和关注点的同时，主导各类模型输入因素的开发。后者在分配风险时特别重要，是项目财务模型的结构稳定性的基础。优秀的项目财务模型的另一个重要特征，是清晰地阐明其假设条件、来源和基本原理。如果假设条件持续更新，则各项测试和验证结果都应清晰地记录下来。另外，为确保项目财务模型的输出参数和比例的合理性和可靠性，对有关信息、数据输入和各项关系的持续验证也很有必要。

外部咨询机构对每一版财务模型的输入和输出因素的合理性、一致性和有效性和输入因素的更新实施独立验证，提高了各输出参数和比率的准确性。但是，如何确定输出结果的合理性？一个常用的测试是将作为模型输出的各项比率与发起人和其他项目相关方之前的经验进行对比评估，与可比项目的统计数据和行业平均情况进行对比以审查其行为。这能否确保模型输出结果的可靠性？不，还不能。在各阶段对现实情景的确认和输出成果进行合理性检查，是良好的项目财务模型的必要特征，揭示如何改变模型参数以实现更高效的项目可融资性，也是其必要特征。

截至目前所讨论的良好项目财务模型的特征，均需要很多结构性和输入因素的检查。然而，可以在互联网上找到针对不同项目的好的建模实践和项目财务模型案例，这说明了它的复杂性可以指导如何构建模型。由于涉及很多变量和输入因素、各类事件和时间安排，始终难以确保项目模型的参数和比率的绝对准确性。不过，每个项目财务模型的运行可以帮助审核项目财务报表的有效性。这是因为可以从财务报表的错误追溯到模型假设条件或输入因素，并将其修正为合理水平，进而得到更正后的财务报表。

还需要适当强调模型的充分性、简单性和简洁性，一旦通过项目可行性研究和尽职调查，确认模型输入要素的质量和可靠性，就应当重点关注现金流核心驱动因素的适当性。正确的判断对于辨别可量化和不可量化的项目因素的原因与后果十分必要，但是这是一个有挑战性的任务。例如，如何补偿和平衡良好的模型结构与输入变量，项目相关方之间不太有效的交流、协作和合作，或合同的不合规？

除了前面提到的有助于项目财务模型成功的特征之外，还有一些实践经验可以改善项目财务模型的结构，并提高模型输出结果的准确性。这些实践经验的例子如下。

1）使用模块化的方法来构建项目财务模型，比在一个大模型的单个模块中实施所有必要的计算，效果更好。

2）创立和维护囊括不同项目阶段的输入数据、信息、假设、输出和决策的资料库。

3）确保项目财务模型满足所有发起人的战略需求和标准，并将东道国的税收和规制要求纳入考虑。

4）确认各项假设条件的质量，在项目不同阶段检测其有效性，使用行业基准和早期项目经验在持续性的基础上检测其合理性。

5）深入推进财务模型核查和全面检测，消除缺陷、循环逻辑、输入错误和错误的计算。

从财务模型评估中获得的其他有助于开发优秀模型的经验如下。

1）使用最佳的建模实践经验和软件来构建和测试财务模型，提供完备的文件和易阅览的图表。

2）说明财务模型的逻辑结构和处理计算过程的流程，运用特定的测试。

3）在项目全生命周期中维护数据的完整性，实施有效的数据管理，与所有项目相关方开放沟通和分享信息。

4）针对项目财务模型实施独立的、批判性的和客观性的评审和评估，确保其输出结果的可靠性和准确性。

5）确保在情景测试中合适地处理因果关系和反馈效应，并核查其影响的一致性和合理性。

6）按照决策时间、决策主体、项目团队接收和其他相关因素，对所有决策做好记录。

7）每一次复盘分析，均包含对项目模型性能的评估。

影响项目融资的趋势：机会和挑战

在新业务开发领域中，大趋势和亚趋势至关重要，因为它们对商业策略和项目成功有潜在影响。尽管无人能够控制它们，但是特定机构如果站在它们前面去适应它们，就会带来很大差异。比知道哪些趋势会影响特定机构更加重要的是，如何利用这些信息来趋利避害。一旦它们的影响被所有相关方很好地理解，它们就会被应用于所有发起人的项目决策，推进相关方的合作。

图 15-1 介绍了趋势的组成部分，说明对趋势的评估首先是识别，随后是分析大趋势、亚趋势和 PESTLED 趋势的影响。为了让讨论更有意义，还应包括应对趋势的计划。术语"大趋势"因约翰·奈斯比特而流行，他将大趋势定义为全球性的、有广泛影响的、不停变化的力量，影响行业、经济、社会、文化以及人们的生活。大趋势的影响是永久性地塑造商业环境。另外，亚趋势是正在流行的趋势、运动或进步，处于大趋势内部或外部，只是持续一段时间。趋势与时尚的区别在于，趋势是自下而上的决定性行为，而潮流是寿命有限的、从上到下的现象。趋势也不同于预测，预测是预见、观点、测算和源于趋势的推断，这两者不应混淆。

如项目风险评估，在新项目开发的早期阶段，就应当合理地确定和评估全球性趋势对该项目和投资机会的影响。这种任务的延伸，是评估各种亚趋势对拟投资国和相关行业的影响。不过，出于项目融资目的，理解各种趋势和亚趋势如何影响项目公司和不同的项目相关方，也同样重要。换句话说，这涉及发起人和潜在投资者，还涉及参与项目的东道国政府机构、基础设施建设行业和项目融资行业的参与方。这种理解很重要，因为趋势有以下特征。

1）可以在很大程度上确定竞争环境和竞争方式的变化。

2）可以提供项目公司产出或消费者与使用者的偏好变化的原因和方式。

3）可以指出当前和未来的潜在机会和威胁。

4）可以帮助构建合理的假设条件和情景，提高项目团队评估项目的能力，提升成本和收入预测的可靠性。

5）可以帮助项目公司趋利避害，并准备恰当的应对方案。

6）趋势分析是批判性和战略性思维，是开发情景和新业务计划的有效工具。

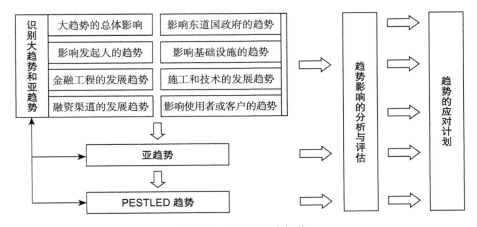

图 15-1　趋势的组成部分

本书只是基于与客户、项目咨询机构和顾问机构、基准研究参与方的讨论，粗略地讨论大趋势和亚趋势。第15.1节介绍主要的大趋势。第15.2节讨论影响项目相关方的大趋势的来源和特征。第15.3节列举将在未来继续深化的人口结构的变化趋势。而15.4节重点介绍影响技术发展和基础设施行业的趋势。第15.5节介绍影响政府部门的趋势及其对趋势的反应；第15.6节讨论影响发起人和债权与股权投资者的各种趋势。第15.7节介绍影响融资渠道、基础设施项目融资和金融工程方式的各种趋势。最后，第15.8节介绍用于识别和分析相关趋势并评价其潜在影响的工作流程和可用资源，它还指出如何利用趋势获益。

15.1　主要的大趋势

这里介绍的大趋势的影响长达 20 年以上，通常适用于所有类型的基础设施项目，普遍为人所接受且众所周知，在基础设施和项目融资行业有全球性的影响。具体如下。

1）7个新兴国家（7E）的崛起：巴西、俄罗斯、印度、中国、印度尼西亚、墨西哥和土耳其（PWC，2014）。

2）资源的匮乏驱使项目投资把重点放在资源保障和经济发展领域，而后才考虑满足迫切的健康和社会需求（KPMG，2015）。

3）开发商、发起人、融资机构、EPC承包商和保险机构正在走向全球化（KPMG，2015）。

4）智慧城市的发展，创造巨额投资和商业机会（KPMG，2015）。

5）为满足预算和社会需要，全球范围内的政府资产的私有化程度会提高，并增加基础设施项目的供给（KPMG，2015）。

6）在未来10年中，亚洲新兴国家（中国、印度、印度尼西亚、马来西亚、菲律宾、泰国和越南）将推动全球范围内的基础设施支出（KPMG，2015）。

7）应认识到全球气候变化及其原因将加剧资源短缺的程度，特别是水、食物和能源。不过，据估计，粮食总产量将在2010至2030年之间大幅度增加（Frost和Sullivan的演讲）。

美国国家情报委员会（NIC）发布的评估报告是识别全球大趋势的专业的、可靠的和准确的来源。在其2010年的评估中，它认为以下大趋势的影响最重要。

1）形成更加紧密的、相互联系的和更加复杂的国际商业体系。

2）从西方向东方转移的财富和政治的影响力，在可预见的未来中仍将继续。

3）资源的稀缺会加剧地缘政治对抗。由于抢夺食物、水和能源，潜在的冲突变为现实。

4）地缘政治领域出现新的战略投资者，如各国的国家石油公司和中国的资源开发公司，都在其母国之外投资基础设施项目。

5）随着地缘战略风险的上升，不确定性产生，恐怖主义和冲突将成为重大关注点。

6）为了应对致命技术和恐怖主义，国土安全和网络安全的支出将增加，未来还会继续增加。

7）非政府组织会提高其国际存在感，但是其影响力不会发生显著的变化。

8）随着消费者品位的变化和新兴国家消费者支付能力的增长，个人赋权的趋势将继续深化。

9）美元在国际交易中的作用下降。在向新的国际体系的过渡中，会产生新的风险。

10）不同国家和地区的人口老龄化的差异化趋势将继续存在，地缘冲突会比技术变革带来更多的破坏。

11）颠覆性的技术发展，特别是信息技术，将影响人们生活的方方面面。

12）城市化和大城市与大区域的建立，将更关注城市的机动性。

15.2　大趋势的来源和特征

大趋势源于好的思想、基本的必要性因素和创新。为了可持续，它们还通过引发子趋势和影响，进一步强化其影响力。趋势的发展源于其与政治、经济、社会、技术、法律、教育和人口因素的相互作用。由政治和军事力量的变化所引发的趋势变化，既可能只是本地性的，也可能是更广范围的，经济体制的变化也是如此。法律和规制的改变可能引发国家经济、行业和商业模式的新趋势。另外，教育和人口结构的变化，可能引发影响特定国家未来多年整体经济情况的新趋势。

除了技术冲击，大趋势和亚趋势产生的原因还与下列因素有关。

1）未被满足的社会需求，如住房、医疗保健设施、学校、污水处理厂等。

2）地缘政治、战略和军事力量的转移。

3）全球范围内的人口老龄化和城市化进程的加快。

4）自然资源的短缺，最重要的是水、食物和能源。

5）新技术和革命性的产品和服务的出现。

6）政府重新确定经济发展和增长计划的优先排序。

7）全球化带来的消费者需求和品位的变化。

大趋势的特征是普适的，也就是说，它们影响全球范围内所有人的生活。虽然程度有所区别，但是有相似的特征，其中最重要的特征如下。

1）它们联系密切，相互之间存在反复的反馈效应，且相互强化。

2）它们为新机会的创造提供条件和创新，但也有潜在的负面影响。

3）尽管它们是全球性的，但在不同国家，大趋势的影响可能存在不同程度的滞后性和影响力。

4）支撑大趋势的因素总在不断地变化，影响着趋势的方向、影响力和变化的速度。

　　大趋势和亚趋势对基础设施项目的影响，在不同国家、行业、部门和项目之间的差异很大。不过，它们在以下领域的影响显而易见。

　　1）会影响成本的工厂、设施的工程和设计，项目的技术规范。

　　2）在项目开发中使用的模型和结构。

　　3）招标和采购的框架与系统。

　　4）项目的物流和交付对整体效率的影响。

　　5）需要更好地理解项目的风险和机会。

　　6）有能力和经验利用趋势创造协同效应，或者规避趋势，最小化其影响。

　　7）在项目开发和融资方面，需要更多的知识、经验和能力。

　　8）为基础设施项目融资开发新的融资渠道和金融工具。

　　鉴于这些趋势性特征，为了应对挑战并从中获益，政府和发起人需要回答以下基础问题。

　　1）为所有相关方构建有效的项目投标并保证项目成功，需要具备哪些知识、信息、技能和能力？

　　2）发起人如何与政府和其他客户合作，才能驾驭趋势实现共赢？

　　3）在各种趋势的影响下，如何更加明智和更高效地建设项目并为其融资，以获得竞争优势？

　　4）如何利用颠覆性技术解决城市交通问题和水、能源和食物短缺？

　　5）如果发起人、开发商、技术和设备供应商和政府，无法应对大趋势和亚趋势带来的挑战，会有什么样的后果？

15.3　人口结构趋势

　　人口结构趋势全球基础设施项目需求的一个决定性因素，这一点已经形成普遍共识。美国国家情报委员会（2012）研究了该趋势的源头及其影响。以下这些趋势多年以来一直有效，预计未来还将继续有效。

　　1）发达国家面临的空前且普遍的人口老龄化，对社会类基础设施项目的增加施加了压力。

　　2）在全球范围内，中产阶级数量增加的势头不减。

　　3）穆斯林人口的增速仍然超过其他人群。

　　4）印度和中国的人口增长趋势将延续到可预见的未来，这些国家在人力资本和科技等方面，将与美国比肩并立。

5）南部非洲、东欧地区和俄罗斯、日本的人口下降趋势将继续。

6）由于对高素质专业人士的需求和人口替换率的增加，美国、加拿大和澳大利亚继续维持很高的移民比例。

7）在未来 20 年中，亚洲、非洲和拉丁美洲是全球人口增长的主要地区。

8）因为持续的城镇化，到 2025 年全球人口的城镇化率会增长到 57% 左右，驱动供水、交通和能源类基础设施项目的需求。

9）社会类基础设施支出由人口结构变化、教育、医疗等方面的变化趋势决定。

10）由于人口老龄化，以及对物理空间与网络空间安全保障的关注，公共财政面临不断增加的约束。

人口结构变化趋势的影响主要来自于三个源头：水和食物等基本需求的不断增加、医疗设施和服务、公共养老设施和护理院。这些趋势反过来对新兴和发达国家的政府预算施加更大的压力，将优先性从其他基础设施项目中转移。不过，为了支持经济发展，政府须提高教育基础设施和城镇化项目等方面的支出。人口结构变化趋势的影响很容易预测和转换成政府在长期规划中考虑的项目需求。这会增加社会基础设施项目的需求和融资规模，主要是通过 PPP 模式。不过，尚不能轻易评估这对基础设施项目开发的影响，因为这个领域中的投资主要是由经济发展需求所驱动的。

15.4　技术和行业趋势

自 2008 年金融危机以来，可以观察到一种趋势：在政府预算受到限制的国家中，对现有基础设施项目的修复比新建项目的重要性上升；而新兴国家的建筑行业则保持增长。重心转向城市和市区的基础设施需求，从有能力为项目提供资金到投资需求的成本控制。同时，在准备项目场地、物流和使用新技术等方面也发生了工作流程创新，如复杂的物流和项目管理软件，以及 3D 打印技术应用等，提升了基础设施行业的效率。

组织和合同方面的创新正在出现并且还会继续，如计算机库存控制，以及更多地使用先进设备、工具和材料，开发超级供应链技术。此外，人们越来越重视可以减少项目失败率的全生命周期基础设施风险管理。同时，一个日益明显的重要趋势是将采购、承包、项目管理与资产经营连接起来。

技术发展趋势可能对基础设施行业的影响最大，包括解决城市化问题的新方法，并为人们提供更好的服务和生活品质。除了众所周知的创新和引进新的信息技术服务这一趋势，像托马斯·弗雷这样的未来学家，还提及了如下一些可能极大地影响基础设施项目开发和建设的各种趋势。

1）在全球范围内，发达国家在转向低碳经济。

2）随着新技术的发展加快，一些新的基础设施模式得以运用。

3）在几年之内，无人驾驶汽车将普及，无人驾驶高速公路要求新的道路建设方法并整合新技术。

4）"地球上的空间运输"，即管道运输网络，将通过改变道路拥堵和施工问题，而改变交通行业的运行方式。

5）安装在干旱地区的大气采水机，能解决许多地方的水危机。

6）高效的太空发电站将与现有的地面电厂相互竞争来满足能源需求。

7）无人送货网络加快送货速度，实现更加方便的高效率远程配送包裹。

8）正在开发的高功率、高效率的大规模能源存储设施和电池技术，可为新设备提供电力。

9）万亿级传感器的基础设施正在浮现，其中包括分析学、增材制造、能源存储、超低功耗无线应用、网络创新和运营系统。

10）颠覆性的技术包括人工智能、机器学习、增强现实、物联网等。

11）在农村地区出现小规模生物能源项目的新投资机会（毕马威，2015）。

政府预算约束和更高的发起人项目开发成本，迫使各方创新和引进可以提高项目和基础设施行业效率的新技术。政府和基础设施行业在组织机构、合同和采购、风险管理、项目管理等领域使用新技术并推进创新。但是，针对城镇化基础设施需求的解决方案，涉及额外的、新的超前技术的引进、成本和挑战。伴随这些针对基础设施需求的解决方案，对物理和网络空间安全的挑战也随之增加，为有效解决这些问题也提供了一些机会。

15.5　影响政府部门的趋势

公共部门观察到，影响基础设施项目融资的趋势，源于政府如何应对这些趋势，还有它们为使投资获取价值的尝试。以下是在这个领域观察到的趋势，但是请注意这些趋势造成的影响并非在所有国家都一样，而是各有其国别特点。

1）经济类基础设施比社会类基础设施的优先性更高，因为前者的支出对经济增长的刺激作用高于后者。

2）基础设施项目的PPP模式和共同投资模式的运用正在增加，而政府正在使用更好的采购方式以确保物有所值。

3）政府正致力于协调优秀的长期规划和短期政治考虑与优先性。

4）存在权力下放的趋势，地方政府的公共部门更多地参与基础设施项目。

5）政府将增量基础设施开支用于刺激经济，因为它们的资产负债表受到越来越多的约束（Deloitte，2013）。

6）政府的预算压力导致颁授项目的基础为：满足采购本地材料的要求，在东道国生产和创造就业机会，增加东道国的税收收入。

7）政府正在推进政策改革以吸引基础设施项目的投资者，提供股权出资推动项目建设的完工，确保私营投资者留在项目中（Deloitte，2014）。

8）以发展为导向的政府正在采取措施通过以下方式增加基础设施领域的私营投资。

a.多个基础设施行业的市场化改革。

b.为这些部门建立长期规划，将基础设施项目选择与政治性决策隔离。

c.努力获得更好的基础设施资产绩效。

d.关注城市，注重城市人口的流动性（KPMG，2015）。

9）政府在项目融资技术和要求等方面越来越有经验，通过改革市政公用行业的市场结构和监管制度，让基础设施行业更有效率（KPMG，2015）。

10）随着基础设施项目的成本承担者从纳税人转向基础设施项目提供服务的客户或使用者，基础设施项目开发主体也从公共部门转变为私营部门（KPMG，2015）。

人口结构变化趋势的影响要求重心转向社会类基础设施项目，却因政府看重支持经济发展和增长的项目而被抵消。总的来说，各种趋势对政府行为的影响如果能达成的平衡，更加有利于经济增长项目。预算限制也导致政府推进改革，吸引基础设施投资来推动经济增长，从公共部门投资转向PPP模式以实现支出的物有所值。预算受到限制的积极影响是政府越来越精通项目融资技巧，并将基础设施成本从纳税人转给使用者。

15.6   影响发起人和投资者的趋势

到目前为止提到的所有趋势，都直接或间接影响发起人和投资者，但是以下趋势是由对机构运营模式有直接影响的内部因素所产生的。

1）发起人、开发商和供应商正在寻找进一步的方法提高项目融资技能和能力，以获得在这个领域的竞争优势。

2）发起人应认识到有必要培训项目融资的客户，评估有关提案并制订方案来帮助公共部门的客户。

3）项目投资者应在东道国的法律体系之内审慎、廉洁地工作，慢慢地获得本地知识，认识当地合作伙伴，学习当地的文化，掌握如何与当地机构合作。

4）发起人和投资者越来越多地将关注点投向超越合同的风险管理，即形式上的好合同和实际合同实施的弹性（Woodhouse，2005）。

5）项目尽职调查在有效的风险管理工作中，变得越来越重要。

6）随着大型项目成为常事，项目参与方对导致它们无法交付或不能赢利的项目复杂性的关注度越来越高。

7）投资者的偏好和重点正在形成，即投资于低通货膨胀率、项目风险最小、很好地管控财务风险的项目。

各种趋势对基础设施项目的发起人和其他投资者的有益影响之一在于：向政府传授项目融资的知识，并重构法律和规制制度。后者还受到各种官方融资渠道的干预的影响，它们为了降低项目风险并让其具备可融资性，要求政府做出改变。这些影响让项目开发和融资更容易实现高效率运作。因为政府需要高效和有弹性的合同，尽职调查的作用扩展至更加有效的全面风险管理。虽然投资者偏好低风险的项目，但是基础设施项目正在变得更加复杂，有更高额的开发成本。这反过来促使发起人创新，以让项目具备经济上的可行性。

15.7   影响融资渠道和融资方式的趋势

官方、政府和私营融资渠道均受之前讨论的这个领域的大趋势和各种趋势的直接影响。经济发展和社会基础设施项目的融资缺口，迫切需要创新来弥补。因此，不只有新的参与者进入基础设施融资市场，也出现了一些新的融资模式，如受规制的资产融资、基于项目产出的援助、社会影响债券、税收增量融资。

影响融资渠道和融资模式的趋势如下。

1）被忽视的市场，如自然资源丰富的非洲和其他不发达国家，其基础设施投资机会现在已经得到关注。

2）私营和公共部门的客户在项目融资方法方面的经验更加丰富（国家情报委员会，2012）。

3）在给资源丰富的国家的直接资助和对外援助方面，中国的出资胜过世界银行（国家情报委员会，2012）。

4）通过亚洲基础设施银行、国家开发银行和中国进出口银行提供融资，中国围绕贸易走廊支持基础设施建设。

5）美元在国际交易中的作用会随时间降低（国家情报委员会，2012）。

6）项目融资的新模式得到更多运用，如税收增量融资、社会影响债券、基于项目产出的援助和受规制的资产融资，重点在于以最低的风险提供通货膨胀保护（Yescombe，2014）。

7）PPP和其他非传统的融资渠道的重要性提高（Brooking Institution，2015），众筹资金增加（世界银行，2013）。

8）私募股权投资在全球基础设施融资领域的地位上升。

9）对透明度的需求在议程中的地位提高（KPMG，2013）。

10）政治和规制风险在议程中的地位提高（KPMG，2013）。

11）中国和海湾国家的主权财富基金和其他国家性的投资平台的作用提高（国家情报委员会，2008）。

12）中国等新投资者给非洲国家提供援助，投资石油和矿产资源开发项目。

13）国内银行越来越有经验，为基础设施项目提供更高比例的贷款。

14）股权投资规模与基础设施债券市场的发展相匹配，项目债券占贷款的比例上升。

金砖国家设立新开发银行和应急储备安排，建立亚洲基础设施投资银行、中非发展基金和丝路基金，充分显示中国机构发起或领导更多基础设施融资渠道的趋势。这种变化所产生的趋势具有全球性影响，影响发起人和政府的其他融资方面的趋势如下。

1）由于基础设施资产的私有化提高生产力需求并刺激经济增长，项目融资交易增加。

2）随着更多政府正在将其基础设施资产私有化，基础设施融资市场的全球化程度越来越高（Della Goce and Gatti，2014/1）。

3）在全球项目融资领域中，ECA 和开发性金融机构继续发挥推动作用，但是多边机构和开发银行的角色正在改变。

4）交易花费更多的时间、更高的成本，更依赖于官方融资（Deloitte，2013）。

5）由于巴塞尔Ⅳ对银行准备金提出更高的要求，银行提供的长期融资减少，银行现在与机构投资者合作对基础设施项目提供债务融资。

6）更多的投资来自如股权基金和私募股权基金等的新投资者。

7）随着项目组合和投资基金的发展，基础设施项目的市场规模持续增加。

8）评级公司实施尽职调查，根据交易的评级对项目债务进行定价。

9）更加注重预算和优先事项的平衡，社会项目的支出将取决于一国的经济增长。

10）在医疗设施、制药业、不动产和其他行业中，项目融资的运用增加。

总之，影响融资渠道和项目融资的趋势表明，中国将会主导基础设施项目的发展，不仅是在欠发达国家，而且是在全世界。因为作用于项目融资和其他领域的各种趋势的影响，项目变得更加复杂，需要更长的时间才能完成，涉及更高的成本。同时，项目融资越来越多地用于给基础设施之外的项目筹集资金，如不动产、制药业和其他行业。另外，养老基金和主权财富基金，在全球化的基础设施融资市场中发挥重要作用。

15.8　分析趋势及其影响

确认和评估趋势的目的是评估其对行业的影响，采取计划趋利避害。趋势及其影响对项目公司运营的影响，如图 15-2 所示。工作流程始于识别大趋势、亚趋势和 PESTLED 趋势，确定哪些趋势在何种程度上会影响特定国家与行业。在这个节点上，重要的是确保将流行与趋势分开，确定相关趋势将如何影响项目公司所在的行业。这有助于评估趋势对行业结构的影响，有可能改变项目在运营环境中的竞争力。

一旦很好地掌握了趋势对行业的影响，按照流程就要审查行业相关趋势会如何影响项目公司的未来，并确定在项目生命周期内其对项目公司财务业绩的影响程度。对影响项目公司的趋势进行评估时，应当专门评估趋势对以下领域的影响：未来使用的技术、东道国法律和规制的改变、未被满足的客户需求及偏好的改变、对项目成功的潜在威胁。尽管识别相关趋势的过程特别直接，但是要量化其影响，须与竞争者和其他行业进行全面的对比分析，还需要行业专家的评估和分析。

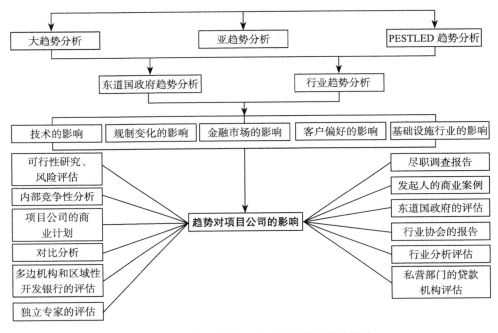

图 15-2　趋势及其影响对项目公司运营的影响

由于项目特征、大规模的投资需求和让项目具备可融资性对财务测算的质量要求，对项目融资交易的相关趋势及其影响的识别至关重要。对趋势影响的量化分析要可靠，有竞争性，以支持发起人的战略规划、商业开发和项目融资机构工作。具体涉及以下活动。

1）参加行业会议，与那些洞悉趋势识别及量化其影响的方面有经验的同行建立合作网络。

2）识别行业领导者并观察他们如何应对趋势带来的影响。

3）实施东道国市场调查，评估竞争对手在当地和类似国家的计划和倡议。

4）学习行业专家和咨询机构的意见和观点，还有行业分析师的见解。

5）阅读行业报告，行业分析师关于行业发展趋势的评论和评估。

6）学习未来学家的观点和预测，分析他们对趋势及其对不同行业的影响的报告、学术文章和论文。

7）监控行业报告，审阅行业杂志，如邓白氏行业分析报告和苏利文市场分析报告。

8）研究母国和东道国关于PESTLED趋势的政府报告和它们对不同行业的影响。

9）学习项目债券评级机构和保险公司关于各种趋势对项目融资交易影响的分析。

10）研究多边机构和出口信贷机构关于未来趋势和项目融资发展的报告。

11）利用与各种融资机构的密切联系，获得它们对趋势和未来情景的观点。

12）向客户和用户问正确的问题并认真倾听。

图15-2的变体如图15-3所示，该图可用于识别相关趋势并量化其对项目的影响，对趋势影响的评估重点如下。

1）了解趋势的来源和由其引起的变化。

2）识别影响每个项目相关方的创新领域。

3）评估技术改变对项目定价和项目交付的影响。

4）量化和核查"趋势 – 影响 – 情景"对项目财务模型输出结果的影响。

5）评估趋势对发起人竞争地位和项目融资的影响。

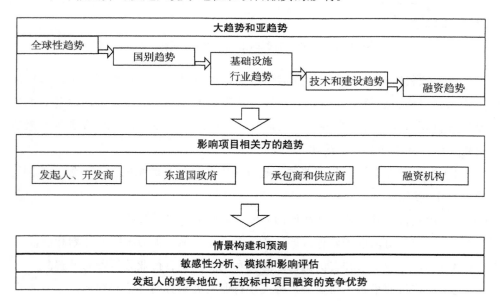

图15-3　量化趋势影响的流程

评估过程的第一步是选择最相关的大趋势，随后是对东道国进行全面的环境分析，利用未来学家的洞察力，确定不同的趋势可能会如何影响项目公司。识别国家、行业和公司的影响趋势后，需要评估对产品或服务特征及其交付产生影响的各种趋势。如何评估？利用行业专家的知识，为预测模型构建合理情景，分析有关趋势对项目公司产品定价、需求和供应的影响。

对情景输出结果的评估和敏感性分析，有助于形成合理良好的关于趋势对项目公司影响的 SWOT 分析。它还有助于发起人形成策略和计划，做好准备应对负面趋势的影响，利用趋势提供的各种机会。不过，如果能考虑趋势对所有项目相关方的影响，趋势分析和量化影响的价值要高得多。这一点很有必要，举例来说，对发起人产生影响的某些方面，可能在不同程度上和不同进度上，影响设备供应商、东道国政府、承包商和融资机构。需要指出的是，对趋势给其他相关方带来的影响的评估要求，比其对发起人和项目公司影响的评估要求，可以更宽松一些。不过，还需要考虑影响的差异性和那些受到不利影响的主体的利益。

在总体趋势评估中，同样重要的是针对特定项目的特定方面进行的趋势影响评估。具体来说，需要针对项目的以下方面进行影响力评估。

1）设计、工程、规范与要求。

2）可行性研究、发展和可持续性。

3）能力和知识要求。

4）采购、物流和项目交付。

5）风险识别、缓释和增信措施。

6）项目经济性、可融资性和资金筹措。

7）成本、效率和潜在的协同效应。

8）发起人在项目开发和融资方面的竞争优势。

在识别、分析和量化趋势的影响后，就需要制订计划并做好准备，利用趋势的好处并规避其负面影响。此时，专家们在竞争性分析和战略决策预测方面的价值创造，在编制应对计划和预期实现计划等工作中至关重要。为什么？因为我们需要将各种趋势的影响，整合成一份整体意义上的趋势对项目价值影响。这要求我们有全面的行业知识、技能和经验，理性的判断能力，并通过给不同趋势赋予合适的权重来实现这种整合工作。

第 16 章 Project Finance for Business Development

项目融资竞争优势的来源

竞争优势是指一家能以较低的成本、更好的质量，或者以市场认为优于竞争对手的方式，交付项目、产品或服务的公司所拥有的优势。它是该公司用于迎合不时出现的市场机会来创造更多价值的经验和能力。简单来说，它帮助公司获得比竞争对手更多的客户认同，它是业务策略和新业务开发的核心目标，目的是赢得投标和保有比竞争对手更好的盈利能力。可持续的竞争优势是特有的、可量化的和可持续的资源、资产和能力，可以给公司提供长期的优势地位且难以复制。可持续的竞争优势是一种可以多次复制的短期现象，但是很难在长期内维持。

竞争优势是业务发展和项目融资学科中的一个重要因素，原因如下。

1）在其他条件相同的情况下，选择总成本最低的项目建议书。

2）它塑造了一种强有力的履行承诺的能力、财务实力和信任度。

3）当情况变差和出现问题时，如果选择了一家有竞争优势的发起人或开发商，可以给决策者提供安全感和信心。

4）它是中标的要素之一，原因在于它意味着与工程承包商、设备供应商、金融机构和保险公司等，在各自行业可以提供最优价值的知名公司的长期合作关系。

5）与拥有竞争优势的发起人签署合同和协议，可以因为其正面的声誉，更快地得到融资机构的批准。

6）具有这种或那种竞争优势的公司，提交能够赢得合同的建议书，给客户提供更好的价值。

第 3～15 章讨论构建高效组织、合理流程和成功实施项目的主要因素。在项目融资方面胜过竞争对手，是建立在以下基础之上的一项竞争优势。

1）了解失败的原因和根源，从失败教训中学习项目融资交易，解决项目失败的根源。

2）整合项目融资、战略规划、新业务开发流程和有效的项目管理。

3）优秀的项目融资机构有经验和能力应对各种特征不同的项目，并提供有效的融资解决方案。

4）适当的早期项目筛选、规划和开发和对相关方预期的管理。

5）明确发起人的内部机构和其他项目参与方的角色和职责。

6）在经过测试和合理的假设和情景基础上，建立合理的战略决策预测，以支撑全面的项目经济评估。

7）通过合理构建和谈判达成与项目东道国的可持续和可执行的项目协议。

8）基于成本收益和最佳承受能力原则的，全面可持续的风险识别、评估和缓释。

9）全面的尽职调查测试、验证，并确认和项目经济性、风险管理和可融资性相关的各种问题。

在完成全面的尽职调查之后，培育竞争优势的其他基础如下。

1）充分了解大趋势和亚趋势，以及它们对行业和项目的影响，利用它们获益，创造协同效应，规避负面影响。

2）良好的架构、完整的、经过测试的财务模型，全面测试和评估其产出和影响。

3）全面掌握融资来源和工具，熟悉它们的产品和流程，构建全球性的融资联盟。

4）面对不同的项目与客户挑战和变化的环境，在构建成功的项目融资交易方面有丰富的经验。

在随后各节里，我们从竞争优势的角度来分析成功的项目参与方的特征。具体来说，第16.1节分析成功的商业开发和项目融资都需要的竞争优势的常见来源。第16.2节讨论公司如何知道自己具备竞争优势，介绍竞争优势的具体表现。第16.3节介绍获取竞争优势的策略和选项。第16.4节实事求是地核查是否有可能建立和维持长期竞争优势。本章的讨论基于对项目融资各相关方的访谈，并介绍对项目融资最佳实践的基准研究的主要成果。

16.1　竞争优势的来源

竞争优势在所有行业内构建"经济护城河"，其众所周知、耳熟能详的来源如下。

1）由于前期大量资本投资所形成的进入壁垒，或行业规制制度的保护。

2）拥有战略性资产，如拥有或获得有关资源、新的专有技术、长期的合同协议、专利和商标，以及其他知识产权。

3）在影响竞争力的领域中，持续性地开发、培育和提升特殊能力和经验。

4）由于规模经济、无缺陷的流程、因其购买能力与供应商和承包商签订的长期合同，所带来的低成本和低价格的竞争优势。

5）因为发起人和开发商的经验和声誉，客户更加喜欢这个品牌，形成超过其竞争对手的品牌忠诚度。

6）靠新设计、创新和质量提升，使发起人在提供项目、产品或服务时，有议价能力且不会失标。

7）公司有雄厚的资产、很高的信用评级和财务实力来投资不时出现的有前景的项目。

在基础设施行业中，每家公司竞争优势的来源可能都不相同，对上文介绍的竞争优势的补充来源如下。

1）战略驱动的项目资产组合管理、项目筛选和挑选，清晰的项目目标和目的。

2）将项目开发目标整合进工作计划，满足客户需求和目标，并创造积极的体验。

3）高级管理层的远见卓识，可通过项目经理和精通项目融资的项目融资机构（PFO）得以落实。

4）强大的项目融资能力与经验，以实现高效的项目开发和卓越的项目融资。

5）在投标与采购、竞争性分析、风险评估和分配、预测与情景规划和项目融资等工作中，项目团队能得到经验丰富的专业团队的支持。

6）在项目团队和相关方之间，存在空前的、畅通无阻的360度的交流、协调、合作和协同（4Cs）。

7）在项目所有阶段中，都有一流的、协作的、高效的项目管理和相关方关系管理。

8）适当的项目融资机构组成结构、群聚效应、文化和信誉形象，很强的内部联系、外部合作和个人关系。

9）在该区域有业务和品牌认知度，最好在该国实施过基础设施项目，或通过合资企业提交竞争性投标。

10）与当前和潜在客户、融资渠道、ECA 和多边机构的决策层建立密切的业务联系和个人关系。

16.2 竞争优势的具体表现

在基础设施项目融资领域中有经验的发起人或开发商，经常问这个问题：哪些特征表明我们已经或正在获得竞争优势？在项目融资领域中具备竞争优势的通常迹象如下。

1）优化发起人的项目组合，与其竞争对手相比能给予客户更多的选择，提供差异化的服务，所有这些创造了客户积极的认知。

2）对项目的明确承诺和大规模的股权出资让客户安心，给出更好的投标书，更物有所值。

3）项目总成本更低，融资效率更好，项目交付体验更好，有效满足客户的需求和预期。

4）除了少数因不具备可融资性而被拒绝的项目之外，所有项目都能高效率地执行，直至项目结束项目公司的管理都很成功。

基础设施项目参与方对前述问题的回答，表明那些知道自己拥有竞争优势的公司具有高度的一致性，它们均显示出以下迹象。

1）比那些报价更低的竞争者赢得的项目合同更多。

2）关注战略目标和意图，创建和实施成功的项目选择和发展策略。

3）不断地调整以适应外部商业环境的变化，制订项目开发和融资策略，将自身的优势和能力与新的市场机会相匹配。

4）培育公司核心能力促使项目成功，更加密切地关注项目建议书的相关性和适当性，重点关注具备可融资性的项目。

5）促进项目融资各个方面的持续创新和创造力，进一步培育资源、技能和能力。

6）发起人与客户合作，并在项目融资的各个方面培训客户，获得积极的客户满意度反馈，让客户形成与该发起人合作的偏好。

7）项目沿着既定流程推进，中断的情况很少，高效率地完成融资，项目公司高效率地实施商业计划。

8）项目发起人的财务报告所反映的业绩符合或超过预期。

PFO 的丰富经验和能力是竞争优势的一个重要组成部分。当以下特征都被充分开发时，它们构成项目融资竞争优势的指示器。这些 PFO 必须具备由以下特征显示的能力和经验，这些特征体现在项目开发和执行的过程之中。

1）PFO 在总体上和决策者类似，和公司战略和意图一致，具备将它们转换为可实现的项目目标的能力。

2）明确陈述项目战略和目标，公司的风险偏好与项目风险保持一致。

3）实施专业和客观的竞争力分析和 SWOT 分析。论证 PFO 有能力满足其全部职责。

4）准确评估项目融资的大趋势和亚趋势，东道国的政治、经济、社会、技术、法律、教育和人口（PESTLED）条件、行业结构和竞争力。

5）项目团队有能力预测、评估和利用各种趋势，发挥项目公司的能力，做好准备并最大化收益。

6）项目团队遵循完整、清晰和高效的项目开发和融资的核心流程，实施容易理解的活动。

7）可靠的项目筛选和评估，由保守的可行性研究引领的全面项目评估，确保项目的可行性和可融资性。

8）不受限制地接触内部决策者，毫不动摇地支持有效的项目开发，富有经验的投标准备，有效地提交融资建议。

9）高效的项目管理和流程、行为和成果整合，对行业内所有类型的项目都有丰富的经验，针对特定项目和客户调整融资解决方案。

10）项目团队内部及其与其他项目参与方之间，存在清晰的、不受制约的、全方位的交流，协调，合作和协同。

PFO 发展到实现竞争优势时点的其他迹象，包括以下品质和能力。需要指出的是，这些品质会促进更有效果和更高效率的项目开发，最终形成更具竞争力的项目投标准备。

1）良好的竞争力分析，成本、需求和收入预测，项目经济评价，高效和优化的项目结构化。

2）全面和客观的尽职调查，清晰陈述和展示的报告，全面的全生命周期评估，平衡的风险分配和风险管理。

3）能够将不同参与方的利益整合在一起来达成共识、有效的谈判和冲突管理。

4）对最优的项目结构、金融市场和工具有全面的了解和经验，对贷款人和投资者的要求、提议及其含义有高水平的评估。

5）有效的全方位的内部和外部关系管理，与融资渠道有全面的接触和个人关系。

6）对东道国政府、ECA、多边机构的流程和要求有全面的了解，可以高效地取得融资批准。

7）高水平的项目融资建模、评估和解释结果，在为项目协议和合同提供基础材料和评估等方面经验丰富。

8）有能力提供谈判支持、评估提议和反提议等，确保经过深思熟虑，基于成本收益分析达成可持续和可执行的合同。

9）在编制健全的项目公司商业计划和运营目标等方面经验丰富，熟练评估重要的成功因素和绩效指标。

10）有效地开发早期预警系统、指标和项目公司发展方向的调整计划。

11）为客观评估财务业绩和实施偏差分析，需要持续监测项目公司的运营。

12）信息和知识管理、档案管理和高水平的项目复盘分析。

16.3　培育竞争优势

满足客户的项目要求和项目融资工作是一个整体，也是每一份建议书的目标，发起人和开发商致力于在这些领域中获得竞争优势。为新业务开发获得基础设施项目融资方面的竞争优势，是一个集中性的工作任务。它要求合理的组织结构、内外部平衡的政治关系管理、合适的技术设计和工程方案、合法的合同和协议和合适的金融工程，以满足特定项目和客户的要求。

1. 组织工程

组织工程指创设正确的组织结构并培育经验和能力，以确保全方位的沟通、协作、合作和协同。

1）由项目经理和项目团队监督优秀的施工管理团队，并快速决策，有助于项目团队履行其角色和职责。

2）建立尽责和高水平的项目团队，负责建立和跟踪不存在问题且高效的内部流程和系统。

3）对公司的优势和劣势实施独立的、批判性的和客观的评估，持续寻求基于整体核心能力来实现竞争优势。

4）建立、评估和支持相对于竞争对手的核心优势，促进创新，尽可能提高成功开发和执行项目所需的相关技能。

5）将核心能力与项目机会相匹配，因为外部环境总在不断发生变化；公司通过其核心优势进行竞争，包括项目融资。

2. 政治和关系管理

这可能是赢得项目招标的因素中的最隐晦的一个，它对建立和培育竞争优势必不可少，包括如下几个因素。

1）真正理解客户的文化、需求和意图、制约和限制，展示对决策者的承诺和个人支持。

2）深入理解客户真正的需求，创造一个使人乐于接受的氛围，显示融资方案的优势，高效率地获得客户的同意。

3）获得和维护授权机构、负责业务牌照和许可的中央和地方政府机构对项目的政治支持。

4）公司内部的业务和专业联系及个人关系。与其他相关方的交易对手的外部联系和关系。

5）理解政治环境、气氛和现实，项目所在国的宏观经济和社会条件，法律和规制制度，客户满足项目要求的能力。

6）分配正确的人，使用恰当的流程来管理关系和项目政治事务，在项目全生命周期内持续性地管理不时出现的问题。

7）政治和关系管理是每个组织流程的内在要求，也是项目主管领导和项目经理最重要的责任，应当确保它的有效实施。

适当的政治和关系管理，要求高素质的、经验丰富的管理人员，他们应对当地文化敏感，有能力跟客户组织管理体系中各个层次的人员打交道。它还要有能力根据项目建议的特征回应客户的需求，这些特征决定客户价值和终端客户的满意度。关系管理需要在个案的基础上，与当地有影响力的主体和融资渠道建立联盟，将自己的项目建议书与竞争对手的建议书区别开来。

通常，政治和关系管理适合由区域性销售和支持团队负责。然而，这要求公关经理高水平且经验丰富，具有良好的人际交往能力、行业知识，有能力向客户讲解项目详细情况和项目融资。与参与项目审核和评估及最终审批的债权和股权出资机构、ECA、多边机构和区域性机构的关系管理，也同样重要。

3. 适当的技术工程和设计

这个领域处理有关项目设计、工程和技术、设备、施工、项目验收的各方面事务，涉及很多因素。然而，通过技术工程获得竞争优势的起点是正确评估竞争对手的技术能力，包括以下因素。

1）准确评估客户和项目需求的能力，并对其进行确认，将其转换为有价格竞争力的项目设计和工程规范。

2）开发和提供高质量的项目设计和工程，选择合适的、高质量的设备，满足客户需要和预期的技术规范。

3）项目设计和工程有突出的深度、高度和通用性，并基于品牌实力、保证和担保，创造符合客户要求的价值。

4）领导项目可行性研究和前期工作的技术工作，将项目成本控制在有可能赢得招标的水平；评估项目的技术风险，实施风险缓释工作。

5）测试使用的技术和设备，确保它们能满足项目要求和技术规范，符合管理项目成本要素的要求；在尽职调查过程及其报告准备时，给贷款人的工程师提供专业意见。

6）密切监控施工进度，确保按时间和预算要求及项目技术规范对性能的要求交付项目。

7）在项目资产的全生命周期内与向客户移交所有权的时点，提供更好的技术更新、良好的支持和可靠的服务。

8）基于公司长期声誉、技术和项目的成功案例、市场地位和客户的反馈记录，根据客户需求调整建议书。

4. 金融和法律工程

这涉及通过构建"经济护城河"及一个紧密联系的法律上的合同和协议体系，建立项目融资的竞争优势。除了安排合适的 PFO 和法律团队密切合作，以下因素也能起作用。

1）监控大趋势、国家的 PESTLED 趋势和行业趋势，客户或使用者的需求、品位、支付意愿和能力。

2）有效的项目筛选、开发，经济评估，尽职调查，风险管理，全面和结构合理的财务模式，融资机构和融资结构。

3）对项目融资渠道、工具、评估和审批流程的高水平的知识和经验；通过关系和联盟，将项目有效且高效地落地。

4）在技能和能力、项目团队组建、竞争力分析的技术、战略决策预测和项目融资等方面进行投资。

5）开发优秀的、完整的、经过认真测试的项目财务模型的输入和输出，评估有关比率以确认项目的可融资性和满足投资者预期的程度，并优化项目融资解决方案。

6）引进金融产品创新，改良流程，带来更好的项目融资和项目总体竞争力。金融工程，法律工程也是必要的，但是并不足以建立可持续的优势，尽管这两者的组合和有效实施可以实现单个项目的竞争优势。法律工程的要素是上面介绍的构成成功项目合同的因素，具体包括以下方面。

1）清晰的、合理的项目目标，将客户预期管理到合理的水平。

2）恰当定义项目范围，明确需要干的事情，以及参与方的义务、角色和责任。

3）PFO 和项目团队在项目开发阶段的早期参与；全方位的、不受阻碍的 4Cs 和良好的愿景与合同目标。

4）确保起草有效项目合同的前提条件已经得以满足。

5）PFO 尽早参与合同准备和结构化，确保 360 度的、公开的沟通、合作、协调和协同。

6）全面的合同计划和谈判过程，通过财务模型对谈判结果进行评估。

7）使用明确的语言，公平、平衡地基于成本 – 收益原则进行风险分配，平衡参与者的利益。

8）在项目全生命周期内，合同各参与方对项目成功的可靠承诺。

9）分派熟练和高素质的法律团队和项目团队经理，进行法律文件的起草。

10）由外部法律专家对合同进行独立和严格的审查和评估。

11）建立项目合同管理系统，对合同进行管理、审计和控制。

16.4　竞争优势的现实性核查

关于发起人是否可以通过项目融资获得可持续的竞争优势，存在不同意见，但是也有一些例外。有趣的是，关于是否可以通过项目融资获得竞争优势，位于利益谱系上的项目各参与方的观点存在差异。为了客观地评价这个问题，并实施现实性核查，这里介绍以下三个问题的基准研究结果。

1）客户希望通过项目融资来满足什么需求？

2）发起人能否通过项目融资培育竞争优势？

3）要利用项目融资建立竞争优势，需要哪些必要的实践和支持性结构？

为了获得全面的、平衡的和多元化的关于项目融资竞争优势的观点，该研究的参与方包括客户、行业内的公司、融资顾问、商业银行和投资银行、律师事务所、世界银行集团下属的国际复兴开发银行（IBRD）和国际金融公司（IFC）。因此，分别从发起人和开发商、客户、金融机构和其他项目融资参与方的视角介绍该研究的结果。

1. 发起人和开发商的视角

知名的发起人和开发商已经达成共识，即项目融资是获得竞争优势并赢得投标的必要条件。不过，那些缺乏足够项目和资源来提供竞争优势的，规模小一些的公司与其看法存在分歧。发起人和开发商群体所提供的部分观点如下。

1）项目融资是发起人和开发商内部或通过外部合作关系拥有的一项核心能力。

2）关于开发商是否可以通过项目融资建立竞争优势，存在分歧，但是对在基础设施行业参与竞争，需要项目融资存在共识。

3）发起人和开发商相信，对项目融资流程的高水平理解和管理，可能带来竞争优势。这要求 PFO 充分理解金融市场，通过相关关系来促成交易，聚焦工作流程，确认银行融资，帮助贷款落地。

4）通过较低的融资成本来最少化总成本，是培育项目融资优势的主要原因。

5）项目发起人和开发商需要规划如何通过项目融资来支持它们的业务战略。也就是说，它们应当有清晰的愿景和能力来维持最初规划的方案。

6）发起人培育各种关系，但联盟是建立在一对一基础之上的，因为金融机构是资金的共同载体，建立各种关系大有裨益。但排他性的联盟并非如此。

7）最好有一系列非正式的联盟与一些全球性金融机构建立合作关系，它们可以在早期就哪些项目可行提出建议，并尽早淘汰那些不具备可融资性的项目。

2. 客户的视角

总体上，客户认为融资很有必要，但是最低成本的融资并不足以赢得招标，它们使用项目建议书的总成本来判断不同的投资建议书。接受访谈的客户的观点保持一致，包括以下要点。

1）客户对项目融资的兴趣在于：缺乏资金，愿意分担风险，获得更好的贷款条件，最大化物有所值。

2）客户基于底线标准进行评标，但是对于创新性的融资方式缺乏经验。它们感觉融资期限越长，交易就越好。

3）发起人和开发商通过巨额的股权投资并承担较高比例的项目风险，展示对该交易的承诺。

4）与发起人和开发商的风险分担很重要，表外融资和物有所值对东道国政府也很重要。

5）有时，根据已经建立的法规和规制规定，政府机构会限制融资类型。

6）客户需要掌握项目融资的流程和各类融资工具。

7）客户关注项目方案的总成本，不会仅仅根据融资方案及其的较低成本来选择建议书。

8）对于信用不良的客户来说，项目融资很重要；最低价格通常会赢得投标。

3. 金融机构的视角

项目融资对于赢得中标的必要性，得到PFO和金融机构的认可。不过，关于是否可以通过它们获得长期竞争优势，仍存在分歧，除了个别项目外。部分观点如下。

1）牵头发起人有独立性的、集中式的PFO，有足够的条件去争取在长期看来可能或不可能持续的竞争优势。

2）客户对项目融资的需求，并不总是在其征求意见书上清晰或正确地表述，成功的PFO机构需要教导客户项目融资和建议书评估的知识。

3）没有"神奇子弹"。创新或有效的融资建议书需要满足因项目而异的客户需求，这有助于其赢得投标。

4）项目融资没有现成的融资安排模板，每个项目都不一样，建议书需要精心定制。项目融资方案的通过，是一个形成竞争优势的潜在条件。

5）不同竞标方的建议书的成本差异比较小，但是应考虑不周到的融资安排带来的巨大风险会影响发起人和客户双方。

6）优秀的PFO有针对特定情况的各种具体方法，但是在建设、运营和移交所有权（BOT）及其衍生模式的项目中，移交部分的条件很难沟通，发起人和开发商都不愿接受。

7）当设备占比较高时，ECA融资是首选项和项目融资的保障，在能得到其他来源的辅助性支持时，它更加有效。

8）租赁融资这类交易受税收驱动，由客户租赁项目公司资产，可能更加适合那些技术和信用存在问题的客户。

9）需要技能、能力和经验来获得竞争优势，包括速度、领导力和分类处理。

在项目融资交易中，有经验的人可以防止和避免不必要的拖延来保障速度。领导力需求指需要高端人才领导高效率的项目开发和融资。分类处理在切入正题和尽早识别那些不具备可融资性的项目方面，是一种重要工具。

4. 其他参与方的视角

承包商、设备供应商和法律专家认为，竞争优势的获得不能仅靠项目融资。项目建议书的总体性情况决定成败和是否能赢得投标，因此这些参与方的利益和关注点也必须加以考虑。对这些参与方回复的关键要点的总结如下。

1）客户需求和竞争通常促使承包商和设备供应商成为项目发起人和开发商。

2）咨询机构、承包商和法律专家认可最低项目总成本的重要性，但是淡化最低融资成本的重要性。

3）设备供应商和承包商相信，项目融资帮助它们实现较低的项目总成本，给它们提供竞争优势。

4）必须考虑所有项目相关方的目标，还需要满足不同的标准，因为贷款人看重债务覆盖比率，客户看重最低成本，发起人和开发商关注如何最大化其税后股权收益率。

5）承包商、设备供应商和法律专家同意发起人和开发商需要通过项目融资来参与竞争，但是它们并不把项目融资视为竞争优势的来源。

6）成功供应商提交的每一份建议书中都包括融资，但是因为融资不能申请专利，项目融资本身并不创造机构的竞争优势。

7）项目融资方案是竞争性的，如果承包商或供应商不能提供，在未来的项目中就会被淘汰。

5. 竞争优势的要求

在项目融资的不同领域中拥有专业知识的各类参与方，对项目融资在创造可持续的竞争优势方面的作用存在分歧，这些意见的差异落在各自利益的谱系上。对不同视角观点的总结如下。

1）因为交易结构公开，以及可用的融资工具和融资渠道的共通性，所以法律专家和部分融资顾问认为不可能形成可持续的竞争优势。

2）如果对于公司运用项目融资形成可持续的竞争优势的能力存在不确定性，则将项目融资工作外包是值得考虑的选项。

3）通过项目融资获得竞争优势的限制条件，主要来自于保守的融资方式和有限的经验和工具。

4）发起人和开发商认为竞争优势有五个方面的来源：对项目融资目标的清晰愿景、公平的交易、经验丰富的项目团队、良好的合作关系和满足客户需求。

5）有清晰的愿景和企业能力来支持项目融资，才能有竞争优势。具体说来，愿景涉及项目融资流程、识别和筛选、风险评估和缓释、经济评估、商业构建和项目落地。

6）通过项目融资获得竞争优势的企业，要有合适的公司和 **PFO** 组织架构及文化、正面的形象、丰富的技能和能力、高效的系统、有选择性的联盟，还要理解客户的融资需求和要求。

7）成功的项目融资是团队导向的，因为大量的谈判及合同与协议需要被快速决策拍板且团队须有坚韧性。

8）需要熟悉全球市场和主要参与方的，有经验的专业人员，经验指：曾经参加过已落地融资的同类交易；拥有融资渠道和各类融资工具条款方面的知识；了解各主要参与方，即咨询机构和专家、当地政府和金融机构的负责人。

有趣的是，参与基准研究的各类主体只是从合同融资和金融工程的视角来考虑项目融资的竞争优势，而不是将其作为新业务发展的一部分。因此，它们普遍认为不能通过项目融资获得竞争优势。当访谈视野变得更广阔，从业务发展角度来分析的不同的参与方群体时，有三个主要观点特别清晰。

1）对基础设施行业的竞争优势的评估，不一定适用于其他类型的项目或行业。

2）当项目开发和融资的成功因素超越合同融资和金融工程时，将其整合进项目过程中可以获得竞争优势。

3）在竞合时代，通过合作和合资，确实可以获得可持续的竞争优势。

通过项目融资获取或培育基础设施项目的竞争优势，只有在客户需求和要求完全得以满足，发起人为客户提供了竞争对手无法提供的优势时，才能实现。图 16-1 清晰地说明了竞争优势的关键点。不过，各参与方的回复均忽略了一个关键点：通过复盘分析获得之前项目的经验教训。成功的发起人使用复盘分析来改进流程，提高生产力，并降低项目开发成本和投标总成本。

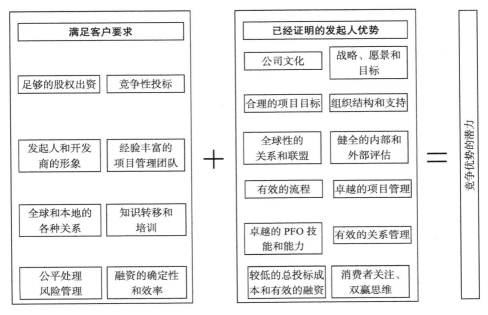

图 16-1　项目融资的竞争优势

资料来源：Long Range Planning Associates。

1）通过清晰地理解客户需求，确保满足所有的客户和项目要求，在项目筛选的早期阶段，就能准确评估赢得投标的可能性。

2）确定它们能否或如何满足客户和项目要求，提供包括项目融资在内的有竞争力的投标。

3）把自己放在客户和竞争者的位置上，进行换位思考，更加高效地构建和开发项目。

4）同步评估项目需要的优势的具体程度，如果有需要就去购买或外包。

5）最后，需要全方位评估以确定项目是否有潜力获得竞争优势，应清楚单靠融资并不总能确保这一点。

项目融资领域的常用术语

63-20 issuance 63-20 发行 通过设立符合美国国税局第 63-20 号定义的非营利性公司，各州和地方政府可以发行免税债券，相关债券的发行收入可以由私营开发商用于交通基础设施投资建设。

accommodation project 场所项目 一种基于可用性或私人融资计划 PFI）的合同模式，通常涉及学校、医院、监狱和政府办公楼等社会基础设施。

angola model 安哥拉模式 投资建设基础设施，以换取开采自然资源的权利。

assumptions book 假设条件书 财务模型的基础数据和假设条件的登记册。

availability contract 可用性合同 与合同授权机构签署的项目协议，并基于该协议向项目公司付费，以换取使用该项目的权利。

B loan B 类贷款 私营部门贷款人参与的，由多边开发性金融机构 MDFI）组织的贷款。

banking case or base case 银行案例或基础案例 在融资落地之前做的现金流预测，在项目公司与承购方或合同授权机构之间达成一致。

bilateral DFI 双边 DFI 一个特定国家的开发性金融机构向发展中国家提供的贷款或股权出资。

buyer credit 买方信贷 出口信贷机构向某个项目的设备进口商提供的贷款。

capital grant 资本金拨款 授权机构向基于可用性或私人融资计划的项目提供的部分资本金。

capitalized interest 资本化利息 计入债务本金余额的建设期利息。

collateralized loan obligation 贷款担保证券 通过证券化方式将银行贷款打包提供给保险公司或养老基金的金融工具。

concession agreement 特许经营协议 给予公司按照谈判达成的条款和条件经营特定业务的权利的政府合同。

concession 特许权 普通公众因使用设施而以过路费、票价或其他费用的形式支付的使用者付费的 PPP 合同模式，在 PFI 模式中也使用这个概念。

亲爱的读者您好：

感谢您阅读本书！希望本书内容对您的工作有直接指导价值。

本书作者拥有四十多年项目融资的实务经验，在制定项目融资架构及决策方面经验丰富。

本书拥有超强译者团队，全部为国内一线投融资专家。主译罗桂连博士2000年以来一直在基础设施投融资领域从事实务、研究和政策制订工作。在上海城投集团、中国保监会资金部、中咨公司等行业领先机构，主导操作了上海老港生活垃圾填埋场国际招商、上海浦东自来水公司股权转让等诸多标杆性项目，熟悉金融监管政策和金融业务，编译了十余本相关领域的专业著作。

如分享学习心得，在朋友圈转发本书封面及阅读心得（保留24小时以上）并截图发给本书阅读小助手，可加入本书热心读者交流群，免费获得以下待遇：

1. 与同行交流实战心得和实务操作问题；

2. 译者专家将在群内在线分享与答疑；

3. 获得资深专家项目融资相关材料。

加小助手微信号：jiazhitouzi114

微信名：价值投资

加好友时请备注（项目融资读者）

contingency　**应急准备金**　在项目建设预算中未明确使用方向的准备金，通过应急融资方案提供。

contract mismatch　**合同不匹配**　项目协议之间或一个或多个项目合同之间的条款不相匹配。

convertible security　**可转换证券**　包括可转换债券和可转换优先股，允许持有者将它们转换为一定数量的项目公司普通股。

corporate finance　**公司融资**　通常指基于公司资产负债表和现有业务提供的贷款，它是项目融资的替代方式。

cost benefit ratio　**成本收益比**　在某个项目全生命周期内，项目收益的净现值与项目成本的净现值之间的比率。

counter party risk　**交易对手风险**　与项目公司签署项目协议的各方主体有关的技术和财务能力风险。

credit default swap　**信贷违约互换**　它是私下谈判达成的信用衍生品合同。它的价值源于债券、银行贷款和其他工具的信用风险，通过合同将相关信用风险从贷款人转移给其他主体。

credit enhancement　**信用增级**　为项目贷款提供担保、备用贷款和其他融资保障措施。

cross-collateralization　**交叉担保**　项目不同类型的贷款人之间相互提供的担保措施。

debt acceleration　**债务加速**　这是一种提款程序，允许在很长的可用期内提取债务性资金，经常用在特许经营项目中。

debt accretion　**债务增加条款**　在特许经营期的运营期内，如果最初预测的交通量增加，可用债务性资金的数量也增加。

debt sculpting　**债务塑形**　这是一种计算项目公司本金还款计划的方式，确保项目公司本金和利息的还款节奏与项目每个阶段现金流的强度和模式相匹配。

defects liability period　**缺陷责任期**　在项目完工后的一段时期内，施工承包商有对工程建设的任何缺陷进行补救的责任。

direct agreement　**直接协议**　贷款人及其合作方与项目公司签署的协议，基于与承购方或授权主体签署的合同来保护贷款人的利益。

dividend trap　**股息陷阱**　由于存在会计损失，尽管账面上有现金，项目公司也没有办法支付红利。

dry closing　**附条件合同**　签署的贷款协议和项目合同，需要满足所列的条件才能生效。

economic infrastructure　**经济类基础设施**　一个经济体的正常运行所必需的基础设施，如交通、通信、能源、供水和污水处理。对应的概念是社会类基础设施。

enclave project　**飞地项目**　产品用于出口的项目，付款人来自于东道国境外。

equity bridge loan　**股权过桥贷款**　贷款人针对项目建设期的股权出资部分提供的融资支持。

export credit　**出口信贷**　出口信贷机构给贷款人提供的保证或保险，或是直接给项目公司提供的贷款。这与从该出口信贷机构所在国的出口商品销售直接挂钩。

final information memorandum　最终信息备忘录　项目公司用于获得银团贷款的信息备忘录。

financial assessment　财务评估　指确定特定项目对所有项目相关方的商业可行性的系统性方法。它是由项目发起人组织实施的，如果贷款人认为可行，则该项目为可行。

financial close　融资落地　所有项目合同和融资文件已正式签署，首次提款的前提条件均已满足。

forward contract　远期合约　该合约要求持有人在特定日期以约定价格购买特定数量的特定资产。大多数远期合约针对大宗商品或货币，特定的未来价格即执行价格。

franchise　特许经营　经营存量公共基础设施项目并收取使用者费用的权利。它与PPP模式的不同之处在于，私营部门运营商不再需要实质性的新增投资。

fronting bank　代理银行　在利率互换交易中担任通道的银行。

future contract　期货合约　要求持有人在未来特定日期以特定的执行价格购买特定数量的特定资产。市场上的期货合约针对各种贵金属、工业制成品、货币和其他金融工具。

government support agreement　政府支持协议　该合同提供项目的法律基础，明确东道国政府同意提供的各类支持和保证措施。

GPA　政府采购协议　基于世界贸易组织的公共采购框架的政府采购协议。

gross up　补偿费　为补偿税收扣除而增加的款项。

implementation agreement　执行协议　项目公司与发展中国家的东道国政府签署的协议，用于分配项目融资中政治和融资方面的不确定性风险。在发达国家的项目通常不需要执行协议。

incomplete contract　不完全合同　指各方不能通过合同来提供所有可能的结果。

information memorandum　信息备忘录　在签署保密协议后，项目公司给潜在投资者提供的推介性质的文件，其中会提供一份经审查的投资摘要。

institutional PPP　机构型公私合作模式　合同授权主体将某家运营类项目公司的部分股权转让给一位投资方，该投资方会积极参与该公司的管理。

intercreditor　共同贷款人　指不同贷款人群体之间的关系。

interest buy down　利率买断　降低利率以换取项目的更多股权出资份额。

interest rate equalization　利率补足　出口信贷机构给银行提供的利率补贴，覆盖银行的融资成本和商业性基准利率之间的差额。

investment insurance　投资保险　由出口信贷机构、开发性金融机构或私人保险公司提供的政治风险保险。

leverage　杠杆率　债务与股权的比率。

life cycle　生命周期　在运营期结束后，项目公司主要设备的更新和替换。

limited recourse debt　有限追索融资　这类债务契约规定，在约定的一段时期内或达到某个重要节点之前，需要提供针对部分本金的还款担保，如直到施工完工或达到约定产量。有限追索融资是无追索融资的一个子集。其中的差异在于部分比例的债务直到某个时点才变成无追索。

linear project　**线形项目**　指项目涉及在很长的带状土地上建设工程设施，如道路。

liquidated damage　**违约赔偿金**　针对合同一方未能履行合同而事先约定的赔偿金额。

loan agreement　**贷款协议**　项目公司与其贷款人签署的，如信贷协议或贷款协议之类的协议。

mandate　**牵头**　指任命某家银行作为牵头安排行。

mandatory cost　**牵头成本**　商业银行向借款项目公司收取的为特定贷款提供融资的其他成本。

mark to market　**盯市**　计算某项互换交易的当前价值或其终止成本。

mechanical completion　**机械完工**　在设计施工总承包合同中，对项目应满足的必要绩效和运营标准进行确认。

mini perm　**短期过桥融资**　在项目建设期和前几年的运营期内提供的贷款，随后将会被长期债务融资所替代，即常见的确定性短期过桥融资。

modified IRR　**修订的内部收益率**　在这种内部收益率计算公式中，从项目中分配的资金的再投资利率使用较低的项目公司的综合资金成本。

notice to proceed　**开工通知**　项目公司给施工承包商发出的开始工程建设的通知。

OECD consensus provisions　**经济合作与发展组织的共识性规定**　最开始是经济合作与合作组织成员国的君子协定，后来逐步演变成一些具体的规定，为官方的出口信贷提供秩序。

options　**期权**　期权给予持有人做某件事的权利，但持有人没有义务要做这件事。买入期权指有权买入某项资产，而卖出期权指有权卖出某项资产。

PFI model contract　**PFI 模式的合同**　指合同授权机构向项目公司付费换取使用该项目的权利的项目协议，又称为可用性合同。

pooled equity vehicle　**集合式股权投资工具**　由现有的运营和管理特定类型项目的公司组建的投资性公司，给投资者提供由有经验的运营商负责的具有地域多样性的项目投资机会。

private activity bond　**私人行为债券**　美国市政债券市场针对 PPP 项目的一种融资工具。

private finance initiative　**私人融资计划**　将政府项目的融资责任和失败风险从政府转移给私营部门的方式。

private participation in infrastructure　**私人参与基础设施项目**　包括私有化、私营部门投资基础设施和 PPP 项目。

process plant project　**生产流程项目**　这类项目的投入品在经过内部处理后，最终会有产出品，如发电厂和水处理厂。

project agreement　**项目协议**　项目公司与承购方或授权机构签署的协议，约定项目设计、建设、融资和运营等方面的事项，是项目融资的主要保障。

projece development　**项目开发**　指新项目工程招投标之前的前期准备和结构化工作，有三个不同的阶段，即发起项目，谈判和构建项目合同，筹集资金。

project finance　**项目融资**　涉及设立一家法律上独立的项目公司，通过无追索的债务和发起人的股权出资筹集资金，通常用于投资建设年限有限的单一目的的投资性资产。

project preparation facility　项目前期工作融资　指为授权机构选聘咨询机构开发 PPP 项目筹集的资金。

public sector comparator　公共部门比较值　计算由公共机构建设和运营某个项目的全生命周期成本，并与 PPP 项目的预期成本做比较。

public-private infrastructrue advisory facility　公私合作基础设施咨询机构融资　由多方赠款构成的信托基金，对发展中国家政府实施 PPP 项目提供技术援助。

public-private partherhip　公私合作　这类合同安排不同于遵守政府审批和监管的完全私营的项目，也不同于私营投资者只是作为财务投资者的政府发起的项目。它们通过谈判达成一致的合同来治理，规定政府和私营投资者的责任，由公共部门实施安全性和服务质量监管，通常还对使用者付费标准有限制。

qualified institutional buyer　合格的机构投资者　根据 144A 规则可以购买债券的机构投资者。

RAB finance　基于受规制资产的融资　指给适用于受规制的投资收益率的项目筹集资金的方式。

regulatory capture　监管俘获　指东道国独立的行业监管机构过于受其负责监管的行为影响的倾向。

retainage　保留尾款　依据施工合同，在商业运营日之前，某笔款项的一定比例被作为履约保证金保留。

rule 144A　144A 规则　这是证券交易委员会的一项规则，是对私募发行证券的两年持有期的要求所做的修订，允许合格机构投资者相互交易这些资产。

secondary investor　二级市场投资者　在项目建设完成之后，这类投资者购买发起人持有的部分或全部的股份。

secondary loss　次级赔付　由公共部门机构提供的一种贷款担保，如果项目的损失大于优先级贷款余额，担保人付款或赔付。

section 129 loan　129 节贷款　《美国法典》第 23 卷第 129 节允许联邦政府参与州政府的贷款，支持那些有专门收入来源的项目，如通行费、消费税、销售税、不动产税、机动车税、物业增值税和其他受益于项目的费用。

securitization　证券化　将一组贷款的收益或一组资产打包、包销和作为资产支持证券进行销售的过程。结构化让贷款人将项目公司贷款所有权的部分风险，转移给那些希望通过管理这些风险而获利的主体。

senior lender　优先贷款人　这些贷款人的债务偿还优先于夹层债务、次级债务和投资者分红。

shadow toll　影子收费　这些费用根据项目的使用情况而定，由授权机构而不是社会公众支付。

site legacy risk　场地遗留风险　项目场地之前存在污染的风险。

social impact bond　社会影响债券　这类债券的还款取决于所获得的社会效益。

standby finance　备用融资　当项目公司的现金流低于预测时，可以使用的融资资金。

SIB　州立基础设施银行　美国各州使用联邦资金给交通项目提供夹层资金支持的银行。

structural risk　结构风险　项目融资中的某份合同存在不匹配的问题。

subrogation　代位权　保险公司在支付保险赔款或担保人履行担保后，接管特定资产的权利。

sunset date　日落日期　在因失败而违约之前，某个项目的完工截止日期。

swap credit premium　信用溢价互换　利率互换交易收取的信用风险保证金。

swap　互换　这类合同约定两方在特定时间段内交换特定现金流。在利率互换交易中，现金流基于同一种货币的两种不同利率安排来计算。在货币互换中，现金流基于两种不同货币的不同利率安排来计算。

syndication　银团贷款　牵头安排行通过将部分贷款分销给其他贷款人而减少自己的包销金额的业务安排。

take and pay contract　接受并支付合同　根据该合同，买方支付约定的价格换取项目公司生产的产品，但买方无强制购买义务。

take or pay contract　接受或支付合同　根据该合同，买方必须付款购买产品，即使不拿货也须付款。

target repayment　目标还款安排　考虑到项目公司可能存在临时现金流不足的灵活还款安排。

tax increment finance　税收增额融资　城市开发的一种融资方式，对那些因为某个项目而升值的资产，征收更高的税收。

term loan B　B 类定期贷款　这类长期贷款由机构型贷款人提供，在最初几年的还款较少，在最后一次性大额还款。

termination sum　终止补偿金额　因项目协议提前终止，授权机构的承购方支付的补偿款。

third-party liability insurance　第三方责任保险　针对项目可能给第三方造成的破坏或伤害而购买的保险。

third-party risk　第三方风险　未包含在项目合同中的某些主体的风险，可能影响项目的完工。

TIFIA finance　TIFIA 融资　根据 1998 年交通基础设施融资和创新法案及后续立法，为交通基础设施项目提供的融资。

tolling contract　来料加工合同　这是一种原料供应合同，免费向项目公司提供燃料或原材料，项目公司只收取加工费。

tranche　分层　某笔贷款或投资的多个组成部分，可以由不同主体按照不同条件或不同目的来提供，而不是将项目视为一个整体来融资。

tripartite deed　三方契约　贷款人与那些跟项目公司签署项目协议的各方主体直接签署协议，根据这些协议保护贷款人的利益。

undertaking　声明和保证　项目公司对那些作为贷款基础的事实的确认。如果存在错误，则项目公司承担有关责任。

unitary charge　统一付费机制　由授权机构根据 PFI 模式的合同支付的服务费用或款项，如申请支付、收费表、使用者付费、支付机制。

unwind cost　解约成本　又称为分手费，指提前终止一项利率互换、固定利率贷款或债券、通货膨胀指数化贷款或通货膨胀互换交易的成本。

VFM　物有所值　承购方或授权机构确定是否将项目风险转移给项目公司的判断标准。

variation bond　可变债券　为了满足额外的资金支出，这类债券在其发行完成后，有权增加债券发行的规模。

VGF　可行性缺口补助　对一项特许经营项目提供的建设期资金补助。

warrantee　质量保证　在项目完工后，由施工承包商提供的针对施工缺陷或设备失灵的保证措施。

warrant　认股权证　由公司发行的一种长期买入期权，持有人可以用约定的现金价格购买该公司的股票。

waterfall or cascade　瀑布或层级　指根据项目公司现金流融资文件的资金支付优先次序。

windfall gain　意外收益　PPP 项目的投资者从债务再融资或销售项目资产中所获得的利润，这种利润对政策的敏感度较高。

working capital　营运资金　在收到销售收入之前，形成存货或其他成本所需要的资金数量。

wrapped bond　打包债券　由专门保险公司提供担保的债券。如果债券发行人违约，保险公司支付债券的本金和利率。

推荐阅读

PPP与工程项目融资

作者：[美]弗雷德里克·比勒陀利乌斯 等

定价：70.00元 ISBN：978-7-111-56970-1

本书使用详细的分析来展示项目融资技术在不同经济环境、不同司法体系和在不同项目阶段的应用，很大部分是关于以下四个主要的项目：悉尼跨城隧道、香港西区海底隧道、大博电力项目、伦敦地铁。

PPP与基础设施融资

作者：[美]尼尔 S. 格里格

定价：69.00元 ISBN：978-7-111-57884-0

基础设施作为固定投资不变的是人们和环境对它的刚性需求，无论是否涉及安全饮用水、高效的运输、污染控制和公立学校的建设，基础设施的地位都是不变的核心。

基础设施投资指南（原书第2版）

作者：[瑞]芭芭拉·韦伯 等

定价：200.00元 ISBN：978-7-111-60255-2

将基础设施投资、项目融资和PPP整合到一起，给投资者提供全面理解基础设施投资所有重要方面的必备基础理论、基本准则和实务案例。

资本的游戏

书号	书名	定价	作者
978-7-111-62403-5	货币变局：洞悉国际强势货币交替	69.00	（美）巴里·艾肯格林
978-7-111-39155-5	这次不一样：八百年金融危机史（珍藏版）	59.90	（美）卡门 M. 莱茵哈特 肯尼斯 S. 罗格夫
978-7-111-62630-5	布雷顿森林货币战：美元如何统治世界（典藏版）	69.00	（美）本·斯泰尔
978-7-111-51779-5	金融危机简史：2000年来的投机、狂热与崩溃	49.00	（英）鲍勃·斯瓦卢普
978-7-111-53472-3	货币政治：汇率政策的政治经济学	49.00	（美）杰弗里 A. 弗里登
978-7-111-52984-2	货币放水的尽头：还有什么能拯救停滞的经济	39.00	（英）简世勋
978-7-111-57923-6	欧元危机：共同货币阴影下的欧洲	59.00	（美）约瑟夫 E.斯蒂格利茨
978-7-111-47393-0	巴塞尔之塔：揭秘国际清算银行主导的世界	69.00	（美）亚当·拉伯
978-7-111-53101-2	货币围城	59.00	（美）约翰·莫尔丁 乔纳森·泰珀
978-7-111-49837-7	日美金融战的真相	45.00	（日）久保田勇夫